2,-

BARRY BRICKLIN
PATRICIA M. BRICKLIN

Gesunde Familie, gesunde Kinder

Erziehung, die Grenzen setzt

ERNST KLETT VERLAG
STUTTGART

Aus dem Amerikanischen übersetzt von
Gertrude Kallner
Die Originalausgabe erschien unter dem Titel
»Strong Family, Strong Child. The Art of
Working together to develop a Healthy Child«
bei Delacorte Press, New York
© Barry und Patricia M. Bricklin 1970

Über alle Rechte der deutschen Ausgabe verfügt der
Ernst Klett Verlag, Stuttgart
Fotomechanische Wiedergabe nur mit Genehmigung des Verlages
Printed in Germany 1973
Umschlagentwurf: Hans Lämmle
Umschlagfoto: Christa Pilger-Feiler
Satz und Druck: Jaeger Druck GmbH, Speyer
ISBN: 3-12-901440-3

INHALT

Einleitung 7

I. TEIL: MANN UND FRAU: DER KERN DER FAMILIE

1. Die Verbindung mit der Vergangenheit 15
2. Die psychologische Bedeutung der Ehe 24
3. Die Wirkung der Kinder auf die Eltern 41
4. Wie man die negativen Emotionen reduziert 53
5. Grundregel 1: Kommunikation ohne Vorwürfe . . . 72

II. TEIL: DIE ROLLE DER FAMILIE — DIE GRUNDREGELN UND DIE FAMILIENKONFERENZ

6. Wie die elterliche Konstellation auf die Kinder einwirkt 85
7. Grundregel 2: »Grenzen« setzen 95
8. Grundregel 3: Wie man ein Kind zur Unabhängigkeit ermutigt 108
9. Grundregel 4: »Bestätigung«. Ermutigung zu selbst herbeigeführten Veränderungen 121
10. Die Familienkonferenz 127
11. Spezielle Taktiken gegenüber dem unkontrollierbaren Kind 141
12. Das Gesamtsystem in der Praxis 158

III. TEIL: VOM SÄUGLING BIS ZUM TEENAGER

13. Das Kind von der Geburt bis zu einem Jahr 173
14. Das Alter zwischen Eins und Drei 186

15. Das Alter zwischen Vier und Fünf 209
16. Das Alter zwischen Sechs und Acht 227
17. Das Alter zwischen Neun und Zwölf 239
18. Das Alter zwischen Dreizehn und Fünfzehn 244
19. Sechzehn Jahre und darüber 258

Ein letztes Wort 268
Literaturverzeichnis 270

EINLEITUNG

Aus gesunden Familien kommen gesunde Kinder. Natürlich gibt es auch Genies, die aus zerfallenen Familien stammen, die produktive und glückliche Persönlichkeit aber entspringt einer gesunden Familie.

Und was ist nun so eine gesunde Familie? Sie ist nicht chaotisch, sondern fest organisiert, jeder kennt seine Pflichten und erfüllt sie, kennt seine Grenzen und respektiert sie, seine und auch die der anderen. Die Kommunikation zwischen ihnen ist relativ klar. Selten kommt es vor, daß man das eine sagt und das andere meint. In einer solchen Familie hat jedes Mitglied das Gefühl der seelischen Zusammengehörigkeit — einer Zusammengehörigkeit im wahren und nicht nur im oberflächlich physischen Sinne. Dies ist mehr als ein gegenseitiges Umeinander-besorgt-Sein. Es besteht darin, daß jedes Familienmitglied sich der Einzigartigkeit der Familie bewußt ist und sie schätzt, nämlich jene lebendigen und vitalen Eigenschaften, die sie von jeder anderen Familie unterscheiden. Es beruht auf der Überzeugung, seelisch nicht auf Kosten anderer zu leben.

Die Flamme dieser einzigartigen Kraft brennt in einer gesunden Familie stetig, kann aber in anderen flackern oder sogar erlöschen. Wo sie hell brennt, bezieht jeder einzelne seine Kraft aus ihr, wenn er auch weit von den anderen weg ist. Wo sie schwach ist, zerfällt die Familie, wenn sie auch im Raume eng zusammen lebt.

Die Kraft der Familie ist größer als die Summe der Kräfte jedes einzelnen Mitglieds. Obgleich jeder seinen Teil dazu beiträgt, — sei es im positiven oder negativen Sinne — so ist doch das Produkt mehr. Es ist wie eine Sparkasse, aus der jedes Familienmitglied im Notfall etwas entnehmen und in die es auch einzahlen kann. Eine gesunde Familie ist für jedes einzelne Mitglied eine Quelle gesteigerter Kraft.

In dem vorliegenden Buch zeigen wir, daß Eltern am besten mit den leichten, aber auch mit den ernsteren Problemen ihrer Kinder fertig werden können, wenn die Familienstruktur festgefügt ist. Denn obgleich nur bei einigen wenigen Kindern die Probleme ganz offenbar die Folge von Spannungen innerhalb der Familie sind — so z. B. wenn ein Kind immer Angstzustände bekommt, wenn die Eltern sich heftig streiten — so gibt es doch eine Unzahl von Zuständen — von der Schulangst bis zu Schlafstörungen und antisozialem Verhalten —, die auch durch Familienkonflikte heraufbeschworen oder aufrechterhalten werden. Das Ziel, das wir uns gesetzt haben, ist nicht zu beweisen, daß die Ursache eines jeden einzelnen Problems in der Familie liegt, sondern zu zeigen, daß da, wo die Familie geeint handelt, Schwierigkeiten leichter aus dem Wege geräumt werden können als mit Hilfe irgendeiner anderen Methode, und daß dies einen dauernderen Erfolg verspricht.

Die Gesundung der Familie beginnt damit, daß ihre Grundpfeiler, Vater und Mutter, sich bereitfinden, sich einmal selbst ganz genau anzuschauen — nicht mit einem Gefühl der Schuld, nicht mit einem Gefühl des Tadels — einfach als zwei miteinander verheiratete Leute. Die erste Aufgabe ist es dann, nicht nur die offen zutage liegenden Ehekonflikte wegzuräumen, sondern auch die haarfeinen Risse zu reparieren, die letzten Endes die Familie ihrer ganzen Kraft berauben können.

Konflikte werden am besten dadurch verringert, daß jeder von den beiden Ehepartnern in gewissem Grade erkennt, welchem Druck er oder sie seit ihrer Heirat ausgesetzt ist — ein Druck, der gewöhnlich unter der Bewußtseinsschwelle liegt. Man ist überrascht über die Menge von negativen Kräften, die sogar in gesunden Familien wirksam sind.

Der I. Teil des Buches stellt diesen Druck im einzelnen dar, mit einer Beschreibung dessen, was die Familie dazu bringt, ohne es zu wissen, Probleme zu schaffen und aufrechtzuerhalten. Dann gehen wir auf den Ausgangspunkt zurück, die Ehe als solche, und beschreiben im einzelnen die psychischen Veränderungen, die weitgehend unbemerkt vor sich gehen. Wir beschreiben dann, was passiert, wenn Kinder kommen und die Familienverantwortung wächst. Dieser Teil endet mit konkreten Vorschlägen für eine Einigung an der Spitze der Pyramide — in den ehelichen Beziehungen.

Teil II, in dem ein positives Programm entworfen wird, fängt damit an, die Wirkung zu beschreiben, welche die elterliche Anpassung auf die Kinder hat. Dann wird die »Familienstrategie« im einzelnen beschrieben. Sie besteht aus vier Grundprinzipien oder Grundeinstellungen und dazu einer regelmäßig abgehaltenen Familienkonferenz.

Teil III gibt zahlreiche Beispiele für dieses System, wie es in den verschiedenen Altersstufen der Kinder angewandt werden soll.

Dieses System hat sich als wirksam und zuverlässig für Kinder jeden Alters und bei allen möglichen Schwierigkeiten erwiesen, — neurotische, hyperaktive, unerziehbare, provokative Kinder — und auch für die, die keine besonderen offen zutage liegenden Schwierigkeiten haben. Es kann mit ganz kleinen Abänderungen in Familien angewandt werden, in denen nur ein Oberhaupt vorhanden ist oder einer der Partner am Anfang nicht gewillt ist mitzumachen.

Wenn auch einige der Erklärungen in der Freudschen Terminologie gegeben werden, so sind doch die Hauptaspekte unseres Systems nicht psychoanalytisch. Wir hoffen daher, daß das Buch nicht unter die »Freudianischen« gerechnet wird, weder von seinen Freunden noch von seinen Kritikern. Nicht, daß wir mit der psychoanalytischen Theorie nicht einverstanden wären. In der Tat denken wir, daß die Lehre von der Genese der Störungen durchaus — oder wenigstens in der Hauptsache — gültig ist. Aber während einige unserer Erklärungen sich psychoanalytisch anhören, so ist es unsere Technik doch nicht.

Die Folgenden haben zu diesem Werk beigetragen — entweder direkt durch ihre Ideen oder indirekt durch einen bestimmten Gesichtspunkt, einen besonderen Zugang zu den Problemen.

Michael Halbert, Exekutivdirektor der ISIS, des Instituts für die Erforschung der Befragungssysteme, Dr. James D. Page, Professor der Psychologie an der Temple Universität, Dr. Zygmunt A. Piotrowski, Professor der Psychologie an der Thomas-Jefferson-Universität (Jefferson-Medical College in Philadelphia), Dr. van Hammet, Professor und Leiter der Abteilung für Kinderpsychiatrie am Hahnemann-Medical College in Philadelphia, Dr. Herman Belmont, Professor und Leiter der Sektion für Kinderpsychiatrie am Hahnemann-Medical College, Dr. Ruth Steckert, Ärztin und unsere Freundin.

Die Folgenden haben Teile des Manuskriptes gelesen, Vorschläge gemacht, von denen einige in den Text aufgenommen worden sind, während andere zum Ansporn für eine bessere Darstellung dienten: Dr. Sheldon Rappaport, Präsident der Pathway-Schule bei Norriston Pa., Dr. Bernhard Cooper, klinischer Direktor der Matthew-Schule in Fort Washington Pa., Gerry Schatz, Direktor der Matthew-Schule und der Privatpsychologe Ed Dubin.

Einige der Gedanken dieses Buches wurden zuerst dem Stab der Parkway-Schule vorgetragen, einem Ableger des Studieninstituts, Kinderpsychiatrische Sektion des Hahnemann-Medical College, und dem der Valley-Tagesschule für Kinder mit Lern- und Anpassungsschwierigkeiten in Yardley, Pa. Das ganze Personal dieser beiden Schulen stellte gute Fragen und machte nützliche Bemerkungen, besonders das begabte Ehepaar Joseph und Dorothy Hirt von der Parkway Tagesschule und Mrs. Sylvia Heyman, Erziehungsdirektor der Valley-Tagesschule.

Gloria Lavenberg hat sich nicht nur der enormen Menge technischer Einzelheiten angenommen, die zur Fertigstellung dieses Buches nötig waren, sondern hat auch die Entwicklung der Gedanken kritisch verfolgt. Die Redakteurin Jeanne Bernkopf hat uns geholfen, einige der zentralen Gedanken schärfer herauszubringen, und hat dadurch unermeßlich zur Klarheit der Darstellung beigetragen.

Zum Schluß müssen wir noch Dr. Jules C. Abrams erwähnen,

den Kollegen und Freund, der uns Vorwürfe gemacht hatte, als er in einem anderen Buch nicht erwähnt worden war. (Wir müssen ferner erwähnen, daß Dr. Abrams, der Direktor der Parkway-Tagesschule, Teile des Manuskripts gelesen und ein paar sehr vernünftige Anregungen gegeben hat.)

Dieses Buch hätte nicht ohne die klugen Fragen und die freundliche Einstellung unserer Radiohörer und Fernsehzuschauer geschrieben werden können. Ihnen schulden wir den meisten Dank.

I. TEIL

MANN UND FRAU: DER KERN DER FAMILIE

1. Kapitel

DIE VERBINDUNG MIT DER VERGANGENHEIT

Bei der Volkszählung in den Vereinigten Staaten wird eine Familie folgendermaßen definiert: zwei oder mehr Menschen, die zusammenleben und die entweder blutsverwandt oder durch Ehe oder Adoption miteinander verbunden sind.

Eine Ehe hat viele Funktionen. Sie sorgt für sexuelle Befriedigung, für Fortpflanzung und für die Versorgung, Ernährung und Ausbildung der Kinder. Keiner ist allein, und jeder hat die Möglichkeit, Liebe zu geben und zu empfangen. Eine der Hauptaufgaben der Ehe war es schon immer, die Kinder darauf vorzubereiten, einen sinnvollen Platz in der Gesellschaft einzunehmen.

Viele Gelehrte, die die Monogamie für das beste System halten, das bisher gefunden worden ist, möchten gerne beweisen, daß sie den Höhepunkt der menschlichen Beziehungen darstellt. Sie vermuten, daß die Menschen zuerst in Horden herumzogen, von irgendeinem Vater geführt, dem die erste Wahl unter den Frauen zustand. Von diesem Ausgangspunkt soll angeblich ein evolutionärer Weg bis zu dem gegenwärtigen Gipfel der Monogamie führen. Aber diese Theorie ist schwer zu beweisen, da es vom Anfang der niedergeschriebenen Geschichte an schon Monogamie gegeben hat. Heute glauben die meisten Soziologen, daß, welche Familienstruktur auch immer vorherrscht, es die ist, die am besten den Bedürfnissen der Zeit und der Situation entspricht.

J. F. Folsom behauptet in seinem Aufsatz »Sexuelle und Liebesfunktionen der Familie«, daß unsere heutige Sozialordnung dadurch stark beeinflußt ist, daß wir in einer industriellen Wettbewerbsgesellschaft leben, in der der Hauptwert auf Tüchtigkeit und Lernfähigkeit gelegt wird. Es gibt in ihr wenig hochentwickelte

Rituale, so wie z. B. Gemeinschaftstanz, da die Zeit, die darauf verwendet werden könnte, besser für den finanziellen Wettbewerb genutzt werden kann.

Ein Mann muß imstande sein, seine Stellung oft zu wechseln und neue Gelegenheiten auszunutzen, unsere Kultur verlangt also große Bewegungsfreiheit. Daraus ergibt sich, daß wenig Wert auf die Groß-Familie gelegt wird — auf häufige und bedeutsame Beziehungen auch mit entfernteren Verwandten. Statt dessen wird sehr viel Wert auf Unabhängigkeit gelegt, wenn sich daraus auch wenig Kontinuität zwischen den Generationen ergibt und wenig Gelegenheit, das weiterzugeben, was man über Kindererziehung weiß.

Trotzdem muß die Familie an sich als die wichtigste soziale Einheit angesehen werden, die die Menschen bisher hervorgebracht haben. Und es ist zu bezweifeln, daß sich das — wenn überhaupt — in absehbarer Zeit ändern wird.

Die Familie ist der Ursprung und der Empfänger unserer stärksten Gefühle. Wenn wir es uns auch nicht klarmachen, so sind doch die, die wir am meisten beeindrucken möchten, die Familienmitglieder, und gleichzeitig sind sie es, deren Kritik wir am meisten fürchten. Unsere stärkste Intoleranz ist für die Familie reserviert. Kleine Vergehen, Dummheiten, Verdrießlichkeiten — Dinge, die wir bei anderen übersehen würden — bringen uns in Wut, wenn unser Kind, eines unserer Geschwister oder besonders die Eltern sie begehen.

Die größten Schwierigkeiten mit der Familie hat der, der das stärkste irrationale Abhängigkeitsbedürfnis hat, nämlich den übertriebenen Wunsch, immer der Empfänger von Fürsorge, Unterstützung und Zuneigung zu sein, was mit dem ausgesprochenen Verlangen verbunden ist, daß ein anderer die letzte Verantwortung übernehmen soll. So ein Mensch ist nicht nur intolerant gegenüber den anderen Familienmitgliedern, sondern hat auch äußerst gemischte Gefühle von Liebe und Haß in sich. Man ist ja am meisten beunruhigt, wenn man es mit denen zu tun hat, an die man sich am verzweifeltsten anlehnen möchte. Je mehr unsere Familie uns aus der Fassung bringt, desto mehr »brauchen« wir sie psychologisch. Ein wahrhaft gesunder und unabhängiger Mensch kann mit Liebe und Wärme den anderen Familienmitgliedern gegenübertreten, soweit sie verhältnismäßig gesund sind, und sich mit Toleranz von denen trennen, mit denen er nicht auskommen kann, weil sie entweder krank oder bösartig sind, oder weil sie nicht zusammenpassen. Ein abhängiger, konfliktgeladener Mensch kann sich von den anderen Familienmitgliedern weder trennen noch den richtigen Zugang zu ihnen finden.

Familienmitglieder neigen dazu, einander auf gewisse Rollen festzulegen. Eine solche Rolle ist die Kristallisation einiger der Formen, in denen ein Mensch denkt, fühlt oder im Verkehr mit anderen handelt. Er mag der Rollen, die er spielt, gewahr werden oder nicht; die anderen mögen Sie vielleicht viel besser erkennen als der Betreffende selbst. Eine Rolle ist das Endresultat von Druck, der aus den verschiedensten Quellen herrührt. Am wichtigsten sind in diesem Zusammenhang die psychischen Kräfte, die innerhalb der Familie wirken, denn in der Familie entwickelt sich der Druck, der am wenigsten bewußt erkennbar ist.

Druck innerhalb der Familie kann stark negative Reaktionen auslösen, da sie höchst inkonsequent sein können. Väter mögen gewisse Forderungen an ihre Kinder stellen, die sich nicht mit denen der Mutter vertragen. Die Forderungen der Mutter mögen nicht nur nicht mit denen vereinbar sein, die andere, sondern auch mit denen, die sie selbst stellt. So z. B. wenn sie vom Vater verlangt, er solle der Führer der Familie sein, ihn aber an wichtigen Entschließungen nicht teilnehmen läßt.

Die Art, wie sich Familienmitglieder auf die verschiedenen Rollen festlegen — mögen sie nun gut oder schlecht sein — kann tragische Konsequenzen haben. Eine Mutter mag den Wunsch haben, daß eines der Kinder abhängig oder hilflos bleiben soll, und ihm auf diese Weise eine bestimmte Rolle zuweisen. Ein Vater mag unbewußt sein Kind auf die Rolle des widerborstigen »bösen Jungen«

festlegen, damit das Kind der Gesellschaft gegenüber jene Gefühle des Unwillens zum Ausdruck bringt, die der Vater selbst nicht auszudrücken wagt. Der Vater kann das Kind in dieser Rolle unterstützen, indem er sich über den »süßen kleinen Jungen« amüsiert oder es unterläßt, ihn zu korrigieren. Bewußt mag der Vater auf den Jungen böse sein, weil er »schlimm« ist, und sich nicht klarmachen, daß er selbst es ist, der seine Widerspenstigkeit nährt.

Probleme, die aus der Familie erwachsen

Eine recht große Zahl von Sachverständigen auf diesem Gebiet hat erkannt, daß Familienmitglieder es — bewußt oder unbewußt — darauf anlegen, sich gegenseitig auf bestimmte Rollen festzulegen, wovon manche positiv sind, wie die des Führers, des Helden, des Komikers, des Intellektuellen, andere außerordentlich negativ, wie die des Dummkopfs, des Säufers, des Nörglers, des Unbeherrschten, des »Schlimmen«.

Hierfür gibt es viele Gründe. Einige Erklärungen betonen Faktoren der psychischen Ökonomie: Leider ist es ja leichter, mit Menschen fertig zu werden, wenn man ihnen ein Etikett angeklebt und sie in ein Fach eingeordnet hat, als mit den einzigartigen, dauernd sich ändernden Persönlichkeiten, die sie nun einmal sind. Andere Erklärungen stützen sich auf subtilere psychologische Tatsachen — manche davon sind einfach, und es ist leicht, ihnen zuzustimmen, andere komplizierter und für den Laien schwer nachzuprüfen.

Ein einfacher Grund, warum Eltern ihre Kinder in ihrer negativen Haltung ermutigen können — wie Trotz, Untüchtigkeit, Bettnässen — dient zu ihrer eigenen Rechtfertigung: Das »Ich-war-ja-genau-so«. Nehmen wir einmal an, eine Mutter regt sich darüber auf, daß ihr Kind dauernd in Mathematik versagt. Sie bittet ihren Mann um Hilfe. Er sagt: »Aber worüber regst Du dich denn so auf, Liebling? Ich war auch sehr schlecht in Mathematik, als ich klein war.« Und er glaubt, daß diese einfache Erklärung genügt. In

Wirklichkeit möchte er vielleicht das Problem übersehen und das aus vielen Gründen: — etwa weil er Angst davor hat, überhaupt die Existenz eines Problems zuzugeben, vielleicht aber auch, um das Problem des Kindes aufrechtzuerhalten.

Eine andere einfache Erklärung für die Rollenzuteilung in der Familie ist die folgende: Wenn eines der Geschwister die Sündenbockrolle zugeteilt bekommt (»Theo ist das Dummerchen in der Familie«) wollen alle anderen Geschwister ihm helfen, in der Rolle zu verbleiben, um ihre eigene »Superiorität« zu beweisen, indem sie sie in Gegensatz zu seiner angenommenen Unterlegenheit stellen.

Es mag auch einem Elternteil daran liegen, etwas damit zu beweisen, daß er oder sie das Kind in seiner negativen Rolle festhält. Ein Vater möchte vielleicht seinem eigenen Vater zeigen, daß er »robuste Jungs« heranzieht. Oder eine Frau ärgert sich so sehr über das Verhalten ihres Mannes, daß sie das Kind »krank« haben möchte, um dem Vater die Schuld geben zu können. Ein Mann möchte vielleicht, daß das Kind trotzig bleibt, um zu beweisen, daß seine Frau zu nachgiebig ist. Die Liste ist endlos.

Versuche, das Verhältnis zwischen den anderen zu zerstören oder zu schwächen, sind in neurotischen Familien außerordentlich häufig. Die Zahl der angewandten Strategien ist unendlich: ein Kind kann wiederholt bitten, etwas tun zu dürfen, wovon es weiß, daß der eine Elternteil dafür, der andere aber dagegen ist, das letztere mit der Absicht, das Verhältnis zwischen dem Kind und dem rivalisierenden Elternteil zu schwächen. Einer der Eltern mag sich auf die Seite des Kindes und somit gegen den anderen stellen. Ein Kind mag mit dem Vater kooperieren, nicht aber mit der Mutter, so daß der Vater sein Erstaunen darüber ausdrücken kann, daß die Mutter soviel Schwierigkeiten mit dem Kinde hat. Einer der Eltern mag einem bestimmten Kinde Extrageschenke machen, um es zu bestechen. Eine Frau mag ihren Mann auffordern, das Kind zu schlagen, und dann das Kind trösten und beruhigen, um den Vater als Tyrannen hinzustellen.

Ein Kind versucht nicht nur, sich dadurch enger an einen Elternteil anzuschließen, daß es die Distanz zwischen den Eltern vergrößert, sondern versucht auch oft — aus demselben Grunde — seine Geschwister niederzuhalten. Es mag einem der Geschwister, das weniger beherrscht ist als es selbst, »schlimme« Gedanken beibringen, um es in Schwierigkeiten zu bringen.

Einer der häufigsten Gründe, weshalb ein Elternteil Schwächen bei einem Kinde unterstützt, ist der Wunsch, es in einer abhängigen, verhältnismäßig hilflosen Lage zu erhalten. Manche Eltern fühlen sich überflüssig, wenn sie nicht ein Kind herumkommandieren und manipulieren können. Andere mögen ihre Kinder gern hilflos sehen, und damit ihre eigenen feindlichen Impulse ableugnen. Dann kommen noch die, die einsam sind. Die Liste ist so lang wie die der angewandten Methoden. Eine ins einzelne gehende Beschreibung der überbesorgten Mutter kann in unserem Buch »Kluges Kind — schlechte Zensuren« (New York, Delacorte Press, 1967) nachgelesen werden.

Oft kommt es vor, daß ein Elternteil — sagen wir, die Mutter — dieselbe Rolle annimmt, die sie einmal in ihrer eigenen Familie gespielt hat — eine Rolle, die sie nicht aufgeben kann, entweder weil sie sie zu gerne hatte oder weil sie sie so haßte, sie unbewußt aber wiederherstellen muß, um mit ihr fertigzuwerden. Ein Beispiel für die zuerst erwähnte Einstellung ist die Mutter, die sich weigert, erwachsen zu sein: sie kleidet sich wie ein Teenager und versucht, ihren Kindern ein »Kamerad« zu sein oder eine »Schwester«. Ein Beispiel für die zweite Art ist die Mutter, die, als sie ein Kind war, vor ihrem Vater Angst hatte, während er sie sexuell erregte. Sie mag unbewußt ihren Mann zwingen, die Rolle des »Tyrannen« zu spielen, um ihre sexuelle und masochistische Erregung zu befriedigen, und dann versuchen, ihn zu erniedrigen — um die Angst vor ihrem Vater zu überwinden. Rhona Richards war so eine Frau. Sie ging leichtsinnig mit dem Familienscheckbuch um und warf dann ihrem Mann Despotismus vor, wenn er sich gezwungen sah, sie zu ermahnen. Sie kritisierte seinen Mangel an kulturellem Niveau, schlug ihn gelegentlich und sagte ihm, daß er auch im Bett nichts tauge. Manchmal, wenn er sich sexuell aggressiv gab, reagierte sie darauf, manchmal aber stieß es sie ab. Durch dieses Verhalten versuchte sie, die Beziehungen, die sie einmal zu ihrem Vater gehabt hatte, wiederherzustellen, und so mit der Situation fertigzuwerden. Da ihr aber nicht bewußt war, was sie tat, und da ihre Lösungen falsch waren, konnte die schließliche Lösung nur durch erfolgreiche Psychotherapie bewerkstelligt werden.

Manchmal wird eine Rolle durch unausgesprochene Botschaften hergestellt. Jeder Mensch sendet stumme Botschaften aus, und jeder empfängt sie. Kinder sind dafür besonders empfänglich. Es kommt vor, daß ein Elternteil einem Kind irgendeine Botschaft in Worten übermittelt und eine ganz andere ohne Worte. Joseph Somer sagte seinem Sohn Ralph dauernd, wie wichtig es sei, alles, was man täte, gut zu tun. Trotzdem kritisierte er alles, was sein Sohn Ralph tat, ob es nun gut oder schlecht war. Das Ergebnis war, daß Ralph alles Selbstvertrauen verlor und glaubte, daß er nie etwas erreichen würde. Somer hatte sich vorgemacht, daß ihm etwas daran läge, Ralph erfolgreich zu sehen, während in Wirklichkeit sein ganzes oder fast sein ganzes Verhalten dazu beitrug, daß der Junge niemals volles Vertrauen zu sich selbst bekommen konnte. Die bewußte oder »gesprochene« Botschaft des Vaters an seinen Sohn lautete: »Sei vollkommen!«, während die unbewußte, die stumme, war: »Du kannst nie etwas tun, was mir wirklich gefällt.«

Ähnlich war es mit Frau Morgan. Sie behauptete, daß die schlampige, babyhafte Art ihrer Tochter Barbara abstoßend sei. Trotzdem bestand sie darauf, ihre Tochter morgens zu wecken, sie nörgelte den ganzen Tag an ihr herum und gab ihr überreichlich Ratschläge und Ermahnungen. Die gesprochene Botschaft der Mutter war: »Werde erwachsen!«; aber ihre stumme Bitte war: »Werde nicht erwachsen, denn ohne dich hat mein Leben keinen Sinn.«

Wir haben oft beobachtet, daß eine Familie einen hauptsächlichen, einen »Vorzugs«-Sündenbock hat: der »Schlimme«, der »Wilde«, der »Dumme«, der »Babyhafte«, der »Unzuverlässige«.

Es ist aber auch wichtig zu verstehen, warum dieser Sündenbock diese negative Stellung akzeptiert. Auf diese Frage gibt es wieder eine Reihe von Antworten, — von der einfachen bis zur komplizierten.

Eine einfache Erklärung ist die, daß der Sündenbock gewöhnlich nicht merkt, was gespielt wird, besonders wenn er oder sie noch jung ist und nicht weiß, wie man gegen solche Konstellationen ankämpft, die ihn in der Sündenbockrolle festhalten.

Und dann — wie merkwürdig das auch erscheinen mag — gewährt doch das Innehalten einer definitiven Rolle, und wenn sie auch eine negative ist, eine gewisse Befriedigung. So häßlich die Rolle auch sein mag, so ist sie doch wenigstens definiert. Der Mensch, der sich in einer negativen Rolle gefangen sieht, mag sich nicht gefallen, aber wenigstens weiß er, wer und was er ist.

Die Rolle des Sündenbocks enthält gewisse Elemente der Sicherheit. In dem obigen Beispiel verschafft der Teenager Barbara Morgan nicht nur ihrer Mutter Befriedigung für einen wichtigen Aspekt ihrer Persönlichkeit, indem sie sich unselbständig verhält, sondern sie vermeidet auch Veranwortung und verbleibt so in der Rolle des »beschützten Babys«. Einige Theoretiker werden wohl dieses Element der »Sicherheit« mit dem masochistischen Genuß in Verbindung bringen, den eine negative Rolle bereiten kann.

Und schließlich hilft der Sündenbock, der wenigstens teilweise gern in dieser Falle sitzt, selbst dazu, in ihr zu verbleiben. Da eine Rolle nur in bezug auf eine andere existieren kann, kann es keinen »Gewinner« geben, solange nicht ein anderer — ausgesprochen oder unausgesprochen — sich bereit findet, der »Verlierer« zu sein. Der Sündenbock spielt dasselbe Spiel wie seine Mitspieler. Wenn ein Mann sich an das Leben anpaßt, indem er entscheidet, daß er eben so ein Bedauernswerter ist, der viel Hilfe und Mitleid von anderen braucht, so muß er gleichzeitig die Überlegenheit der anderen anerkennen, um sich ihren Schutz zu sichern. Man kann nicht die Rolle des »geschützten Sklaven« spielen, wenn nicht jemand anders in die Rolle des »Herrn« erhoben wird. So kommt es, daß der Sündenbock — bewußt oder unbewußt — sein eigenes negatives Image aufrechterhält, wenn man damit aber auch nicht zu weit gehen darf. Wir glauben nicht, daß dies alle Angreifer-Opfer-Situationen erklärt, so wie z. B. die zwischen dem bewaffneten Dieb und seinem Opfer oder zwischen dem Mörder und dem Ermordeten.

2. Kapitel

DIE PSYCHOLOGISCHE BEDEUTUNG DER EHE

Wenn jemand heiratet, verändert er seine Identität — die Art, wie er über sich selbst denkt, die Gefühle und die Haltung sich selbst gegenüber, die sich daraus ergebende Gesamthaltung bestimmt seine psychologische Stellung im Leben.

Nur selten macht man sich klar, was den Menschen eigentlich als »Person« definiert. Diese Selbst-Definition kann sich auf die Eltern beziehen — »ich bin der Sohn von Hans und Lucie« — oder auf die Geschwister — »ich bin der Bruder von Rolf und Marie« — oder auch auf den Beruf — »ich bin ein Buchprüfer«. Auf einer weniger bewußten Ebene kommen dann noch die enernteren Verwandten dazu. Diese Identifizierung kann sich auch auf die Religion erstrecken, auf die Beziehung zu Freunden, auf das »Können«, — das, wofür man sich besonders geeignet hält — auch auf Unzulänglichkeiten, Verpflichtungen und Pläne.

Alle diese Einstellungen, Gedanken und Gefühle summieren sich zu einem Gesamtgefühl, das bestimmt, wer man ist, wo man steht, wohin man geht, was man vertritt, was einem bedeutsam ist, was Freude bereitet und was Schmerz.

Manches mag in diesem Zusammenhang trivial und unwichtig erscheinen, z. B. die Art, wie man sich kleidet. Sie läßt sich leicht abändern — ohne Gefahr für die Gesamtstruktur oder das geistige und seelische Gleichgewicht. Veränderungen auf anderen Gebieten — die Einschätzung der eigenen Tüchtigkeit, des eigenen Wertes oder auch das Verhältnis zu den Eltern — können die ganze Struktur erschüttern.

Die Ehe zerstört die frühere Identität. Das Verhältnis zu den Eltern verschiebt sich — nicht unbedingt äußerlich in den tatsächlichen Beziehungen, sondern in dem Gedankenbild, das man von sich selbst in bezug auf die Eltern hat. In der Tat kommt es in der Ehe zu einer ganzen Reihe von Verschiebungen. Keiner von den beiden Partnern kann sich noch im Sinne eines »Sohnes« oder einer »Tochter« verstehen, und so verliert er viel von dem seelischen Schutz, den er bisher hatte. Vor der Ehe empfindet man sich in der grundsätzlich passiven Lage des Kindes. Ein Kind kann erwarten, zu »bekommen« und von der letzten Verantwortung befreit zu sein. Mit der Ehe hört das auf. Nunmehr ist man nicht mehr eines anderen »Kind«. Die neue Identitätsrolle verlangt, daß man zum Gebenden wird und aufhört, nur der Nehmende zu sein.

Viele Arten von Streß und Druck, die man in der früheren geschützten Position vielleicht leicht ertragen hat (Sohn-Tochter-Position) können plötzlich zur Drohung werden (potenter Mann oder Frau, Versorger, Konkurrent). So mag es z. B. für einen jungen Mann, der letzten Endes keine echte Verantwortung zu tragen hatte, leicht gewesen sein, sich in seiner Stellung zu halten. Doch jetzt soll er ein Mann sein. Er muß für ein Haus oder für eine Wohnung sorgen, er muß eine Frau versorgen und beschützen. Die Ehe bringt Vorrechte aber auch Verpflichtungen mit sich (wenn man auch in Konfliktsituationen die Vorrechte als Verpflichtungen auffassen kann). Das Recht, sexuelle Beziehungen zu haben, ist hier das wichtigste, da es die Natur der unbewußten seelischen Beziehungen zu den Eltern ungeheuer beeinflußt. Ein Verheirateter wird eher als »erwachsen« angesehen als ein gleichaltriger Unverheirateter, und wird mit mehr Respekt behandelt, man traut ihm größeres Wissen zu. Andere Verheiratete tauschen mit ihm Vertraulichkeiten aus, da er sie ja jetzt »verstehen« kann. Ebenso verändert sich seine Beziehung zu alten Freunden und anderen Frauen.

Mehr, als man allgemein annimmt, bringt die Ehe große seelische Erschütterungen mit sich, und es erfordert ein gut Teil innerer Arbeit, um ein neues Gleichgewicht zu gewinnen — eine neue Beziehung zu den Eltern und damit eine neue Beziehung zum Selbst. Wo alle diese Veränderungen nicht erfolgreich zu einem tragfähigen

Zustand koordiniert werden können — zu einer neuen Identitätsrolle — kann man wohl sagen, daß der Betreffende einen Sprengstoff in sich trägt, der nur auf die Zündschnur wartet, um loszugehen.

Außer dem Identitätswechsel setzt die Ehe noch andere Prozesse in Bewegung. Jeder der beiden Partner bringt eine Menge von geheimen psychologischen Erwartungen mit. Jeder erwartet, daß die Ehe allmächtig sei und eine magische Lösung für alle alten Probleme bieten werde. Charakteristischerweise erwartet man von der Ehe, daß sie einem das gibt, was man in der Kindheit entbehrt hat. Ein Kind, das ohne Elternliebe aufgewachsen ist, erwartet nun ganze Berge von Liebe.

Und die Erwartungen können ganz inkonsequent sein. Jemand kann Zuneigung auf der einen Persönlichkeitsebene erwarten, und trotzdem auf einer anderen unfähig sein, sie zu akzeptieren. Das bürdet dem Partner alle möglichen widerspruchsvollen Forderungen auf.

Wenn jemand als Kind dominiert wurde, mag er von der Ehe unbegrenzte Freiheit erwarten, aber auch hier kann — unbewußt — das Bild viel komplizierter sein.

Und dann: mancher mag erwarten, daß die Ehe ihn von seinen irrationalen Ängsten befreit. Ein Mann, der fürchtet, homosexuell zu sein, erwartet, daß die neue Rolle eines Verheirateten ihn — und die Welt — davon überzeugen wird, daß es nicht der Fall ist. Für eine Weile mag diese Taktik sogar ganz gut funktionieren.

In gewissem Sinne erwarten wir alle von der Ehe, daß sie uns für die Traumen, die wir in der Kindheit hatten oder zu haben glaubten, entschädigt. Das legt der Ehe natürlich eine phantastische Last auf.

Mythen, die die Ehe belasten

Viel Schlimmes in der modernen Ehe rührt von Vorstellungen her, die früher oder in einer anderen Kultursphäre Geltung hatten, aber jetzt und hier nicht gelten. Der moderne Mensch rennt mit dem Kopf gegen die Wand, wenn er versucht, überholte Vorstellungen oder idealisierte Wünsche zu erfüllen. — Mythen, deren Geltung noch niemals in Frage gestellt worden ist.

Eine dieser überholten Vorstellungen ist die von der Kräfteverteilung in der Ehe. In früheren Zeiten, als die Rollen von Mann und Frau so grundverschieden waren — ebenso wie auch die Vorstellungen über das, was in der Ehe annehmbar ist —, war die Frau dem Manne oft deutlich untergeordnet. Heute gilt fast allgemein, daß in der Ehe die Kräfte gleichmäßig verteilt sein müssen.

In seinem Werk: »Wissenschaft der Emotionen« erkennt Bhagavan Das die Wichtigkeit der Machtposition in der Ehe an. Wer hat die größte Fähigkeit, mit dem geringsten Kräfteaufwand seinerseits den anderen am weitesten zu bringen? Der, der die überlegene Stellung einnimmt. Wo immer zwei Menschen miteinander zu tun haben, besteht das Bewußtsein dieses Kräftespiels. Wenn der Chef seinen Angestellten ruft, spiegelt sich dieses Kräfteverhältnis direkt physisch wieder. Der Boß bewegt nur die Lippen: »Müller, kommen Sie mal zu mir in mein Büro!« Müller muß seinen ganzen Körper in Bewegung setzen. Hier besteht eine klare Superiorität. Dieses Kräfteverhältnis kann sich auch anders manifestieren, wenn z. B. ein Mann seiner Frau erklärt, er beabsichtige, auch zu anderen Frauen zu gehen, ob es ihr gefällt oder nicht, und sie das akzeptiert — wenn auch verletzt und bedrückt —, so haben wir hier das klare Bild männlicher Überlegenheit vor uns. Der Mann hat hier entschieden die Oberhand. Er hat die größere Macht, seinen Partner zu verletzen, als dieser ihn. Er hat eine größere Bewegungsbreite. Er kann seine Macht gebrauchen, um die Handlungsfreiheit seiner Frau einzuschränken, und sich dabei selbst volle Freiheit lassen.

In manchen falsch funktionierenden Familien kommt es dazu, daß die Kinder eine größere Machtstellung haben als die Eltern. Durch Bocken, Essensverweigerung, die Drohung wegzulaufen kann ein Kind seine Eltern erpressen.

Wenn ein Mann mehr Verlangen nach seiner Frau hat als sie nach ihm, ist er sofort ein potentielles Erpressungsopfer. Wenn dann die Frau sich entschließt, irgendeine Auseinandersetzung — vielleicht um ganz kleine Dinge — aufs Äußerste zu treiben, und ihm droht davonzugehen, muß der Mann nachgeben. Er mag sich manchmal noch nicht einmal dessen bewußt sein, daß ein Problem besteht. Er mag nur fühlen, daß er irgendwie in der Falle sitzt — in einer verzweifelten, unhaltbaren Lage. Ganz egal, was dieses Verlangen bedeutet — Liebe, Abhängigkeit oder Angst — wenn es nicht auf beiden Seiten gleichmäßig vorhanden ist, ist zumindest der eine Partner zu einem Leben voller Spannungen verurteilt. Oft ist es also die erste Aufgabe eines Eheberaters, einen Kräfteausgleich zwischen den Kämpfenden herzustellen.

Selbst für den berufsmäßigen Psychotherapeuten ist es nicht immer einfach, diesen Kräfteausgleich zwischen den beiden Eheleuten zu erwirken, denn der in die Falle gegangene mag den unbewußten Wunsch haben, dominiert zu werden. Der, der sich in der unterlegenen Situation weiß oder fühlt, muß alles tun, was in seiner Macht steht, um sein Vertrauensniveau zu heben und zur Gleichberechtigung mit seinem Partner zu kommen.

Romantische Liebe ist eine jener Idealisierungen, die die Ehe stören können. Zu viele verheiratete Leute glauben, daß die leidenschaftliche »Liebe« aus den Tagen der ersten Verliebtheit irgendwie in Beziehung zu dem tiefen Respekt und der Fürsorge stehe, die sich in einer einigermaßen reifen und ausgewogenen Ehe allmählich entwickeln. Wenn sie dann merken, daß die romantische Liebe nachgelassen hat oder gar verschwunden ist, denken sie gleich, ihre Ehe sei schlecht. Aber berauschende, leidenschaftliche Liebe in den frühen Tagen der Verliebtheit und Ehe garantiert weder eine spätere reife fürsorgende Einstellung noch schließt sie diese aus.

Gewöhnlich ist romantische Liebe eher ein Zeichen unerfüllter Sehnsucht auf seiten dessen, der sie hat, als ein Ergebnis der gegenseitigen Beziehungen. Theodor Reik sagt in seiner Abhandlung »Von Liebe und Lust«, daß romantische Liebe am ehesten bei den Menschen zu finden sei, bei denen eine tiefe Kluft besteht zwischen dem, was sie in einem idealisierenden Sinne für sich selber wünschen, und dem, wie sie sich selber sehen. Je größer diese Kluft, desto größer die Bereitschaft zur romantischen Liebe. Jeder der Liebespartner denkt: »Was sind wir doch für ein großartiges Paar! Wir ergänzen uns vollkommen und gleichen uns in unseren Unzulänglichkeiten aus.«

In einer reifen Ehe ist der erhaltende Faktor eine Art von gegenseitiger Fürsorge und Achtung, manchmal von leidenschaftlicher Intensität — ein Zustand, der sich oft an Stelle der romantischen Liebe entwickelt oder sogar da, wo sie nie bestanden hat. Diese Art der reifen Liebe ist schwer zu definieren, aber wir können hier ein paar Punkte herausgreifen: vor allem kann sie sich nicht als »Liebe auf den ersten Blick« entwickeln; denn alles, was auf den ersten Blick entsteht, kann nicht auf echtem Wissen basieren. Wenn ein Mädchen sich verzweifelt »auf den ersten Blick« in einen Jungen verliebt, so muß diese Art von Liebe auf Phantasie und Erwartung beruhen, nicht aber auf irgend etwas Wirklichem in ihm, denn »auf den ersten Blick« weiß sie ja nichts von ihm.

Reife Liebe muß langsam wachsen, gegründet auf eine immer mehr zunehmende Erkenntnis der *wahren Persönlichkeit* und einer echten Achtung vor der geliebten Person. Wahre Liebe ist fest in der Wirklichkeit verankert. Wo Liebe sich auf phantasierte Erwartungen stützt, kann sie nur dadurch aufrechterhalten bleiben, daß die Liebenden die Wirklichkeit ignorieren.

Wahre und reife Liebe entwickelt sich nicht nur dadurch, daß die Partner einen tiefen Respekt vor einander hegen, sondern auch in dem Ausmaß, wie jeder die negativen (und unveränderbaren) Eigenschaften des anderen toleriert. Solche Liebe ist oft von der tiefen Erkenntnis begleitet, daß man eine gute Wahl getroffen hat, und es nicht viel besser hätte machen können. Mit der Entwicklung einer reifen Liebe geht eine allmähliche, teilweise Einbeziehung der geliebten Person in das eigene Ich-System einher, so daß das, was ihr widerfährt, schließlich die gleichen Gedanken und Gefühle auslöst, als ob es einem selber widerfahren wäre. Diese *gegenseitige*

Einbeziehung führt dazu, daß die Liebenden füreinander sorgen wie für sich selbst. So eine echte Liebe ist selten und ist irgendwie leicht zu erkennen. Sie macht dann einen tiefen Eindruck.

Aber zu viele verheiratete Paare nehmen an, daß dieses Gefühl des Sich-umeinander-Bekümmerns und Sorgens ein äußerlicher Akt der Gnade sei, der sich einfach »von oben« auf gewisse glückliche Paare herabsenkt, während er anderen entgeht. Das ist bei weitem nicht richtig, denn eine der wichtigsten Determinanten der reifen Liebe ist die Entschlossenheit eines oder beider Partner, zu ihr zu gelangen. Liebe — wie alles andere — hängt von einem *Entschluß* ab. Sie kommt nicht einfach daher. Sie muß bewußt gepflegt, genährt und aufrechterhalten werden. Und der Entschluß hierzu muß — wie jeder Entschluß — auch in die Tat umgesetzt werden.

Wir Psychologen seufzen oft, wenn da so ein Verlobter laut vor sich hindenkt, ob denn seine Ehe auch funktionieren werde. Denn wir wissen, wieviel davon abhängt, was er selbst dazu tut, von den Entscheidungen, die er selber trifft, davon, ob er wohl seiner Partnerin helfen wird, wenn sie geirrt hat, oder ihr einfach die Schuld an allem zuschiebt.

Ob deine Ehe funktioniert, hängt nicht nur vom Schicksal ab. Es hängt sehr weitgehend davon ab, *was du selber dazu tust.*

Es erfordert eine gewisse Anstrengung, die ehelichen Beziehungen aufrecht zu erhalten. Mancher Ehemann geht zu einer Party und verbringt eine Menge Zeit damit, sich vorzuphantasieren, wie ein bestimmtes Mädchen, das er dort trifft, wohl nackt aussehen mag, wie ihr Körper sich anfühlt. Verwendet er jemals soviel Mühe darauf, sich seelisch auf seine Frau vorzubereiten? Wenn seine Frau mit der Zeit korpulenter wird oder sonst ihre Reize verliert, fragt er sich dann: »Wie kann ich ihr helfen, daß sie selbst den Wunsch hat, anziehender zu sein?« Oder ärgert er sich in aller Stille über sie und läßt es in seiner Unbekümmertheit dazu kommen, daß die Beziehungen sich verschlechtern? Ein Mann kann manchmal unter Freunden der Mittelpunkt einer Gesellschaft sein, aber nicht die geringste Anstrengung zu einem kleinen, harmlosen Spaß machen, wenn er mit seiner Frau allein am Tisch sitzt. Was für eine törichte Fehlinvestition an Energie! Denn schließlich geht er ja nachher mit seiner Frau zu Bett und nicht mit der Party.

Viele eheliche und gesellschaftliche Schwierigkeiten ergeben sich aus dem Glauben — der oft kritiklos hingenommen wird —, daß romantische Liebe zu allem berechtigt. Wie viele untreue Eheleute haben sich schon damit entschuldigt, daß sie sagten: »Ich war doch so verliebt! Ich konnte eben nicht anders!« Jemand, der verliebt ist, scheint oft zu denken, daß er und sein Partner ein Wunder erlebt haben, das sie dazu berechtigt, alle möglichen Zugeständnisse zu erwarten. Wir behaupten nicht, daß jedes »Verhältnis« schlecht ist — weder vom psychologischen noch vom moralischen Standpunkt aus betrachtet. Trotzdem haben wir das Gefühl, daß die »erfahrenen« Leute, die es verherrlichen, bezeichnenderweise viele widerspruchsvolle Voraussetzungen machen. Wir glauben jedoch, daß romantische Verliebheit kein Mirakel ist, sondern, daß sie willentlich herbeigeführt werden kann, und dies unter den verschiedensten Umständen, viele davon negativ und neurotisch. Sie sollte nicht als etwas Heiliges angesehen werden, das alles entschuldigt, was sich daraus ergibt.

Eine geheim gehaltene »Affäre« ist nicht zuletzt, wenigstens zum Teil, ein feindlicher Akt gegen den anderen Ehepartner. Wir haben noch keine solche »Affäre« gesehen, die psychologisch nicht auf dessen Kosten ging. Sicher, der betrogene Partner mag unsympathisch sein, sicher, so eine geheime Affäre mag die Familie zusammenhalten, die sonst auseinandergefallen wäre; vielleicht ist es auch sicher, daß der geopferte Partner besser daran ist, wenn er irgendeine Kameradschaft hat, als wenn er völlig einsam wäre — aber von einer höheren Warte aus gesehen, sollte der betrogene Partner irgendwie doch die Wahl haben, selbst zu bestimmen, was das Beste für ihn ist.

Der Anfang der Ehe

Eine gewisse Linie zieht sich durch alle Ehen, besonders in ihrem Anfangsstadium. Da jeder Jungverheiratete von der Ehe eine seelische Wiedergeburt erwartet, besteht eine Neigung, ins Kindliche zurückzuverfallen, sich verwöhnen zu lassen und zu verwöhnen.

Kürzlich besuchten wir jung verheiratete Freunde. Als wir an die Haustür kamen, konnten wir durch ein offenes Fenster beobachten, was sich drinnen abspielte. Die Jungverheirateten fütterten sich gegenseitig beim Essen. Wir sahen ein paar Minuten zu, und später am Abend sprachen wir in erstaunten (wenn auch hoffentlich höflichen) Redewendungen über das, was wir beobachtet hatten. Unsere jungen Freunde waren überrascht: »Ja, machen denn das nicht alle?«

In Ehen, die sich als gesund erweisen, werden diese kindlichen Bedürfnisse allmählich in die Erfordernisse des Familienlebens integriert. Wenn der Identitätswechsel nicht das Boot ins Schwanken bringt, werden neue Verantwortungen akzeptiert, wie sie kommen, und die beiden Partner behalten trotzdem die Fähigkeit, sich hin und wieder kindisch zu benehmen, im Bett herumzutollen, Gesichter zu schneiden, Späße und Dummheiten zu machen — wo es paßt. Aber in Ehen, in denen Konflikte bestehen, scheint es so, als ob einer oder beide Partner unfähig sind, ein Abhängigkeitsbedürfnis des anderen zu akzeptieren.

Am meisten wird der von dem Identitätswechsel beeinflußt, der mit zu vielen offenen oder verstecken Widersprüchen erzogen worden ist: (»Mammi will, daß du unabhängig bist« — »Mammi kann es nicht ertragen, daß du sie verläßt«) oder mit zu vielen irrationalen Befehlen: (»Vati kann es nicht leiden, wenn Du so aggressiv bist.«) In solchen Fällen entwickelt sich kein flexibles Identitätsbewußtsein, das den Verschiebungen in der Ehe gewachsen ist. Wenn ein Mann z. B. von seinen Eltern dauernd ermahnt worden ist, niemals aggresiv zu sein, wird es ihm vielleicht schwer fallen, seine Rolle als Kind aufzugeben und die zu übernehmen, die sich für einen Ehemann ziemt. Wenn eine Frau eine Mutter hatte, die nicht imstande war, sie im gewöhnlichen mütterlichen Sinne zu versorgen, dann kann es so kommen, daß diese Frau in der Ehe unfähig ist, die Rolle des Gebenden auf sich zu nehmen. Sie wird sich statt dessen an der Kindesrolle festklammern, immer noch in der Hoffnung, ihre Mutter zu zwingen, mehr Mutter zu sein. In gewissem Sinne bringt sie es nicht fertig, das Problem ihrer früheren Identität zu lösen, und ist daher auch nicht frei, eine neue auf sich zu nehmen.

Manchmal führt dieser Identitätswechsel zu einem sofortigen und schmerzlichen Bruch. In anderen Fällen bereitet er nur den Sprengstoff vor, der dann explodiert, wenn Kinder und andere eheliche Verpflichtungen kommen.

Drei fundamentale Schwierigkeiten sind es, die vielen der Eheprobleme zugrunde liegen: die Angst vor dem Erfolg, die Unfähigkeit, die adäquate sexuelle Rolle zu übernehmen, und ein intensives passives Abhängigkeitsbedürfnis. Alle diese Probleme haben gemeinsame Komponenten und sind vielleicht nichts anderes als Variationen ein und desselben Themas.

Die Angst vor dem Erfolg

Sigmund Freud ist es, dem man allgemein die Entdeckung zuschreibt, daß es Menschen gibt, die Erfolg nicht ertragen können und tatsächlich eine tödliche Angst vor ihm haben. Wahrscheinlich haben aber auch andere dieses merkwürdige und paradoxe Phänomen beobachtet. Schon im Jahre 1575 schreibt Girolamo Cardano, daß er eine Angewohnheit habe, über die sich seine Freunde wunderten: Er brauche eine Krankheit. Er konnte Erfolg nicht zu lange ertragen, ohne zu leiden, Schmerzen zu haben; denn ohne den Schmerz verfiel er in eine Depression. Er gewöhnte sich daher an, sich auf die Lippen zu beißen, seine Finger zu verdrehen, sich in den linken Arm zu kneifen, bis die Tränen kamen. Mit dieser Selbstbestrafung, so fand er, konnte er die Depression vermeiden.

Für jemanden, der es nicht kennt, ist es wahrscheinlich schwer zu glauben, daß dieses Phänomen wirklich existiert. Sigmund Freud hat geglaubt, daß die Antwort in gewissen ödipalen Situationen zu finden sei. Jeder geht durch eine Phase, in der er das intensive Verlangen hat, den andersgeschlechtlichen Elternteil zu besitzen. Feindliche Gefühle richten sich dann gegen den gleichgeschlechtlichen Elternteil. Erfolgreich wird diese Situation gelöst, wenn der Knabe z. B. die Hoffnung aufgibt, die Mutter zu besitzen und sich mit einer starken Bindung an den Vater tröstet, immer in der Hoffnung, am Ende ein weibliches Wesen für sich selbst zu finden. Wenn dieses Problem nicht gelöst wird, kann er jeden Erfolg mit der Idee verbinden, irgendeine Sünde gegen den Vater begangen zu haben (d. h. die Mutter besessen zu haben), wofür ihm eine schreckliche Strafe droht. So mag es also sein, daß seine Angst vor dem Erfolg auf der Furcht basiert, der Erfolg könnte den Zorn des omnipotenten Vaters entfesseln. Bei der Frau beruht diese Angst darauf, daß sie mit dem Erfolg etwas gestohlen hat, was von rechtswegen der Mutter gehört. Um es klarer auszudrücken, müßte man hinzufügen, daß *jeder Erfolg dem gegenwärtigen und aktiven Wunsch gleichgesetzt wird*, einen feindlichen Akt gegen den andersgeschlechtlichen Elternteil zu begehen.

In manchen Fällen bedeutet fortgesetzter Erfolg das Aufgeben der Kindesrolle und wird als Opfer und als gefährlich empfunden. Es kommt auch vor, daß Erfolg deshalb Furcht einflößt, weil ja jeder Schritt vorwärts neue (und unerwünschte) Verantwortung mit sich bringt.

Ob man nun diese Ideen über die mögliche Genese der Angst vor dem Erfolg teilt oder nicht, die Angst selbst existiert. Die Krankenberichte der Psychotherapeuten fließen über von Fällen, bei denen massive Störungen zusammen mit markanten Erfolgen einsetzten.

Michael Martin erwartete seine Entlassung aus dem Militär. Weder er noch seine Frau hatten irgendwelche Pläne gemacht, da die Zukunft zu unsicher war. Als er dann entlassen wurde, hatte er — wie er selber sagte — »alles vor sich«. Er bekam eine glänzende

Stellung, sein Chef hatte ihn gern, und er und seine Frau beschlossen, nicht länger zu warten und Kinder zu bekommen. Aber mit »allem vor sich« setzte bei dem Mann der erste von vielen Angstzuständen ein, die an Panik grenzten. Er mußte zu Hause bleiben, sein gesellschaftliches Leben ganz aufgeben und schließlich ärztliche Hilfe suchen.

Seymour Scott war ein Student in den ersten Jahren des College. Nach den ersten Schuljahren, in denen er noch ausgezeichnet gelernt hatte, blieb er ein Durchschnittsschüler. Auf eine Sitzung mit einem Psychotherapeuten hin fühlte er sich mehr zur Arbeit aufgelegt als je zuvor. Er fing an, wie wild zu arbeiten, und bekam — zum ersten Mal seit jenen frühen Jahren, mühelos die besten Zensuren in allen Fächern. Das ging so sechs oder sieben Monate lang, bis er anfing, von ihm selbst als »merkwürdig« bezeichnete Gefühle zu bekommen. Die anfänglich gehobene Stimmung wurde mehr und mehr zur Apathie. Schließlich war es ihm überhaupt unmöglich, weiter zu lernen, und er ging zurück zum Psychotherapeuten, um die einmal angefangene Therapie zu beenden. Sein System konnte den dauernden Erfolg einfach nicht vertragen.

Leute mit Erfolgsangst stehen immer vor einem Rätsel. Sie verstehen nicht, warum in aller Welt sie sich fürchten sollten, »wo doch so viel da ist, wofür sie leben könnten«.

Wo diese Erfolgsangst sehr stark ist, ist nicht nur der Betreffende selbst sondern auch seine Ehe in Gefahr. Da er Erfolg eben nicht ertragen kann, setzt ein Bedürfnis ein, unglücklich zu sein, ein Bedürfnis nach Selbstquälerei, wenn auch von ihm selbst gewöhnlich nicht richtig erkannt. So wie Girolamo im Jahre 1575 seine Lippen verziehen und sich in den Arm kneifen mußte, so muß der moderne Mensch seine eigene Psyche oder die seines Ehepartners kasteien.

Es ist nichts Ungewöhnliches, daß eine Ehe zuerst sehr gut zusammenhält, solange die beiden Partner noch gemeinsame Ziele haben, die sie zusammen verfolgen können. Wenn dann aber der Erfolg kommt, kann es passieren, daß der Mann von Angst vor eben diesem Erfolg besessen wird. Er macht vielleicht dauernd Überstunden und wendet sich mehr und mehr von seiner Frau ab, damit er leugnen kann, daß er tatsächlich Glück und Erfolg hat. So findet sich die Frau dann bald mehr von ihm isoliert als in den frühen Tagen der Ehe, als sie noch beide zu kämpfen hatten. Es ist nichts Ungewöhnliches, daß das Beil dann fällt, nach langen Jahren der Ehe, wenn der Erfolg sich einstellt.

Die Unfähigkeit, die Sexualrolle anzunehmen

Ehen können daran scheitern, daß einer der Partner unfähig ist, die adäquate Sexualrolle zu übernehmen. Damit soll allerdings nicht gesagt werden, daß es nur eine Art der männlichen und eine Art der weiblichen Sexualrolle gibt, und daß der jeweilige Partner in diese eine Rolle hineinpassen muß. Die Rolle des Mannes ist nicht nur durch sein Geschlecht und seine Persönlichkeit, sondern auch durch die Persönlichkeit und die Erwartungen seiner Frau bestimmt. Ein Mann kann für den Außenstehenden unmännlich, für sich selbst und seine Frau aber durchaus männlich sein. Trotzdem ist, unserer Meinung nach, das männlich-weibliche Verhältnis nicht unbegrenzt formbar. Manche Autoren scheinen zu glauben, daß jedes sexuelle Arrangement gesund und befriedigend ist, — daß z. B. der Mann in der Ehe alle die traditionell weiblichen Rollen der Frau ausfüllen kann, — solange beide sich darüber einig sind. Das ist schwer zu glauben. Es mag vielleicht gut gehen, man muß aber dann den Begriff der »Gesundheit« schon recht weit dehnen.

Jedenfalls soll hier der Einfachheit halber von einer maskulinen und einer femininen Rolle gesprochen werden.

Es gibt recht viele Gründe, warum ein Mann unfähig sein kann, die maskuline Sexualrolle auf sich zu nehmen, und ebenso kann eine Frau unfähig sein, die biologisch, physiologisch und kulturell für sie vorbereitete feminine Rolle zu übernehmen. In beiden Fällen kann der Grund der sein, daß erfolgreiche Sexualität mit der

Vorstellung von dem sündhaften Besitzen eines Elternteils verbunden wird. Es gibt aber auch noch andere Gründe, z. B. daß der Mann nicht in der Lage ist, die nötige Aggression aufzubringen, die für den erfolgreichen Geschlechtsakt nötig ist. Auch das Gegenteil — überaggressive Handhabung aller persönlichen Beziehungen — kann den Akt mit mehr Aggression belasten, als es von der Natur bestimmt ist.

Es kann vorkommen, daß die Frau nur in der ersten Zeit der Ehe mit dem Mann sexuell kooperiert. Wenn sich ihre Verpflichtungen häufen und sie sich nicht in der Lage sieht, die Rolle eines reifen Sexualpartners zu übernehmen, kann sie sich eine Situation schaffen, in der sie unwillig ist, bei den Sexualhandlungen mitzuspielen. Wenn sie außerdem noch von der Maskulinität ihres Mannes abgestoßen wird, wird sie ihn geschickt bei jeder Gelegenheit heruntersetzen, z. B. ihn in Gegenwart von Freunden beleidigen, die Kinder zum Ungehorsam anregen, sich bei den wenigen sexuellen Begegnungen, die sie noch haben, vollkommen passiv verhalten — in der stillen Hoffnung, daß er ihre Reaktion als sein eigenes Versagen auslegen wird. — Die Zahl der Möglichkeiten ist unbegrenzt.

Schwierig ist es auch für einen Menschen, der — obgleich innerlich unfähig, die adäquate Sexualrolle auf sich zu nehmen — trotzdem so tut, als ob er die ganze Rolle durchspielen kann, da er sich hier überaus widerspruchsvoll verhält.

Als Beispiel soll hier ein Mann dienen, der in seinem äußerlichen Gebaren durchaus männlich wirkt. In Wirklichkeit mag er versuchen, seine fundamental passive Orientierung damit zu überkompensieren, daß er Kraft vortäuscht. Seine Frau mag diese scheinbare Kraft bewundern. Aber im Laufe der Ehe mit wachsenden Verpflichtungen sieht sie mehr und mehr, daß diese Kraft nicht echt ist. Ihr Mann drückt sich vor Entschlüssen und überläßt — in kritischem Moment — ihr die Führung. Denn was er wirklich vorzieht, ist die passive Geschlechtsrolle.

Das Problem beruht hier nicht so sehr auf der »Femininität« seines Verhaltens als darauf, daß er sich der Frau und sich selbst gegenüber *dauernd falsch darstellt*. Auf der einen Ebene verspricht er ihr, daß er ein harter, viriler, entschlußfähiger Mann sein wird, und auf einer anderen überläßt er ihr diese Rolle.

Starkes passives Abhängigkeitsbedürfnis

Manche Erwachsene haben ein starkes Bedürfnis, eine kindliche Position einzunehmen, um so zum Empfänger von Zuneigung, Einverständnis, Unterstützung, Leitung zu werden, und besonders, um *von der letzten Verantwortung befreit zu sein*. Diese Art von passiv-abhängigen Menschen braucht nicht untüchtig zu sein. Sie können alle ihre Pflichten erfüllen und sind nach außen hin schwer zu erkennen. Zu Zeiten erscheinen sie unabhängig und stark, aber innerlich möchten sie doch gerne unter dem wachsamen Auge eines anderen stehen und seinen Schutz genießen. Sie können einfach nicht die potente, verantwortungsbewußte Rolle des Erwachsenen übernehmen.

Wenn er erst einmal verheiratet ist, erwartet ein solcher Mensch, zahllose Forderungen stellen zu können, wenn ihm auch nicht bewußt wird, was er da eigentlich tut. Männer sind manchmal sehr geschickt, ihre passiven Abhängigkeitsimpulse hinter einer Fassade von Kraft zu verstecken, genau so, wie sie eine im Grunde feminine Einstellung mit derselben Fassade maskieren können. Vor der Hochzeit spielt ein solcher Mann vielleicht die Rolle des Tarzan. Seine Frau, die gewöhnlich offener ihr Abhängigkeitsbedürfnis zugibt, (da in unserer Kultur Frauen es eben haben dürfen, Männer hingegen nicht) ist entzückt, einen so starken Mann zu haben. Aber mit zunehmender Verantwortung für die Familie gibt der Mann dann seinem Abhängigkeitsbedürfnis nach. Er zeigt sich unfähig und nicht gewillt, die Familienverpflichtungen auf sich zu nehmen. Er kann solche Angst davor haben, die Rolle des Stärkeren übernehmen zu müssen, daß es ihm unmöglich ist, z. B. irgendeine Krankheit bei seiner Frau anzuerkennen. Er erwartet von ihr, daß sie ohne Murren, selbst wenn sie krank ist, ihren Pflichten nachgeht. Wenn er aber selber krank ist, legt er sich zu Bett und läßt sich füttern.

Ein starkes Abhängigkeitsbedürfnis — besonders bei Frauen — bringt die Eheleute dazu, sich in ein außereheliches Verhältnis zu flüchten. Sie suchen überall Liebe, Wohlwollen, Schutz — all das, was man einem Kind entgegenbringt, was ihnen aber in der eigenen Kindheit entweder versagt oder in manipulierendem, verführerischem Übermaß zuteil geworden war. Die traditionellen Familien- und Haushaltsverpflichtungen deprimieren sie und machen sie ängstlich. So suchen sie dann eifrig, eine Situation zu schaffen, die voll von gegenseitiger babyhafter Verpäppelung ist, und eine »Affäre« ist dann die ideale Lösung. Sie bringt keine schwierigen Verpflichtungen. Die Frau kann sich einfach darauf konzentrieren, sich neue Wege auszudenken, um ihrem Partner zu gefallen, so daß sie dann wieder — zur Belohnung — wie ein Baby behandelt wird.

Eine andere Methode, mit einem ungelösten Abhängigkeitsbedürfnis fertig zu werden, ist die, psychosomatische Symptome zu produzieren. Durch eine Krankheit wird die dauernde Aufmerksamkeit und die wohlwollende Hilfe, die man sonst nicht findet, garantiert.

Es ist besonders traurig, wenn beide — der Mann wie auch die Frau — dasselbe starke Abhängigkeitsbedürfnis haben. Das Heim zerbricht dann daran, daß beide nicht in der Lage sind, die Familienverpflichtungen zu erfüllen.

Die Angst vor dem Erfolg, die Angst, die adäquate Sexualrolle zu übernehmen, starkes passives Abhängigkeitsbedürfnis — all dies tritt nicht immer in reiner Form auf. Es sind drei negative Situationen, die sich gewöhnlich früh in der Ehe entwickeln und die das Zusammenwirken aller dreier Probleme zeigen. Die eine ist, daß ein oder beide Partner nicht in der Lage sind, sich von der elterlichen Autorität zu lösen. Manchmal lassen die Eltern die Jungverheirateten nicht los, manchmal sind es die Jungverheirateten selbst, die nicht loskommen. Wenn wir den sprichwörtlichen Groschen für jeden Fall bekommen würden, in dem der eine oder der andere Ehepartner uns die Schwiegermutter als die Quelle der ehelichen Schwierigkeiten angibt (»Jeden Tag kommt sie uns besuchen«), könnten wir reiche Leute sein. Gewöhnlich bezieht sich diese Schwierigkeit auf die Frau. Man hört dann den Mann klagen: »Jede verdammte Kleinigkeit muß sie mit ihrer Mutter besprechen.« Der Mann kann die gleichen Grundprobleme durch den übereifrigen Wunsch, mit alten Freunden zusammen zu sein, an den Tag legen.

Die dritte solcher Situationen, die zu Spannungen zwischen den Jungverheirateten führt, kommt zustande, wenn der Mann übermäßig mit seiner Arbeit »verheiratet« ist — oder vielmehr sein Bedürfnis nach Arbeit *verstärkt*. Wie oft hört man Frauen klagen, daß ihre Männer zu viel arbeiten. Dies an sich gefährdet aber die Ehe noch nicht. Wenn das aber geschieht, weil der Mann unfähig ist, seiner Frau gegenüber die adäquaten emotionellen Reaktionen zu zeigen, haben wir eine potentielle Gefahrensituation vor uns. Der Mann mag hier sein seelisches und sexuelles Liebesbedürfnis an seiner Arbeit abreagieren, während die Frau — als der empfangende Teil — dem Nichts gegenübersteht. Wenn dies auf einem neurotischen Konflikt oder auf Angst beruht, kann es leicht zum Bruch kommen. Die *Länge* der Zeit, die Mann und Frau zusammen verbringen, sagt selten etwas Entscheidendes über ihre Beziehungen aus. Es ist die *Qualität* der zusammen verbrachten Zeit, die den Ausschlag gibt.

Wenn also ein Mensch den Identitätswechsel der Ehe nicht richtig verarbeiten kann, entsteht leicht ein Riß im Gebälk. Wie wir oben gesehen haben, sind drei von diesen Veränderungen besonders schwer zu akzeptieren: das Bild, das man von sich selbst als einem dauernd glücklichen und erfolgreichen Menschen hat, das Bild eines potenten Geschlechtspartners, der Übergang aus der Rolle eines passiv-abhängigen Kindes zu der einer erwachsenen Persönlichkeit.

3. Kapitel

DIE WIRKUNG DER KINDER AUF DIE ELTERN

Das erste Kind

Bis das erste Kind ankommt, kann das verheiratete Paar ganz gut in der »Flitterwochenphase« verbleiben. Es ist richtig, daß alle die Identitätsveränderungen, die schon erwähnt worden sind, stattgefunden haben. Es ist auch wahr, daß manchmal die Frau oder der Mann übermäßig an ihrer Mutter hängen können. Der Mann mag sich an alte Freunde und seine frühere Art zu leben klammern. Er mag immer noch mit seiner Arbeit verheiratet sein. Aber es ist trotzdem nichts Ungewöhnliches, daß am Anfang der Ehe keine negativen Resultate gesehen oder gefühlt werden. Wenn dann aber das erste Kind kommt, gibt es eine Menge psychischer Veränderungen. Wieder brauchen die Identitätsveränderungen nicht offen sichtbar zu sein. Und — wie in allen anderen Dingen — kann der Zwiespalt für gewisse Menschen stärker sein als für andere, was wieder von dem Grade ihrer Empfindlichkeit abhängt.

Die negativste Wirkung wird dort zu verzeichnen sein, wo die Eltern sehr unreif und im Geheimen abhängig sind und am liebsten selber Kinder sein möchten.

In der Theorie würde man von Müttern, die eine große Sehnsucht nach Mutterschaft haben, erwarten, daß sie das Kind eher akzeptieren als die, die diese Sehnsucht nicht haben. Aber die ganze Vorstellung von einem tief verankerten Muttertrieb ist ein schwieriges Problem, da man ihn ja nicht direkt messen oder auch nur beweisen kann, daß er überhaupt existiert. Und wenn er schon da ist, muß er doch sofort mit anderen Persönlichkeitskräften zusammenwirken, von denen manche gut und manche schlecht sind. Wir glauben, daß es wahrscheinlich einen fundamentalen Drang nach Mutterschaft gibt, aber das erklärt nicht viel.

Mit der Ankunft des ersten Kindes treten tiefe innere Identitätsveränderungen ein — beim Mann wie bei der Frau. Ein Kind ist ein wichtiger Beweis dafür, daß man nicht mehr nur jemandes Sohn oder Tochter ist. Das ist sehr bedeutsam, denn solange man von sich selbst nur die Vorstellung hat, jemandes Kind zu sein, kann man sich einbilden oder sich vorphantasieren, daß man einen magischen Schutz genießt. Welche Verantwortung auch immer auftauchen mag, man kann sozusagen immer »zu den Eltern zurückkehren«. Dies wird durch die Ehe in gewissem Maße verändert, aber ganz besonders durch die Geburt des ersten Kindes. Dies ist die fundamentalste Veränderung im Identitätszustand, die man sich überhaupt vorstellen kann. In einem Sinne, wie es nie wieder vorkommen wird, — wenigstens nicht in demselben Ausmaße — sind jetzt Mann und Frau für das Leben und Wohlergehen eines anderen Lebens verantwortlich. Sogar der Chirurg, der für das Leben seines Patienten, der Pilot, der für seine Fluggäste, die Lehrerin, die für ihre Klasse einzustehen hat, erleben nicht dieselben Gefühle der Verantwortung wie die neuen Eltern.

Es kommt vor, daß diese Verantwortung nicht sofort empfunden wird. Da ist der ganze Aufruhr um das neue Baby, der den Zwiespalt verschleiert. Oder auch — um in längeren Zeiträumen zu denken — die neue Mutter mag sich immer noch im Schutze ihrer eigenen allwissenden und allmächtigen Mutter fühlen. Aber früher oder später wird der »Schock« doch gefühlt. Menschen, die im Grunde keine Konflikte haben oder deren Probleme auf anderen Gebieten liegen, können allmählich diesen Zwiespalt ohne Schwierigkeiten überwinden.

Für die, die immer weiter die Vorstellung eines Kindes in bezug auf die eigenen Eltern beibehalten, ist es nicht so leicht. Solche Menschen können es nicht ertragen, daß sie selbst als Eltern geben, sorgen und beschützen müssen. Für den stark abhängigen, kindlichen Menschen ist es ein Schock, die Elternrolle übernehmen zu müssen.

Noch eine andere und tiefgreifende Identitätsveränderung wird durch die Geburt eines Kindes hervorgerufen. Wenn jemand imstande ist, ein Kind in die Welt zu setzen, so ist das ein Beweis — ein lebendiger Beweis — dafür, daß er ein kraftvoller und sexuell potenter Erwachsener ist, der dieselben wunderbaren, magischen Dinge vollbringen kann wie seine eigenen Eltern. Manchen Menschen ist dieser Eintritt in die Welt des Erwachsenseins willkommen. Andere wiederum setzen sich gegen diese Veränderung zur Wehr, und wieder andere geraten in Panik. Eltern, die selbst im Konflikt stehen, können in ihrem Kind den Beweis erblicken, daß sie ihre eigenen Eltern ausgestochen haben, indem sie ein Wesen hervorgebracht haben, von dem sie glauben, daß es überlegen ist.

Der Same für ein sehr ernstes Problem wird dadurch gelegt, daß eine Mutter unbewußt erwartet, daß ihr Kind unendliche Ansprüche an sie stellt. Sie kann sich dann dem Kinde gegenüber übertrieben nachgiebig verhalten und versuchen, seinen angeblich bestehenden unersättlichen Appetit zu befriedigen. Oder aber, sie mag die imaginäre Belastung so fürchten, daß sie vollkommen ablehnend wird. Beide Reaktionen verschlimmern nur die Lage, und das bis zu einem Grade, daß die Ängste der Mutter Realität annehmen können. Die Furcht davor, ausgesaugt zu werden, kann mit den Jahren und den wachsenden ehelichen Verantwortungen schlimmer werden. Aber typischerweise liegt der Beginn dieser Angst in der Geburt des ersten Kindes.

Für Väter, die sich unsicher fühlen, stellt die Geburt eines männlichen Kindes eine besondere Bedrohung dar. Dies gehört in den Freudschen Ödipus-Komplex: der Vater sieht in dem Neuankömmling einen Rivalen für die Aufmerksamkeit und Zuneigung der Mutter. Der Vater mag es sich vielleicht nicht klarmachen und nichts darüber sagen, aber innerlich fühlt er sich bedroht.

Er wehrt sich gegen die Menge an Zeit, Liebe und Hingebung, die die Mutter dem Sohn widmet. Unbewußt kann er sich dafür rächen, indem er das Kind verspottet. Er kann aber auch seiner Frau gegenüber übertrieben anspruchsvoll werden: »Für mich interessierst Du Dich ja überhaupt nicht mehr.« Natürlich hat man es in dem Ausmaße, in dem diese Beschuldigungen wahr sind, mit einem gemeinsam gestörten Paar zu tun.

Wir müssen hier gleich hinzufügen, daß nicht alle die psychologischen Veränderungen, die die Geburt des ersten Kindes mit sich bringt, negativ sind. Wenn sie es wären, würde kein vernünftiger Mensch daran denken, zu heiraten und Kinder zu bekommen. Wollen wir uns also einen Moment auf die positiven psychologischen Veränderungen konzentrieren, die das erste Baby hervorruft.

Abgesehen von den sichtbaren Freuden, die Kinder bringen — sie sind süß, es macht Spaß, sie in den Armen zu halten, zu beobachten und mit ihnen zu spielen; das Haus wird belebt und sie strahlen Lebenskraft aus — scheint es, daß sie ein tiefsitzendes Verlangen nach Unsterblichkeit befriedigen. In gewissem Grade fürchtet sich jeder Mensch davor zu sterben und möchte gern sichtbare Beweise, daß er gelebt hat, zurücklassen. Das Kind ist solch ein Beweis. Wenn dieses Bedürfnis so gehandhabt wird, daß das Kind nicht übermäßig manipuliert wird, dann ist das Resultat eine gesunde Situation.

Und weiter: nicht jeder Aspekt des Identitätsstatus von Eltern ist schlecht. Zum ersten Mal im Leben werden sie imstande sein, ihre eigenen Eltern zu verstehen. Es gibt kein Gefühl, daß der Liebe der Eltern zu einem Kinde gleichkommt. Kein Kind kann diese Haltung der Fürsorge verstehen, bis es nicht selbst Kinder hat. Wenn Kinder sich beklagen, wie sehr sogar gesunde, nichtmanipulierende Eltern sich auf sie stützen, so ist das, weil sie vorläufig nicht imstande sind zu verstehen, was sie für die Eltern bedeuten. Tatsächlich würden sie wahrscheinlich neurotisch sein, wenn sie es täten. Denn Kinder wollen Unabhängigkeit haben und brauchen sie, und sie haben nicht die Fähigkeit zu verstehen, warum sich ihre Eltern um sie sorgen.

Letzten Endes kommen ja die Kinder in das Leben ihrer Eltern, lange bevor die Eltern in dem erinnerungsfähigen Bewußtsein ihrer Kinder auftauchen. Die Eltern waren sozusagen immer da, und dadurch natürlich überhaupt nicht da. Kinder bemerken im zweiten oder dritten Monat, daß da irgend etwas oder irgend jemand um sie herumläuft, haben aber keine klare Vorstellung, was das ist. Das Baby weiß nichts davon, wie süß es ist und welche Gefühle der Liebe es bei seinen Eltern hervorruft. Und so kann auch das ältere Kind niemals verstehen, warum sich die Eltern so viel Sorgen um es machen, denn es macht sich nicht klar, was sein Vorhandensein für die Eltern im Laufe der Jahre geworden ist. Nur wenn es dann eigene Kinder hat und ihm bewußt wird, wie sehr es sie liebt, und wie stark sein Wunsch ist, daß es ihnen gut gehen soll, kann es etwas von den Reaktionen seiner Eltern verstehen. Dann kann sich eine Brücke der Kinder-Eltern-Beziehungen bilden, viel stärker als irgend etwas, was vorher bestanden hat.

Wenn die Familienbelastungen zunehmen

Wenn die Jahre vergehen und mehr Kinder da sind, für die gesorgt werden muß, und mehr finanzielle Verpflichtungen auftreten, können die inneren Spannungen intensiver werden. Wir fordern mehr von uns selbst, wenn unsere Stellung im Leben höher wird. Wir fordern größere Leistungen in unserer Arbeit, und wir stellen auch als Eltern, als Gemeindemitglieder, als Staatsbürger und verantwortliche Verwandte größere Forderungen an uns selbst.

Da kommen dann die Tragödien bei allen denen, die unter Streß gestanden haben, mit dem sie durch Veränderung ihrer Identität nicht fertig geworden sind, — Tragödien, die sich in den folgenden drei Bereichen abspielen: Angst vor dem Erfolg, Unfähigkeit, eine passende Sexualrolle auf sich zu nehmen, und intensive, passive Abhängigkeitsbedürfnisse.

Die Frau, die die Hosen anhaben möchte

Manche Frauen wehren sich — bewußt oder unbewußt — gegen das, was sie als die mächtigere Stellung des Mannes in der Welt ansehen. Andere hatten Väter, die entweder zu autokratisch oder zu schwach waren. All diese Frauen haben letzten Endes etwas Gemeinsames: das Bedürfnis vorzugeben, daß ihre Männer starke und beherrschende Ehepartner sind, und dabei den Wunsch haben zu zeigen, daß das nicht so ist.

So eine Frau spricht, als ob ihr Mann der Herr im Hause sei, übernimmt aber allmählich eine Machtstellung in der Familie nach der anderen. An der Oberfläche kann der Mann ganz zufrieden damit erscheinen, mit dem, was er als die Tüchtigkeit und Kraft seiner Frau beschreibt. Und vielleicht ist ein Teil seiner Persönlichkeit, der abhängige Teil, wirklich dankbar dafür. Aber ein anderer Teil seines Selbst wehrt sich empört dagegen.

Die Frau kann sich oft nicht mit der Tatsache abfinden, daß sie in allen Notlagen diejenige ist, die mit den Krisen fertig werden muß, ob sie nun groß oder klein sind. Aber im Grunde will sie diese Machtstellung gar nicht aufgeben. Diese Art von dominanter, anmaßender Mutter funktioniert ganz gut, nur gelegentlich bricht sie zusammen und beklagt sich bitterlich über ihr Schicksal. Gewöhnlich nimmt sie sich aber sehr bald wieder zusammen und reißt erneut die Familienzügel an sich.

Der abgedankte Ehemann

Es ist nichts Ungewöhnliches, daß ein Ehemann allmählich unter den maskulinen, väterlichen und beruflichen Erwartungen zerbricht. Vielleicht hat er schon vorher große Angst vor dem Erfolg oder wenigstens vor einer rein-maskulinen Orientierung gehabt. Vielleicht fühlt er, daß er seine eigenen Erwartungen nicht ganz erfüllen kann. In dem Maße, wie seine Verantwortung zunimmt, nehmen auch die Beweise zu, daß er kein Kind mehr ist. Er kann dann das bekommen, was man populär einen Nervenzusammenbruch nennt, und nicht mehr zur Arbeit gehen. Zu Hause ist er ängstlich und deprimiert; er kann darauf bestehen, daß seine Frau ihn überall hin begleitet und immer an seiner Seite ist, um ihm zu helfen, damit seine Angst nicht überhand nimmt.

Die Frau ist dann wahrscheinlich nicht imstande, diese abbröckelnde Maskulinität ihres Mannes richtig zu handhaben, und reagiert gewöhnlich in einer von zwei falschen Formen: entweder indem sie an seiner Stelle das Heft in die Hand nimmt und ihn dadurch zwingt, sich noch impotenter vorzukommen, oder indem sie sich unwillig von ihm abwendet und sich beklagt, daß er kein richtiger Mann sei. Als Alternative mag sie sich nach einem Verhältnis mit einem anderen Manne umsehen, oder aber ein ganzes Heer von eigenen Klagen entwickeln.

Der Ehemann, der von allem viel Aufhebens macht

Manche Ehemänner versuchen ihre Angst, die durch die Identitätsveränderung in der Ehe hervorgerufen ist, dadurch zu verbergen, daß sie sich selbst die Maskulinität verwehren und die feminine Rolle in der Ehe annehmen. Das ganze Drama fängt unschuldig genug an. Der Mann behandelt seine Frau wie ein Baby, sagt, daß es genügt, wenn sie anziehend aussieht, übernimmt dann allmählich alle Haushaltsfunktionen; er behauptet, daß er das besser könne als sie. Das kann schon sein, aber dadurch, daß er die Zügel in die Hand nimmt, verbaut er seiner Frau den Weg zur Tüchtigkeit. Zuerst ist sie ihrem Manne dankbar für sein Interesse; aber allmählich wird sie ängstlich oder deprimiert und kann nicht sagen warum.

Wenn sie Kinder haben, wehrt sie sich offen gegen seine Geschäftigkeit. Ob er nun darunter leidet, daß an ihm so viele Familienverantwortung hängengeblieben ist oder nicht, er wird ihr jedenfalls vorwerfen, daß sie sich nicht für das Haus interessiere.

Die Frau kann dann plötzlich aufhören, ihren Mann zu lieben, wenn sie auch nicht genau sagen kann, was sie so stört. Was keiner von beiden merkt, ist, daß sie sich beide um die weibliche Rolle in der Ehe streiten. Die Situation wird doppelt schwierig, wenn die Frau selbst nicht recht weiß, welche Rolle sie eigentlich haben möchte.

In einer Situation wie dieser kann nur ein Fachmann weiterhelfen.

Die Autokraten

Es gibt Ehemänner, die Angst davor haben, zärtlich zu sein. Sie geben sich als harte, rücksichtslose Geschäftsleute oder sind es auch wirklich. Zu Hause werden sie dann zu Autokraten. Ihre Reaktion beruht oft auf einer sehr tief sitzenden Furcht vor passiven, femininen Neigungen. Je stärker diese Furcht und je weniger der Betreffende die Fähigkeit hat, sie anzuerkennen, desto größer wird das Problem.

Ehe und Familienleben fordern gelegentlich von einem Manne, daß er nachgibt. Der Autokrat kann eine solche Forderung aber nicht anerkennen. Er mag darauf bestehen, daß sein Haushalt mit der reibungslosen Tüchtigkeit seines Büros geführt wird. Er kann seine Frau dadurch in Schrecken versetzen, daß er die Kinder schlägt.

So ein Mann braucht sehr nötig Hilfe, wird sie aber typischerweise ablehnen, da er ja jede Schwäche verachtet und die Notwendigkeit der Hilfe nicht zugeben kann, da er sie mit Schwäche verwechselt.

»Marquis de Sade«

Es gibt Männer, die ihren Frauen gegenüber eine sadistische Haltung einnehmen. Das kann in der Form von Schlägen geschehen, aber öfter in sarkastischem Spott, Anklagen, unfairem oder extrem passiv-aggressivem Verhalten. Diese sadistischen Äußerungen können sich verschlimmern, wenn er betrunken ist.

So eine Situation erfordert gewöhnlich Hilfe durch einen Psychotherapeuten, da das ganze Verhalten auf einer sehr verworrenen Beziehung zwischen dem Ehemann und seiner »verführerischen« Mutter beruht. Wenn aber so ein Mann eine masochistische Frau heiratet, kann die Ehe ohne Hilfe von außen ganz gut gehen. Aber aus irgendeinem Grunde sind wirklich masochistische Frauen entweder selten oder fühlen sich von diesem Männertyp nicht angezogen.

Typischerweise hat die Frau, die ein paar Jahre lang von der masochistischen Rolle fasziniert war, plötzlich genug davon. So eine Ehe zerbricht dann gewöhnlich nach etwa 7-12 Jahren. Die Frau kann sich bei einem Therapeuten darüber beklagen, daß ihr Mann schon immer ein Sadist gewesen sei, daß sie aber gehofft habe, er würde sich noch ändern. Ihr eigener Masochismus — oder was davon übriggeblieben ist — zeigt sich darin, daß sie ihn unbewußt zu seinem Verhalten provoziert hat.

Die Frau, die die Männer zerbricht

Frauen, die rücksichtslose oder impotente Väter hatten, werden oft zu Ehefrauen, die sich gegen jede Form von männlicher Autorität zur Wehr setzen. Ihr Lebensziel ist es, Männer zu entmännlichen. Der folgende Fall ist typisch:

In den ersten Ehejahren hatte Ella ihren Mann, Theo, auf ein Piedestal erhoben. Sie sah in jeder Beziehung zu ihm auf. Aber im Laufe der Zeit, als sich herausstellte daß Theo nicht ihre unvernünftig hochgeschraubten Erwartungen erfüllen konnte, wurde sie enttäuscht und allmählich sogar feindlich gegen ihn eingestellt. Es stellte sich heraus, daß ihr Idol tönerne Füße hatte.

Nun wurde Ella sarkastisch und versuchte ihrem Mann seine Stellung als der, der in der Familie zu entscheiden hat, zu entwinden. Es wurde noch schlimmer, als er anfing zu trinken, und so Ellas Hypothese, daß er zu nichts tauge, bewies. An diesem Punkt suchte Ella eine Eheberatung auf, nicht ihrer Ehe wegen, sondern weil sie sich um ihre Kinder sorgte.

Eine andere Variation desselben Themas ist die, daß eine Frau bewußt unter ihrem Stand heiratet, in dem Glauben, wenn sie erst einmal verheiratet sein, werde sie das kulturelle Niveau ihres Mannes allmählich heben. Aber statt dessen sitzt ihr Mann vor dem Fernsehschirm und trinkt Bier, genau wie vor der Ehe. Im Laufe der Zeit macht dann die Frau seinen Mangel an Bereitschaft, sich an ihren kulturellen Unternehmungen zu beteiligen, für die Sinnlosigkeit ihres Lebens verantwortlich und wird ganz offen feindlich.

Solchen Frauen muß man zeigen, daß die Unerfülltheit ihres Lebens auf Widersprüchen in ihrer eigenen Persönlichkeit beruht und nicht auf der kleinbürgerlichen Haltung ihres Mannes.

Dann gibt es noch die Frauen, die tiefgehende Unsicherheitsgefühle haben, was sie dazu bringt, nach fester finanzieller Sicherheit zu streben. Auch diese Frauen zerstören die Männer, da sie typischerweise Sex dazu gebrauchen, den Mann zu angeln und dann zu beherrschen. Während der ersten Ehejahre sind sie dann weiter sexy und scheinen ängstlich darauf bedacht, ihrem Mann zu gefallen. Aber ihre Femininität ist nur vorgetäuscht: ihr Hauptinteresse ist Macht und Sicherheit. Allmählich gibt solch eine Frau dann den Versuch auf, ihrem Mann sexuell entgegenzukommen. Sie mag sich weiter ausgezeichnet anziehen und in Gesellschaft verführerisch erscheinen; aber es ist alles nur Theater.

Unsere heutige Welt hat eine neue Art von solchen Frauen hervorgebracht, Frauen, die den Streß der Ehe und Familie in wahrhaft subtiler Form handhaben. Sie fangen an, sich intensiv mit Psychologie zu beschäftigen, lesen jeden psychologischen Ratschlag, der irgendwo veröffentlicht wird. Was so eine Frau wirklich will, ist, in den Geist ihres Mannes tief einzudringen, nicht so sehr um ihm zu erziehen, sondern um zu beweisen, daß er der »Schuldige« ist. Er fühlt sich unter dem Mikroskop betrachtet oder fühlt, daß man von ihm verlangt, er solle sich in einer Weise ändern, die er nicht versteht.

Die Furcht, ausgesaugt zu werden

Eine intensives Abhängigkeitsbedürfnis bei der Frau kann sich in mancherlei Weise äußern. So mag sie ein Kind haben, das alle möglichen neurotischen Züge aufweist. Sie selbst kann sich deprimiert oder ausgesaugt fühlen. Ihr Mann kann sich beklagen, daß sie nicht fähig ist, ihre Pflichten als Frau zu erfüllen.

In Wirklichkeit kann sie ihre kindliche Stellung nicht aufgeben. Sie kann sich psychisch nicht von ihrer Mutter trennen, wenn sie auf der Oberfläche auch jeden Kontakt mit ihr abgebrochen hat. Ihre Mutter kann sogar schon tot sein. Was wir damit meinen ist, daß sie übermäßig mit der Mutter verbunden ist und zwar durch ein oder mehrere intensiv irrationale Bedürfnisse: das Bedürfnis nach Zustimmung, Rechtfertigung, Vergebung, Zuneigung, Unterstützung, Rat oder — auf der anderen Seite — das Bedürfnis, zu verletzen und zu zerstören. Solche Bedürfnisse können unbewußt bestehen, sogar wenn die Mutter und die Tochter sich nur selten oder niemals sehen.

Ein frühes Alarmsignal mag sein, daß die Frau ihre Mutter sehr oft sehen will oder — ebenso oft — vermeidet, sie zu sehen. Das übermäßig intensive Bedürfnis kann sich in einer erhöhten Empfindlichkeit gegenüber Bemerkungen ihrer Mutter manifestieren. Oder sie kann Angst haben, ihre eigenen Kinder mit der Mutter zusammensein zu lassen, weil sie glaubt, die Mutter könne sie ihr abspenstig machen.

So wie eine innerlich abhängige Frau das unbewußte Bedürfnis haben kann, sich an ihre eigene Mutter zu klammern, um aus ihr imaginäre Antworten für ihre Probleme herauszusaugen, so hat sie auch die unbewußte Angst, daß ihre eigenen Kinder sie mit endlosen Forderungen aussaugen könnten. Um diese imaginären Forderungen zu erfüllen oder zu beschwichtigen oder von sich fernzuhalten, zwingt sie den Kindern mehr auf, als sie eigentlich wollen — sei es nun Milch oder Aufmerksamkeit oder Ratschläge oder ihre Gegenwart. Aber je mehr sie ihnen gibt, je mehr sie sie verwöhnt und je verwöhnter sie werden, desto widerwärtiger werden sie und desto mehr verlangen sie nach ihr. Und am Ende hat sie genau die Situation heraufbeschworen, die sie zu vermeiden gesucht hatte: Kinder, die dauernde und endlose Ansprüche an sie stellen.

In dieser Situation werden junge Mütter oft schrecklich deprimiert. Andere versuchen, ihre Angst dadurch abzuwenden, daß sie eheliche oder mütterliche Verantwortung vermeiden. Manche haben ein intensives Bedürfnis, zum Studium oder zur Arbeit zurückzugehen — irgend etwas zu tun, das an den vormütterlichen Zustand erinnert.

Wir haben hier extreme Bilder präsentiert. Das Syndrom kommt in allen Variationen der Intensität, von einer sehr leichten Form, die man gut handhaben kann, bis zur sehr schweren, die professionelle Hilfe erfordert, vor. Und natürlich ist nicht jede Mutter, die zum Studium oder zur Arbeit zurückkehren will, neurotisch. Diese Wünsche können in der Tat bei den gesündesten Müttern auftauchen. Das Entscheidende ist nicht der Wunsch, zur Arbeit zurückzukehren, sondern das, was dahinterliegt.

4. KAPITEL

WIE MAN DIE NEGATIVEN EMOTIONEN REDUZIERT

Bevor du und dein Ehepartner das Problem der Kinder richtig lösen können, müßt ihr beide lernen eure Beziehungen zueinander zu stärken und zwar dadurch, daß ihr die negativen Emotionen — wie Haß, Zorn, Widerwillen — reduziert, um ohne intensive gegenseitige Beschuldigungen miteinander auszukommen.

Wenn jemand fühlt, daß er für irgend etwas verantwortlich gemacht wird, baut er eine Mauer um sich herum, die jede bedeutsame Kommunikation verhindert. Er hört auf, auf Botschaften zu achten, die sich an ihn richten, und isoliert sich gegen den Tadel.

Weiterhin, wenn Vorwürfe für eine Weile die Hauptrolle in den Beziehungen zwischen Mann und Frau spielen, kann jeder von ihnen sich in perverser Weise an sie gewöhnen. Sogar wenn es nur einer von ihnen ist, der aktiv die negativen Emotionen aufsucht, so sind doch die Chancen für eine vernünftige Beilegung des Konflikts klein.

Aus unserer Erfahrung heraus sind wir überzeugt, daß eine große Gruppe von Menschen existiert, die sich gegenseitig in die Falle der chronisch-neurotischen Beziehung locken, die sich am Austausch intensiv negativer Emotionen mästen. Dieses Wechselspiel ist zur ewigen Wiederholung verdammt, wenn die negativen Emotionen nicht eingeschränkt werden. Unsere Aufgabe ist also nicht, Menschen zu Heiligen zu machen, sondern ihnen zu zeigen, wie sie weiterkommen können.

Die Herabsetzung negativer Emotionen geht in einem Dreiphasenprozeß vor sich:

1. Man versucht, Einsicht in persönliche oder familiäre Verwicklungen zu bekommen;

2. man lernt, diejenigen irrationalen Ideen und Vorstellungen in Angriff zu nehmen und zu verändern, die solche negativen Emotionen bewirken und aufrechterhalten;

3. man lernt, mit hartnäckigen Gewohnheiten fertigzuwerden und sie abzulegen.

Erst wenn diese Stufen gemeistert worden sind, kann die Kommunikation ohne Vorwürfe vor sich gehen.

Aber der wichtigste Teil in diesem Prozeß — und die einzige Methode, die wirklich wirksam ist — ist, daß man sich zuerst darauf konzentriert, sich selbst zu ändern und nicht den Ehepartner. Man mag vielleicht sein oder ihr negatives Verhalten verstehen wollen, besonders in bezug auf das Zusammenspiel mit dem eigenen, aber das Endziel muß Selbstverbesserung sein. Wenn es sich zeigt, daß dein wahres Interesse darin liegt, ihn zu bessern oder ihm Vorwürfe zu machen, dann kannst du positive Ergebnisse gleich in den Schornstein schreiben.

Du mußt damit anfangen, daß du Einblick in die negativen Rollen bekommst, die du in der Familie spielst — und gleichzeitig die irrationalen Vorstellungen und Ideen herausfinden, die vielleicht viel Schuld an deinem Elend tragen: »Ich kann es einfach nicht aushalten, wenn mein Sohn böse ist«; »mein Mann ist ein Ekel und hilft mir niemals, wo es nötig wäre«. Wenn auch Einsicht allein nicht das negative Bild ändert, so ist sie doch ein notwendiger erster Schritt; denn ohne Einsicht ist es schwer, jene Einstellungen herauszufinden, die angegangen und verändert werden müssen.

Ein wichtiges theoretisches Zwischenspiel

Jede Theorie, die den Anspruch darauf erhebt, daß Menschen ihre eigenen Emotionen und ihr Verhalten ändern können und dadurch auch das ihrer Kinder, nämlich indem sie rationaler denken lernen, stützt sich weitgehend auf die Annahme, daß negatives Verhalten das Ergebnis dessen ist, wie der Mensch über die Welt um sich herum denkt und sie interpretiert — und daß die Menschen nicht einfache Marionetten des Schicksals sind, sondern eine recht große Rolle bei der Schaffung des emotionalen Klimas spielen, in dem sie leben.

Wir können hier nicht darauf eingehen, ob die Annahme gültig ist, daß selbstzerstörerisches Verhalten sich letzten Endes auf irrationale Überzeugungen stützt. Der daran interessierte Leser sei auf die Bücher zweier Psychologen hingewiesen, Magda Arnold und Albert Ellis.

Magda Arnold hat einen guten Teil ihres Lebens der Untersuchung der Emotionen gewidmet. Sie behauptet, daß Emotionen nicht direkt auf einen Reiz erfolgen. Vorher muß ein Schritt der »Einschätzung«, der »Bewertung« kommen. Wenn jemand einem einen Strich durch die Rechnung macht, oder ein Kind einem nicht gehorcht, wird man nicht »automatisch« böse, was immer das bedeuten mag. Zuerst schätzt man die Situation ein und bewertet sie, ob sie auch Zorn verdient. Nur nach diesem kurzen »Einschätzen« entwickeln sich die Emotionen. Der ganze emotionale Vorgang ist natürlich viel komplizierter, da körperliche Faktoren, die eine Reaktion verstärken können, auch eine Rolle spielen.

Auch Albert Ellis hat diese Voraussetzung benutzt, um darauf ein System der Psychotherapie aufzubauen. Obgleich diese Annahme nicht neu ist, so hat doch noch niemand sie so deutlich ausgesprochen und zu praktischen Zwecken benutzt wie Ellis. Er erklärt seinen Standpunkt in der Form einer ABC-Sequenz. Etwas geschieht in der Außenwelt: jemand beleidigt einen. Das ist A. Wir reagieren darauf emotional und werden wütend. Das ist C. Ellis behauptet, die meisten Menschen würden sagen, daß die zornige Reaktion aus der beleidigenden Bemerkung entsteht, daß also C sich aus A ergibt. Aber statt dessen ist da eine Zwischenstufe, nämlich B. B ist das, wie wir A auslegen und was wir uns selbst sagen, nachdem A eingetreten ist. Die Beleidigung kann uns nichts antun, bevor wir sie nicht interpretieren. Wir sagen uns etwas, gewöhnlich in der Form von Sätzen, die durch unser Gehirn flitzen, und zwar so schnell, daß wir es vielleicht gar nicht merken.

Nehmen wir nun an, daß zwei Menschen mit dem äußerlichen Ereignis A konfrontiert sind, indem jemand beleidigende Bemerkungen macht. Unterstellen wir, daß der eine schnell zu sich selbst sagt: »Dieses Schwein! Er hat kein Recht, mir das zu sagen. Ich werde ihm den Schädel einschlagen.« Dieser Mensch kommt dann schnell zu zornigen Emotionen. Nehmen wir aber an, daß der zweite zu sich selbst sagt (und — was am wichtigsten ist — es auch glaubt): »Der Kerl da fühlt sich unterlegen und denkt, daß er sich dadurch, daß er mich angreift, besser fühlen wird.« Diese zweite Person wird sehr wenig negative Emotionen spüren. Daher ist also, was bei Punkt B gesagt (und geglaubt) wird, von entscheidender Bedeutung für die darauf folgenden Gefühle und Handlungen.

Was bei B gesagt wird, hängt aber von mehr als der bloßen Auslegung der Situation selbst ab. Von entscheidender Bedeutung ist das vorher bestehende Wertsystem. So würde z. B. das »Schwein« der ersten Person keinen Eindruck auf ihn machen, wenn er nicht schon vorher die Vorstellung hätte, daß Leute, die sagen, wozu sie kein Recht haben, heftig angegriffen werden müssen. Wenn man also jemandem hilft, selbstzerstörerische Reaktionen zu überwinden, untersucht man und stellt implizite und explizite Wertsysteme in Frage und nicht nur die Worte, die bei Punkt B gesprochen werden.

Diese Form der Psychotherapie leugnet nicht, daß psychobiologische Faktoren existieren, die manche Leute dazu prädestinieren, heftiger zu reagieren als andere. Sie erklärt auch nicht, warum manche Menschen ihre Welt irrationaler interpretieren als andere, noch warum einige Individuen besser dazu in der Lage sind, irrationale Wertsysteme in Frage zu stellen und zu ändern. Aber sie setzt voraus, daß die beste Stelle, in diesem Prozeß einen rationalen Halt zu finden, in dem Bereich dieser innerlich ausgesprochenen Sätze und der bestehenden (ausgesprochenen oder unausgesprochenen) Wertsysteme liegt.

Das hier dargestellte Selbsthilfesystem basiert auf der Tatsache, daß man lernen kann, wie man aufhört, schmerzliche und negative Emotionen zu haben und Handlungen zu begehen, indem man lernt, die Situationen, die sie hervorrufen, anders zu interpretieren und die geistige Einstellung zu überdenken, in welcher sie hervorgerufen worden sind. In dem obigen Beispiel mußte der Erste entscheiden, ob die Beleidigung wirklich eine Gefahr darstellt, der man mit Gegenaggression begegnen muß. Kurz gesagt, er mußte seine Annahme in Frage stellen, daß Leute, die irrationale Beleidigungen herumbrüllen, wegen ihrer Irrationalität angegriffen werden müssen. Dann muß er sich dazu erziehen, keine falschen und irrationalen Interpretationen zu gebrauchen. Auf diese Weise kann man lernen, sich zuerst einmal nicht aufzuregen.

Diese Theorie basiert nicht — wir wiederholen: basiert nicht — auf der Annahme, daß man Ärger ersticken oder herunterschlucken soll. Solch ein Hinunterschlucken würde nur die Angst und Aufregung vermehren.

Die Rolle der Einsicht

In einem Buch, das sich mit Selbsthilfe befaßt, muß die Rolle der Einsicht näher erklärt werden. Erstens werden nicht alle Leser den gleichen Nutzen daraus ziehen. Zweitens glauben wir nicht, daß jeder, der das Buch liest, all die Einzelheiten der vorhergehenden Kapitel möglicherweise verstehen, oder sich gar an alle Punkte, die von den verzerrten Familienverhältnissen handeln, erinnern kann.

Aber wenn der Mann oder die Frau dieses Kapitel hier lesen, sollten sie zum Schluß das Gefühl haben: »Mein Gott, was haben wir schon miteinander durchgemacht. Wenn man alles in Betracht zieht, was hätte passieren können, müssen wir froh sein, daß wir überhaupt noch miteinander sprechen.« Sogar diese unkomplizierte Einsicht wird schon helfen.

Zweifellos, je mehr ein verheiratetes Paar den Druck verstehen kann, unter dem es steht, um so besser ist es. Diese Einsicht regt nicht nur zur gegenseitigen Anteilnahme an — was an sich schon gut wäre — sondern sie gibt jedem von ihnen Gelegenheit zu verstehen, welche negativen Themen überarbeitet oder ausgemerzt werden sollten.

So ist es in diesem Teil also unsere Absicht, Mann und Frau dazu zu verhelfen, sich klarzumachen, in welche unnützen neurotischen und vielleicht schmerzlichen Beziehungen sie verstrickt werden können.

Selbstzerstörerisches Verhalten basiert meistens auf irrationalen oder verzerrten Einstellungen und Vorstellungen. Ganz egal, wie kompliziert die neurotische Situation auch sein mag — ob es nun der Vater ist, der sich nicht beherrschen kann und die Kinder anschreit, oder die Mutter, die ihrem Kind nicht erlauben kann, unabhängig zu werden — eine genaue Analyse wird irgendeine irrationale Haltung als die Grundlage des Problems bloßlegen. Im Falle des tobenden Vaters mag die irrationale Voraussetzung eine Kombination sein aus dem Glauben, daß er in großer Gefahr ist, wenn er sich als der selbstsichere Führer der Familie hinstellt, und der Annahme, daß die, die ihn zu seinem Leidwesen zu dieser Rolle zwingen, ihn weniger herumstoßen und besser in Frieden lassen sollten oder eben bestraft werden müssen. Die Mutter, die bei ihrem Kinde keine Selbstständigkeit aufkommen lassen kann, kann eine ganze Reihe von irrationalen Vorstellungen haben: »Ohne mein Kind habe ich keinen Grund zu leben« oder »die Leute werden meinen ganzen Wert als Mutter danach beurteilen, wie gut mein Kind alles kann — und daher muß ich ganz genau auf es aufpassen.«

Wir haben schon drei grundlegende irrationale Fehleinstellungen beschrieben, die viele Ehen zerstören: »Ich begebe mich in große Gefahr, wenn ich immer Erfolg habe« oder »ich kann nicht ohne Gefahr ein sexuell potenter, vergnügungsuchender Erwachsener sein«, oder »ich bin in Gefahr, wenn ich mich selber nicht mehr primär als Kind fühle«.

Wie wir gesehen haben, sind diese drei Fehlannahmen alles Variationen ein und desselben Themas, und darüber hinaus werden sie niemals bewußt ausgesprochen. Jemand kann innerhalb dieser irrtümlichen Einstellungen handeln und an sie glauben, ohne dies klar zu erkennen. Eine Mutter kann sich irrationalerweise in Gefahr glauben, weil die Geburt ihres Kindes ihre Identität von der eines Kindes in die einer Mutter verwandelt hat, ohne daß sie jemals versteht, daß diese irrationale Vorstellung der Grund ihrer Nöte ist. Bewußt empfindet sie nur ihr »Symptom«: Depression, das Gefühl ausgesaugt zu werden, sie hat keine Lust mehr weiterzumachen. Wenn sie aber den irrationalen Vorstellungen ins Gesicht sieht, sie verstehen und allmählich abbauen kann — wenn sie erst sieht, daß das Leben auch für den Erwachsenen viel Großartiges in Bereitschaft hält, — wird sie nicht mehr dem Gefühl, sich als Mutter zu empfinden, widerstehen müssen. Wenn sie sich aber weiter an die irrationalen Vorstellungen klammert und glaubt, daß es gefährlich und unangenehm ist, ein gebender Erwachsener zu sein, muß sie weiter das Gefühl der Mutterschaft und damit ihre Kinder ablehnen. Wenn nun aber diese Ablehnung für sie unerträglich ist, bleibt ihr nur noch Verzweiflung und Depression. Aber sie wird ganz erlöst sein, wenn sie nicht mehr glaubt, als Erwachsener verunsichert und betrogen zu sein.

Einige irrationale Vorstellungen können durch einfaches In-sich-Hineinschauen entdeckt (und so angegangen und geändert) werden — und zwar dadurch, daß man darauf lauscht, was man zu sich selbst im inneren Gespräch sagt, wie z. B.: »Verflucht nochmal, ich kann es einfach nicht ertragen, immer die Verantwortliche zu sein.«

Andere sind schwerer zu entdecken, und man muß lernen, wie man seine eigenen chronischen oder lange bestehenden Handlungsweisen erkennt.

Noch andere irrationale Vorstellungen sind so mit dem ganzen Gewebe des Verhaltens, des Denkens und Fühlens verwoben (im Sinne der Psychoanalyse, dem Bewußtsein durch verdrängende Kräfte ferngehalten), daß sie ohne professionelle Hilfe fast »unerkennbar« sind.

Man sollte aber nicht vergessen: Die Suche nach Einsicht ist eine

Suche nach irrationalen Vorstellungen. Manche liegen auf der Hand, andere wieder nicht und können nur vom Verhalten abgeleitet werden.

In unserer Suche nach diesen irrationalen Vorstellungen kommen im Grunde nur zwei Problemkreise in Betracht. Der eine bezieht sich auf Gedanken wie: »Ich muß meine Kinder dazu bringen zu gehorchen, sonst bin ich ein miserabler Vater.« Der andere besteht in der Suche nach Werten, die tief in einem selbst liegen, oft ohne daß man es weiß. Wie wir gesehen haben, sind dies die Vorstellungen, in deren Namen das neurotische Verhalten zuhilfe gerufen wird.

Nehmen wir den Menschen, der schrecklich aufgeregt ist, wenn er öffentlich sprechen muß. Ob er es sich nun klarmacht oder nicht: sein Vorstellungssystem besteht aus Elementen wie den folgenden: »Es wäre doch schrecklich, vor allen diesen Menschen einen Fehler zu machen« oder »wenn die Leute über mich lachen, bin ich doch kein richtiger Mann«; oder »es ist ja einfach lächerlich anzunehmen, daß es Leute gibt, die mich wirklich hören wollen«. Was er aber bewußt fühlt ist nur Angst.

Einige häufige Vorstellungen, die sich selbst widerlegen

Einige irrationale Vorstellungen haben alle Eltern von gestörten (und auch sogar von nicht so gestörten) Kindern gemeinsam. Eine davon ist nicht nur unter den Eltern, sondern auch unter den Lehrern hyperaktiver Kinder besonders verbreitet. Wenn man sie ganz in Worte übertragen könnte, würde sie folgendermaßen lauten: »Ich bin selbst an dem dauernden schlechten Benehmen meines Kindes schuld. Wenn ich als Persönlichkeit fähiger und kraftvoller wäre, würde das Kind nicht das Problem haben.« Zahllose Eltern und Lehrer verletzen nur sich selbst, wenn sie ihre Unfähigkeit, sofort Abhilfe zu schaffen, als Schwäche bezeichnen. Ihr Unwille kann sich dann gegen das Kind richten, aber in Wirklichkeit sind sie — in einem irrationalen Sinne — auf sich selber wütend, da sie sich unfähig finden, die Situation zu ändern.

Viel vernünftiger wäre es, folgendermaßen zu denken: »Mein Kind hat ein paar Schwierigkeiten. Vielleicht habe ich sogar unbewußt dazu beigetragen. Es wird eine Weile dauern, das in Ordnung zu bringen. Ich muß mir aber darüber im Klaren sein, daß das für keinen leicht sein wird. Es hat also keinen Sinn, daß ich mich selbst anklage, wenn nicht alles sofort in Ordnung kommt.«

Eine andere falsche oder irrationale Vorstellung ist bei Männern sehr verbreitet — nämlich die, daß Ungehorsam eine Bedrohung ihrer Männlichkeit darstellt. Ein Mann, der daran glaubt, nimmt irrationalerweise an, daß es ein Zeichen von Schwäche sei, wenn man nicht auf ihn hört und nicht sofort gehorcht, wenn er etwas befiehlt. Er hat seinen Wert und seine Männlichkeit mit der Fähigkeit gleichgesetzt, die Leute — besonders seine Kinder — dazu zu bringen, auf ihn zu hören. Wenn dann ein Kind nicht gehorcht, denkt er fälschlicherweise, daß sein Wert als Mann angegriffen sei, und reagiert mit Wut.

Eine Frau mit schwierigen Kindern mag denken, sie sollten ihr dafür, daß sie ihnen doch so viel von sich selbst gibt, auch mit Güte und Kooperation begegnen. Und so nimmt sie irrationalerweise an, daß das negative Verhalten der Kinder einen Angriff auf sie selbst darstellt, — Zurückweisung ihrer Liebe und Hingebung. In Wirklichkeit mögen die Kinder aus den verschiedensten Gründen unbeherrschbar sein — was den Wunsch, mit ihrer Mutter abzurechnen, einschließen kann. Aber was auch immer der Grund, sie verwundet sich nur selbst, wenn sie sich vorstellt, daß sie einen gerechten »Gegenwert« für ihre investierte Güte haben müsse. Sie hat noch Glück, wenn sie überhaupt so etwas wie einen »Gewinn« einstecken kann.

Im Folgenden werden ein paar Methoden dargestellt, die zeigen, wie man entdecken kann, welche negative Rolle man vielleicht in der Familie spielt, und was die irrationalen Annahmen und Voraussetzungen sind, die einen beherrschen.

1. Gib acht auf deine Gedanken und Gefühle, wenn du dich in einer Streß-Situation verfangen hast, damit du lernen kannst, in deinen Gefühlen ehrlich zu sein. Frag dich selbst: »Was empfinde ich wirklich?«. Frag dich nicht nur, was du zufällig laut aussprichst (oft ein ungenaues Barometer), sondern was du tief, tief in deinem Inneren sagst. Das nächste Mal, wenn du deinen Mann anschreist, sagst du dir vielleicht tief im Innern: »Ich kann es einfach nicht ertragen, Unrecht zu haben. Ich komme mir dann so klein vor. Niemand würde mehr Respekt vor mir haben.« Oder, wenn dein Sohn dich ärgert, sagst du dir vielleicht im Innern: »Verdammt noch mal, versteht er denn gar nicht, wie ich mich um ihn sorge? Er wird nicht besser, und ich kann ihm scheinbar nicht helfen.«

2. Gib gleichzeitig auf dein Verhalten acht. Frage dich: »Wie verhalte ich mich in so-und-so einer Situation?« Du kannst dich leicht selbst täuschen, indem du nur fragst, was du empfindest und was du sagst. Da sind unbewußte Kräfte, denen du Rechnung tragen mußt, und du kannst nicht immer wissen, was deine Motive sind. Aber du kannst ein ganz klein bißchen Einsicht in die unbewußten Aspekte deiner Persönlichkeit bekommen, wenn du dir dein typisches Verhalten ansiehst.

Nimm an, jemand schwört Himmel und Hölle, daß er auf seinen Boß nicht böse ist. Ein unbefangener Beobachter mag aber merken, daß er jedesmal, wenn er etwas in Verbindung mit seinem Boß zu tun hat, es unwillig tut. Nach drei oder vier solchen Beobachtungen liegt es wohl auf der Hand, daß dieser Mensch doch auf seinen Boß böse ist, ganz egal, was er bewußt denkt.

Mütter unsicherer Kinder mögen denken, daß sie ihren Kindern endlose Gelegenheit zur Unabhängigkeit geben. Wenn sie aber wirklich versuchen würden, ihre eigenen chronischen und typischen Reaktionen zu beobachten, würden sie finden, daß sie sich selten genug entspannen, um ein unabhängiges Verhalten zuzulassen. Vielleicht binden sie dem Kind die Schnürsenkel, was es auch ganz gut selbst hätte tun können (»Es geht schneller«) oder sagen ihm, in welchem Buch es für seine Schularbeiten nachschlagen muß (»Es würde bei ihm die ganze Nacht dauern«) oder auch, wie das Kind in unzähligen Situationen fühlen und handeln sollte (»Warum soll ich ihm nicht die Zeit und Mühe ersparen, es selbst herauszufinden?«).

Eine Frau, die möchte, daß ihr Mann in der Familie eine aktivere Rolle übernehmen sollte, könnte vielleicht herausfinden, — wenn sie ihr eigenes Verhalten untersucht, — daß jedesmal, wenn in der Familie gehandelt werden muß, sie die Zügel ergreift und den Kindern sagt, was sie tun sollen. Sie kann das aber nur herausfinden, wenn sie imstande ist, eine ganze Reihe solcher Situationen zu überblicken und das ihnen allen gemeinsame Thema herauszubekommen.

Selbstbeobachtung ist eine der besten Methoden, um herauszufinden, wie deine augenblickliche Identität dich vielleicht bedroht. Du magst dann beobachten, daß du immer Angst hast, nachdem dir etwas gelungen ist; oder daß du immer einen Streit mit deinem Mann vom Zaune brichst, nachdem etwas Gutes passiert ist; oder daß du dich aufregst, wenn dein Ehepartner sich auf dich stützen möchte, und du dich weigerst, für das Kind in ihm oder ihr die Elternrolle zu spielen. Solche Anzeichen können darauf hinweisen, daß du in irrationaler Weise Angst vor dem fortgesetzten Erfolg hast, oder daß du — ebenso irrational — glaubst, die Forderungen deines Ehepartners betrögen und verletzten dich. Wenn du erst einmal diese irrationalen Überzeugungen entdeckt hast, kannst du ihnen gegenübertreten und sie zum Kampf herausfordern.

3. Versuche, die Wirkung abzuschätzen, die du auf andere hast: versuche nicht, dich selbst schuldig zu fühlen, sondern zu sehen, wie man dich ansieht. Du kannst viel über dich selbst lernen, wenn du beobachtest, wie du auf andere wirkst. Die Psychotherapeuten machen es sich zur Regel, einige der Sitzungen auf Tonband aufzunehmen, um sie später noch einmal durchzugehen. Es ist erstaunlich, wieviel man dabei lernen kann. Oft mögen wir uns in gewissen Situationen für neutral gehalten haben. Wenn wir aber später die Tonbandaufnahme hören, bekommen wir einen Schreck, erstens darüber, was für einen Eindruck wir machen, dann über die Emo-

tionen, die man aus unserer Stimme heraushört, — manchmal Ärger, von dem wir zur Zeit gar nichts gemerkt haben. Der Tonbandapparat hilft uns herauszufinden, was wir damals gedacht haben.

Manche Familien haben es auch instruktiv gefunden, die Unterhaltungen beim Essen, wenn die ganze Familie beisammen ist, aufzunehmen. Die Aufnahmen werden ganz offen gemacht, und nach einer Weile ist jeder so an das Laufen der Maschine gewöhnt, daß man sie ignoriert. Es ist sehr lehrreich, ein paar Tage später das Band abzuhören.

4. Höre auf die Meinung, die andere von dir haben, statt sie zurückzuweisen. Das bedeutet aber nicht, daß man sie sich so sehr zu Herzen nehmen soll, daß man anfängt, sich selbst anzuklagen. Man bekommt aber mehr Auskunft über sich selbst.

5. Mache eine Liste davon, was du von den anderen Familienmitgliedern willst, und eine andere Liste von dem, was du von dir selbst erwartest. Arbeite an dieser Liste mehrere Tage lang, lies aber nicht immer die früheren Eintragungen, während du neue hinzufügst. Mach die neuen Eintragungen in verschiedenen Stimmungslagen und zu verschiedenen Tageszeiten. Dann, ein paar Wochen später, solltest du die Liste sorgfältig prüfen. Paß auf, ob da nicht Widersprüche enthalten sind: »Ich will, daß mein Mann die wichtigen Entscheidungen trifft« und dann, weiter unten: »Harry sollte mich fragen, bevor er wichtige Schritte unternimmt.«

Du wirst vielleicht noch mehr solche Widersprüche finden: »Ich kann es nicht leiden, wenn mein Sohn brummig im Hause herumläuft«, — »Ich wünschte, mein Sohn würde sich verteidigen.« Es kann auch sein, daß du von ihm erwartest, daß er sich zu Hause so und draußen anders benimmt.

6. Versuche auf die Sätze zu achten, die schnell durch dein Gehirn flitzen. Sogar in Situationen, in denen der Ärger scheinbar momentan eintritt, versuche, dich an die schmerzlichen Gedanken zu erinnern, die ihm vorausgegangen sind. Wenn du mehrere solche Sätze »eingefangen« hast, wirst du vielleicht manche Werte in dir

selbst entdecken, von denen du vorher gar nichts wußtest. So z. B. wirst du vielleicht merken, — nachdem du eine Reihe solcher Gedanken eingefangen und nebeneinandergestellt hast, die dir durch den Kopf gegangen sind, als du deinem Ehepartner gegenüber explodiert bist, daß sie alle ein gemeinsames Thema haben. Du fühlst, daß du deine Reaktionen rechtfertigen mußt, und bist aber gleichzeitig davon überzeugt, daß du irgendwie versagt hast, wenn du den anderen nicht zwingen konntest, deine Rechtfertigung zu akzeptieren. Wie viele Stunden werden von beiden Ehepartnern damit vergeudet, dem anderen zu beweisen, daß er oder sie bei irgendeiner früheren Angelegenheit recht gehabt hat. Wer macht sich schon etwas daraus? Und was ist dabei, wenn der andere nicht glaubt, daß du dich richtig verhalten hast?

Wie man irrationale Einstellungen bekämpft und aufgibt

Dein erstes Ziel war, die irrationale Rolle, die du innerhalb der Familienstruktur spielst, und die Vorstellungen, die dein Verhalten unterminieren, zu entdecken. Als Nächstes mußt du lernen, wie man die irrationale Einstellung angreift und korrigiert. (Manche Leute glauben, daß sie, wenn sie nur die tatsächlichen Worte, die sie zu sich selbst sagen, verändern, schon »geheilt« sind. Und ebenso glauben manche, daß sie, wenn sie, ohne sich viel dabei zu denken, etwas vor sich hinsagen, so etwa wie: »Verflucht, jetzt bekomme ich Kopfweh«, das auch wirklich eintreffen muß. Beides sind Beispiele für den Glauben an die Magie — das magische Wort.

Leider ist es nicht leicht, Überzeugungen zu wechseln. Dauernd muß man sie bekämpfen und zwar in gespannten ebenso wie in ruhigen Zeiten.

Wollen wir uns einmal eine irrationale Idee, die fast jeder irgendwie hegt, näher ansehen und zwar die, daß wir es für nötig halten, daß die anderen dauernd mit uns einverstanden sind. Zuerst versuchen wir damit fertigzuwerden, indem wir uns sagen: »Das ist doch dumm. Es ist wirklich nicht wichtig, was die anderen denken.« Wir sagen uns das vielleicht ein paar Mal. Trotzdem werden wir, wenn man nicht mit uns einverstanden ist, gespannt und unwillig. Und das verstärkt noch unsere Reizbarkeit. Nicht nur, daß wir immer noch glauben, daß es schrecklich sei, wenn die anderen unsere Handlungen nicht gutheißen, sondern wir werfen uns selbst vor, daß wir nicht imstande sind, diese Gedanken abzuschütteln. Und so kommt es denn, daß wir — statt daß wir nun besser dran sind — Selbstvorwürfe zu unseren anderen Sorgen dazubekommen haben. Als wir sagten, daß es nichts ausmache, was die anderen dächten, haben wir uns selbst belogen, denn, als es darauf ankam, war es uns doch wichtig.

Trotzdem wird man etwas weiterkommen, wenn man beständig eine irrationale Idee in sich bekämpft. Versuche also, dich bei jeder passenden Gelegenheit davon zu überzeugen, daß dauernde Zustimmung keineswegs lebensnotwendig ist und daß, wenn man dir nicht zustimmt, gar nichts Schlimmes passiert. Zuerst wirst du dich sofort wohler fühlen, aber typischerweise hält das nicht lange an. Manchmal wirst du dich dann durch die Einschätzung der anderen weniger bedroht fühlen, aber manchmal wirst du dir schuldbewußter und verwirrter vorkommen denn je — durcheinander und ärgerlich auf dich selbst, daß du dir immer noch so viel aus dem Urteil der anderen machst. Dann kommst du in eine permanente Periode des Schuldbewußtseins und der Verwirrung, eine Zeit, in der alles gleichzeitig besser und schlechter wird. Wir haben gefunden, daß es so zwischen vier und zwölf Monate dauert, bis jemand sich überzeugen kann — nur wenig, aber wirksam, daß die Meinungen anderer Leute viel unwichtiger sind, als man vorher gedacht hat.

Man kann gar nicht genug betonen, daß der Erfolg im Bekämpfen und Ändern lange vorhandener Überzeugungen sich nicht so leicht einstellt. So kann es z. B. vorkommen, daß du viele Jahre lang deine Fähigkeit, die Kinder dazu zu bringen, daß sie auf dich hören, mit deinem ganzen Bewußtsein deines Wertes gleichgesetzt hast. Wenn sie dir dann nicht sofort gehorchen, wirst du das als einen Angriff auf die Stärke deiner Persönlichkeit ansehen. Das kann ganz schreckliche Wut und Frustration in dir hervorrufen. Aber es kann sehr lange dauern, bis du dich davon überzeugst, daß du nicht unterlegen bist, wenn dein Kind, das seine eigenen Schwierigkeiten hat, dir nicht sofort gehorcht.

Eine Menge Dinge über dich selbst mußt du zuerst akzeptieren, bevor du dich ändern kannst. Zuallererst, daß du ein Mensch bist, und Menschen sind nun einmal unvollkommen. Und dann, daß viele Impulse und Triebe für dich natürlich sind. Du mußt lernen, in passender Weise an dir selbst interessiert zu sein. Du mußt es akzeptieren, daß du bestimmte Bedürfnisse hast und daß du das Recht hast, gewisse Forderungen zu stellen. Und in der Tat, wenn du nicht lernen kannst, die richtigen Anforderungen zu stellen, dann verkriechen sich deine tiefsten Bedürfnisse in den Untergrund und schaffen dort siedende Kessel von Unzufriedenheit. Ohne es zu wissen, kochst du vor Wut und stellst dann am Ende wirklich intensive irrationale Forderungen. Und wenn du nicht lernen kannst zu sagen, was du wirklich willst, so wirst du am Ende fordern, was du überhaupt nicht willst. Eric Hoffer hat immer gern den Spruch zitiert, daß wir scheinbar nie genug von dem kriegen, was wir von Anfang an eigentlich gar nicht gewollt haben.

Wenn man das alles einmal akzeptieren kann, — daß man ein unvollkommenes menschliches Wesen ist, daß man sich nicht Fehler vorwerfen soll (und man macht ja so viele), daß man sowieso nie einen Zustand des vollkommenen Glücks erreichen kann, daß es eine ganze Anzahl von fundamentalen Trieben gibt, die ein Teil deines Menschentums sind und sein sollen, (was Unwillen, Kummer und Lustgefühle einschließt) und daß man ganz ruhig seine wahren, tiefen Gefühle aussprechen kann — dann, aber nur dann, ist man wirklich in der Lage, die irrationalen Überzeugungen zu bekämpfen und abzuändern, die einen so lange geplagt haben.

Man muß diese Überlegungen dauernd bei jeder sich bietenden Gelegenheit bekämpfen. Man darf sich nicht vornehmen, ein vollkommener Mensch zu werden, sondern nur hoffen, daß jedes Jahr einen ein bißchen rationaler vorfinden wird als das vorhergehende.

Wie man hartnäckige Angewohnheiten ablegt

Die Psychoanalytiker nennen es »durcharbeiten«. Die Verhaltensforscher nennen es »Ablegen von Gewohnheiten«, »umlernen«, »entwöhnen«, »desensibilisieren«. Wie man es auch immer nennt, es ist eine lange Phase, in der man auf Teufel komm heraus versucht, die unnützen, mühseligen, Angst einflößenden, Familien zerbrechenden, die Leistung herabsetzenden Reaktionen durch ruhigere und rationalere zu ersetzen.

Während dieser langen Zeit ist es sehr gut, wenn man peinlich ehrlich mit sich selbst ist. Du darfst dir nicht vormachen, daß du besser vorwärtskommst, als du es tatsächlich tust, und sagen, daß du nicht ärgerlich bist, während du in Wirklichkeit wütend bist. Besser solltest du dir sagen: »Im Moment bin ich zwar wütend, aber das braucht nicht immer so zu sein, und nächstes Mal werde ich versuchen, es besser zu machen.«

Wenn man versucht, irrationale durch rationale Reaktionen zu ersetzen, empfiehlt es sich, alle Muskeln zu entspannen. Es ist leichter, sich rational zu verhalten, wenn man entspannt ist, und es ist dann leichter, eine irrationale durch eine rationale Haltung zu ersetzen. Aber es ist keineswegs leicht, die Muskeln zu entspannen, wenn man gerade innerlich einen Haufen negativer Emotionen erzeugt hat.

Der Entspannungsprozeß verläuft individuell verschieden. Manchmal ist es ratsam, etwas zu tun, was nicht für einen typisch ist. Wenn du gewöhnlich auf und ab gehst, wenn bei dir die Spannung steigt, versuch einmal, dich hinzusetzen und tief zu atmen.

Man sollte versuchen, sich vor dem Zubettgehen dadurch zu entspannen, daß man eine Muskelgruppe nach der anderen herannimmt. Man legt sich hin und konzentriert sich darauf, die Füße zu entspannen. Wenn das — wenn auch nur wenig — gelungen ist, erlaubt man dem Gefühl des Sich-Fallen-Lassens, — worin ja eigentlich die Entspannung besteht — weiter nach oben zu steigen. Dann entspannt man die Hüften, die Brust, den Rücken; man läßt die Entspannung die Arme heraufsteigen, vom Nacken zum Kopf und sogar zu den Kiefern und den Gesichtsmuskeln. Man merkt dann, wie jeder Schritt den nächsten leichter macht. Wenn man sich erst einmal angewöhnt hat, sich zu entspannen, kann man vielleicht sogar unter Streß in einen Zustand der Entspannung schlüpfen.

Es gibt noch andere Dinge, die der gesunde Menschenverstand einem eingibt und die man tun kann, um die Entspannung herbeizuführen, und auf diese Weise irrationale Einstellungen zu bekämpfen und zu verändern — eine ganze Menge Methoden der geistigen Hygiene, die man anwenden kann.

1. Man muß lernen, zwischen vernünftiger Planung für die Zukunft und dem Wiederkäuen unwahrscheinlicher Möglichkeiten zu unterscheiden. Wenn man davor steht, eine neue wichtige Person zu treffen, eine Rede zu halten, auf ein Picknick zu gehen oder die Kinder auszuführen, so sind statistisch die Chancen gut, daß alles glatt gehen wird. Aber zu viele Menschen verbringen 95 % ihres Wachseins damit, über der 5%igen Chance zu brüten, daß es nicht glatt gehen wird. Ihre Einstellung beruht letzten Endes auf dem, was man die »lieber-Gott-bestrafe-mich-vorher«-Idee nennen kann, die besagt, daß — wenn man nur tüchtig vorher leidet — das Schicksal sich ergeben muß und alles andere glatt gehen läßt. Um es einfacher zu sagen, zu viele Menschen glauben, daß die Tatsache, daß sie sich um etwas sorgen, es unwahrscheinlicher macht, daß es eintritt. Das stimmt nicht.

2. Wenn man beim Planen ist, muß man sich daran erinnern, daß man ja nicht alles, was man vorhat, sofort tun muß. Daß man an alles auf einmal denken kann, sagt noch nicht, daß man auch alles auf einmal tun kann. Die vielen Vorhaben wandern im Geiste herum und stoßen zusammen und machen so den falschen Eindruck, daß in Wirklichkeit auch alles unter Druck stehen und chaotisch

werden muß. In vieler Hinsicht ist das Denken kein genaues Abbild der Wirklichkeit. Was im Geiste eine hoffnungslose Anhäufung von Druck erscheint, ist in Wirklichkeit etwas, womit man ganz gut fertig werden kann, wenn man eins nach dem anderen in die Hand nimmt. Eins nach dem anderen — das kann einen nicht so überwältigen. Es ist die falsche Vorstellung davon, wie im Geiste alles auf einmal erscheint, die einen hilflos macht.

3. Man muß also lernen, einen Gegenstand nach dem anderen zu bearbeiten (oder über ihn nachzudenken). Manche Leute verlieren ihre Fähigkeit, sich zu konzentrieren, weil sie versuchen, zu viel auf einmal herunterzuschlucken — sie begegnen ihrem Denken mit einer im Grunde »oralen« Einstellung. Wenn man eine Sache nach der anderen bearbeitet, erreicht man mehr, denn man hat weniger Ablenkung. Die Konzentrationsfähigkeit ist größer. Man mag sagen: »Das ist alles schön und gut, aber wie lernt man, über eine Sache nach der anderen nachzudenken.« Die Antwort ist, daß das gar nicht so schwer ist, wenn man nicht die irrationale Vorstellung hat, daß neue Aufgaben sofort erledigt werden müssen.

Sowie man merkt, daß die Gedanken von dem abgeschweift sind, wo sie sein sollten, muß man sie zurückzwingen, einfach durch Willenskraft. Die meisten Menschen finden es schwer, sich auf eine Sache zu konzentrieren, und bei jedem solchen Versuch fühlen sie sich frustriert. Und in ihrer typisch selbstzerstörerischen Art nehmen sie an, daß sie es nicht können, und geben klein bei. Der Trick ist der, daß man mit der Überzeugung anfängt, daß man seinen Geist zu der einen Aufgabe, die vor einem steht, zurückschaltet, ganz egal, wie oft man das tun muß. Die Überzeugung, daß man, — worum es sich auch immer handelt — an diesem Plan festhalten wird, kann einem durchhelfen. Jedesmal wenn die Gedanken abschweifen, bring sie zurück — und, wenn es nötig ist, fünfhundertmal. Man muß sich nicht sorgen oder überhaupt nur daran denken, wie oft das passiert. Man tut es einfach.

Um nun zusammenzufassen: Um die Familie als ganzes zu stärken, müssen Mann und Frau lernen, ihre negativen Emotionen zu

reduzieren. Sie brauchen Einsicht in ihr neurotisches Verhalten, so
daß jeder von ihnen sich klarmachen kann, was sie beide haben
durchmachen müssen. Die irrationalen schmerzlichen Einstellungen,
die das neurotische Verhalten zustandebringen, können identifiziert, miteinander konfrontiert, bekämpft und geändert werden
— wenn nur Geduld und Bereitschaft da ist, sich mit vielen
Versagern auf diesem Wege abzufinden.

5. Kapitel

GRUNDREGEL 1: KOMMUNIKATION
OHNE VORWÜRFE

Wenn erst einmal die negativen Emotionen vermindert worden sind, müssen konkrete Wege zur Verbesserung der Beziehungen zwischen Mann und Frau (und somit zwischen Eltern und Kindern) gefunden werden.

Gedanken und Gefühle kann man nur wirklich mitteilen, wenn Vorwürfe nicht ein fester Bestandteil der Beziehung geworden sind. Einigermaßen reife Ehepaare, die nicht dauernd in der Defensive stehen, werden imstande sein, gelegentliche Ausbrüche rationaler Feindseligkeit zu ertragen und auch die seltenen Explosionen von irrationaler, offensichtlicher, defensiver Feindseligkeit, die eben zu jeder Ehe gehören. Keine Ehe kann es aber ertragen, daß die Partner endlos Vorwürfe gegeneinander schleudern, ohne daran zu zerbrechen.

Wir wissen ganz genau, daß viel darüber geschrieben wurde, man solle Eheleute ermutigen, sich zu streiten. Aber die Titel solcher Bücher sind oft irreführend, da — wenn in ihnen auch zum Streit ermutigt wird — es doch ganz bestimmte Regeln gibt, welche Art von Streit zugelassen ist und welche nicht. Und in der Tat, wenn die Eheleute den vorgeschlagenen Regeln folgen, neutralisieren sie jede echte Aggression oder intensive Feindseligkeit, die vielleicht bestanden hat.

Auf diese Weise unterstützen sogar die »Bring-ihnen-das-streiten-bei«-Bücher unsere ursprüngliche Forderung: Die Kommunikation wird dadurch verbessert, daß die Neigung, sich gegenseitig Vorwürfe ins Gesicht schleudern, vermindert wird. Und ferner bringen diese Bücher die Leser dahin, daß sie sich weniger als Versager vorkommen, wenn sie sich tatsächlich streiten. Schuldgefühle und Selbsthaß werden so vermindert und die Selbstachtung gestärkt. Die Partner werden sich dann wohl beim nächsten Mal zuallererst weniger feindlich gegenübertreten. Wenn also diese Bücher die zornige, sich gegenseitig beschuldigende Feindschaft, die ja so oft zu einer kranken Ehe gehört, durch eine entgiftete Form der Aggression ersetzen wollen, — wunderbar! Aber nur nicht das Hauptproblem falsch sehen: Die Neigung zur chronischen Feindseligkeit muß vermindert werden. Dr. Chaim Ginott sagt, daß garnichts dabei ist, wenn man unwillig ist, solange keine persönlichen Beleidigungen ausgesprochen werden. Zum Beispiel, wenn du wütend bist, schrei den anderen nicht mit persönlichen Beleidigungen an, sondern sage: »Ich bin ganz bestürzt.« Die Schwäche dieser Methode ist, daß, wenn deine Stimme schon um 10 Dezibel gestiegen ist und du rot angelaufen bist, wohl niemand mehr auf die wirklich gesprochenen Worte hört. Man hört ja kaum unter den besten Bedingungen auf sie und schon gar nicht, wenn man die Wut in ihnen spürt. Deine Frau verbrennt dein Hemd. Du erinnerst dich, daß du sie nicht mit einer persönlichen Beleidigung anbrüllen sollst (»Tölpel, Idiot!«). Statt dessen brüllst du also: »Ich kann verbrannte Hemden nicht sehen.« Kannst du dir jetzt deine Frau vorstellen, wie sie — angesichts deines rot angelaufenen Gesichts, deiner wütenden Stimme und während sie herumspringt, um den aus deinem Munde sprühenden Geifer zu vermeiden — wirklich zu sich selbst sagt: »Ach, er greift mich ja nicht wirklich an. Es stört ihn nur, sein verbranntes Hemd zu sehen.« Sehr zweifelhaft! Sorgfältige Wahl der Worte, um persönliche Beleidigungen zu vermeiden, ist ein guter Zwischenschritt, aber kein endgültiges Ziel.

Wir sagen nicht, daß man niemals ärgerlich werden soll (als ob das überhaupt möglich wäre) oder daß man seine Wut ersticken und herunterschlucken soll. Diese Taktik macht dich entweder zum Lügner oder bringt es dazu, daß du dich vor deiner eigenen Wut fürchtest. Wir meinen nur, daß das letzte Ziel das ist, allmählich zu lernen, wie man sich zuallererst einmal nicht aufregt. Es hat nicht viel Sinn, wenn man seinen Unwillen unterdrückt oder sich ruhig gibt, wenn man es nicht ist, oder komische lange Sätze gebraucht (»ich bin ja ganz bestürzt«), wenn man das nicht wirklich meint. (Natürlich können solche Phrasen dich zum Lachen bringen; was zur Folge hat, daß du dich weniger bedroht fühlst, und diese Technik würde dann dazu dienen, die zugrundeliegenden Gefühle des Unwillens zu reduzieren.)

Wir erwarten von den Menschen nicht, daß sie Heilige sein sollen. Noch glauben wir, daß jeder Ärger irrational ist. Aber je reifer ein Mensch wird, desto wahrscheinlicher ist es, daß er Ausbrüche von rationaler und irrationaler Aggression aushalten kann, ohne daß er sich genötigt fühlt, einen explosiven Gegenangriff zu machen. Und je weniger er in der Defensive ist, um so mehr hilft er seinem Partner, auch so zu werden, denn à la longue bringt eine echte Besserung bei dem einen auch Besserung bei dem anderen. (Sogar ganz kleine Heilige machen ihre Anhänger gesünder und nicht kränker).

Wenn aber ein Mensch, der in seelischer Not ist, einem unerbittlichen Trommelfeuer von Vorwürfen ausgesetzt wird, ist es sehr unwahrscheinlich, daß er sich durch Überdenken seiner Haltungen und Ansichten zum Bessern ändert.

Wollen wir doch einmal den ganzen Begriff der »Schuld« in unserer Kultur ansehen. Man nimmt an, daß er ein notwendiges Element in der Beherrschung unseres Verhaltens ist. Wenn jemand etwas Unrechtes tut, scheint es nicht genug zu sein, ihn zum Aufhören zu bringen und von ihm zu verlangen oder ihn zu zwingen, das Rechte zu tun. Die Beschuldigungstradition scheint darauf zu bestehen, daß wir ihn zuerst vom Unrecht abbringen, — ihn dann beschuldigen und dann erst von ihm verlangen oder ihn dazu zwingen, anders zu handeln. Der Akt des Beschuldigens ist ganz überflüssig und für viel menschliches Elend verantwortlich.

Nehmen wir an, ein Kind soll um 5 Uhr vom Hof hereinkommen; aber das Kind erscheint nicht. Die Eltern sind wütend. Noch mehr Zeit vergeht, und endlich kommt das Kind nach Hause. Die Eltern schreien das Kind an, machen ihm klar, daß es ein unnützer Idiot sei. Wäre es nicht viel leichter gewesen hinauszugehen, das

Kind bei der Hand zu nehmen und zu sagen: »Es ist 5 Uhr, du mußt jetzt hereinkommen.« Wir glauben nicht, daß Eltern ihren Kindern dauernd nachlaufen und sie an den Ohren zurückschleppen sollen. Was wir meinen, ist, daß ein wirkungsvolles Vorgehen nicht von der Anwendung von Beschuldigungen und Ärger abhängt. Und wenn man eine ruhige, aber feste Haltung einnimmt, solange die Kinder klein sind, dann braucht man auch später, wenn sie älter und weniger leicht zu beherrschen sind, keine radikaleren Methoden. Festigkeit in dieser Beziehung ruft letzten Endes den Willen hervor, die Spielregeln zu befolgen.

Wir befürworten hier kein verwaschenes System der Nachgiebigkeit, sondern eines, das ohne Vorwürfe funktioniert, soweit das menschlich möglich ist; denn Beschuldigungen zerstören eine wirkungsvolle Beziehung und Selbstachtung.

Wie wir bemerkt haben, ist ein Mensch, dem etwas vorgeworfen wird, sehr bald nicht mehr imstande, darauf acht zu geben, was gesagt wird. Die Botschaft, die zu ihm durchdringt, ist nur die der Feindseligkeit. Wenn du Vorwürfe gegen jemanden schleuderst und gleichzeitig versuchst, ihm zu erklären, wie er sich bessern könnte, so wird er überhaupt nicht auf das achten, was du ihm sagst, sondern nur hören: »Du Idiot, du bist an allem schuld; du mußt einfach anders werden.« Vorwürfe rufen den Wunsch nach Revanche hervor, nicht aber den Wunsch, zu lernen und sich positiv zu ändern.

Weiterhin geben Vorwürfe provozierenden Menschen genau das, was sie wollen, und verstärken damit nur ihr negatives Verhalten. Erwachsene wie Kinder können direkt ihr gegenseitiges sadomasochistisches Verhalten genießen und sich unbewußt Vorwürfe und Wut herbeisehnen, die dann den neurotischen Zirkel aufrechterhalten.

Im allgemeinen verstärken Vorwürfe das Gefühl der Unzulänglichkeit und unterstützen auf diese Weise negative Emotionen und Handlungen.

Und jetzt zu ein paar von den Dingen, die man tun kann, um

sich wirkungsvoller zu verhalten, was einschließt, daß man aufhört, sich selbst anzuklagen, denn wenn man damit aufhört, wird man auch aufhören, andere zu beschuldigen.

1. Man muß lernen, zwischen den Situationen zu unterscheiden, in denen Unwille rational ist, und denen, wo Unwille und Vorwürfe einfach wirkungslos bleiben. Eine rationale Aggression ist die, die durch Bedrohung des physischen Lebens, des Lebensraums oder der Entscheidungsfreiheit hervorgerufen sind.

So z. B. wenn ein Mitglied eines Motorradklubs ein anderes in einer Weise beleidigt, daß der andere — wenn er sich nicht wehrt — seinen Status und seine Entscheidungsmöglichkeiten (Kennenlernen von anziehenden Mädchen usw.) vermindert findet, dann würde Aggression als Revanche rational sein. Der Beleidigte könnte zwar sagen: »Warum soll ich mich wehren, es sind ja nur Worte.« Trotzdem ist sein Leben angegriffen. Aggression gegen etwas, das wirklich und wahrhaftig das Leben eines Menschen vital verändern würde, ist rational.

Das soll nicht heißen, daß man nun auf alle echten Angriffe und Herausforderungen mit einem Gegenangriff reagieren soll. Sogar wenn die Aggression rational ist, kann man sich entscheiden, nach außen hin nicht zu reagieren. Man kann sich überlegen, daß ein Gegenangriff — wenn er auch durchaus rational wäre — letzten Endes die Situation nur verschlechtern würde. Das angegriffene Mitglied des Motorradklubs kann sich entscheiden, den reduzierten Status zu akzeptieren und nicht einen Kampf aufzunehmen, in dem er unterliegen würde. Um einen größeren Krieg zu vermeiden, kann ein Land sich entscheiden, keine Gegenmaßnahmen gegen Aggression zu ergreifen, wie berechtigt sie auch sein würden. Ein Mann kann sagen, daß seine Frau wirklich seine Entscheidungsfreiheit in gewisser Weise einschränkt, aber bei reiflicher Überlegung kann er vorziehen, nicht zum Gegenangriff überzugehen.

Im täglichen Leben ist das gewaltige Vorherrschen von Aggressionen und Beschuldigungen absolut irrational. Sie (oder die Reaktionen auf sie) finden statt, wo gar kein echter oder bedeutsamer

Angriff vorausgegangen ist. Und sie werden gegen Handlungen unternommen, die überhaupt nicht das Leben oder den Lebensraum des anderen bedrohen können. Ein naseweises, ein freches Kind, ein brüllender Ehemann können doch nicht wirklich das Leben oder den vitalen Lebensraum bedrohen. Natürlich erfordert es Anstrengung — du mußt dir gewisse Grenzen setzen —, aber sie können dich nicht wirklich verletzen oder die Art beeinflussen, wie du dein Leben leben willst. In den meisten Fällen wird die Aggression durch Situationen hervorgerufen, die unmöglich dein Leben in irgendeiner dauernden und konkreten Weise beeinflussen können — außer im Hinblick auf die eigenen irrationalen inneren Definitionen.

Wenn man es als schrecklich unfair empfindet, daß die Kinder einen stören oder der Ehepartner auf einen ärgerlich ist, dann wird man aggressiv. Wenn man aber keine unrealistischen Erwartungen hegt, z. B. die, daß man Kinder haben kann, die einen nicht stören, oder daß ein Ehepartner immer liebevoll sein muß, — dann sieht man, daß diese Situationen ungefährlich sind — daß sie keine Bedrohung des Lebens oder des Lebensraumes darstellen. In solchen Fällen ist Aggression einfach überflüssiges Gepäck.

Es gibt Situationen, in denen es nicht klar ist, ob der Lebensraum gefährdet ist oder nicht — wenn der Boß dich ungerechtfertigterweise anschreit, oder wenn das Kind im Supermarkt bockig wird. Aber sogar dabei besteht die Neigung, mehr Gefahr zu sehen, als wirklich da ist. Letzten Endes hat der Erfolg in der Arbeit mehr mit Tüchtigkeit zu tun als mit irgend etwas anderem, und es ist sehr unwahrscheinlich, daß die Nachbarn einen für untüchtig halten, weil das Kind auf dem Markt ungezogen ist und in Wut gerät. Wahrscheinlich ist ihnen auch schon so etwas passiert.

2. Man muß lernen, daß eine vorwurfsfreie nicht dasselbe wie eine passive, defaitistische, »nachgiebige« Haltung ist. Wer die »Schrei-und-hau-ihm-eine-runter«-Haltung verficht, lebt in einer Zweiklassenwelt: entweder du brüllst und haust, oder du bist schwach und läßt die anderen auf dir herumtrampeln. Aber das

sind nicht die einzigen Alternativen. Es gibt da eine ganze Menge wirksamer Methoden, die man ohne Unwillen und ohne Vorwürfe anwenden kann.

Wenn sich also dein Mann oder dein Kind irrational verhalten und du merkst, daß du vor Wut zu kochen anfängst, dann frage dich: »Sind das alles wirklich Dinge, die mich verletzen können, und haben sie wirklich einen Einfluß auf mich?«. »Wird ein Gegen-Ärger, sogar als berechtigte, rationale Gegenreaktion, wirklich helfen?« »Ist eine unwillige Reaktion die wirksamste Gegenmaßnahme, die ich ergreifen kann?« Wenn die Antwort auf eine oder mehrere dieser Fragen »ja« ist, dann los und werde böse. Aber wir möchten wetten, daß solche Gelegenheiten sehr selten sind.

3. Man muß lernen, Grund und Beschuldigung auseinanderzuhalten. Daß jemand wirklich den Anlaß dazugegeben hat, daß etwas passiert ist, ist noch kein Grund anzunehmen, daß er deshalb angeklagt werden muß, sogar wenn das, was passiert ist, negative Konsequenzen hat. Wenn eine Frau die Hausschlüssel vergißt und damit sich (und ihren Mann) aussperrt, so hat sie sicher die Schwierigkeit verursacht. Bedeutet das aber, daß sie für ihre Nachlässigkeit verantwortlich gemacht werden muß?

Und das Kind, das absichtlich eines seiner Geschwister verhaut, oder der Mann, der vorsätzlich seine Frau nicht anruft, wo er doch weiß, daß er sich zum Abendbrot verspäten wird? Ist in solchen Situationen Ärger verständlich? Sicher! Lohnt er sich aber? Wahrscheinlich nicht! Muß wirklich jeder Fehler wütend bestraft werden? Oder ist es nicht vielleicht besser und vernünftiger, etwas zu unternehmen, das die Chancen vermindert, daß es wieder passiert?

Denk an unsere Warnung: Dies ist keine Philosophie, die man über Nacht annehmen kann. Es gibt da eine lange Periode der Verwirrung, in der noch das Schuldgefühl dazukommt — das Gefühl der Schuld, daß du den Ärger nicht unterdrücken kannst.

4. Man muß sich klarmachen, daß die Neigung, sich selbst und andere anzuklagen, zwar eine Gewohnheit, aber keine Notwendigkeit ist. Wenn es auch wahr ist, daß Frustration Ärger verursacht,

und daß die Menschen dazu neigen, leicht frustriert zu werden, so bedeutet das noch lange nicht, daß man dazu verdammt ist, böse zu sein, wann immer sich eine äußere Gelegenheit dazu bietet. Man muß erst die Situation als »ärgerwürdig« definieren. Wenn man das tut, so ist der Ärger nicht unvermeidbar.

Wir geben zu, daß Aggression »natürlich« ist in dem Sinne, daß es eine von den dem Menschen angeborenen Fähigkeiten ist. Leider ist es aber eine sehr verbreitete Reaktion, da der Mensch scheinbar durch ganz winzige und unwichtige Dinge frustriert wird, und es ist nicht leicht, eine echte von einer unechten Attacke zu unterscheiden. Wir geben ferner zu, daß nur sehr wenige Menschen einen Zustand erreichen, in dem sie niemals irrational aggressiv reagieren, und genau so wenige einen Zustand, in dem sie kaum je böse sind. Trotzdem ist es wichtig zu versuchen, eine allmähliche Besserung des Zustandes zu erreichen. so daß man jedes Jahr in einer etwas besseren Situation ist als im Jahr zuvor.

5. Gib genau darauf acht, daß Ärger nicht heruntergeschluckt oder unterdrückt werden soll. Dein Ziel muß sein, es von vorneherein nicht dazu kommen zu lassen.

Andere Regeln der Kommunikation

Außer, daß man lernt, Anschuldigung zu reduzieren, gibt es noch eine Anzahl von anderen Regeln, die eine bessere Kommunikation bewirken.

1. Man muß lernen, wie man seinem Ehepartner seine Gefühle mitteilen kann. Es ist in der Tat nicht nur erlaubt, sondern sogar erwünscht, die tiefsitzenden Reaktionen zu besprechen. Was nicht erlaubt ist, ist, sie dem anderen ins Gesicht zu schleudern. Nehmen wir z. B. an, daß etwas, was dein Ehepartner gesagt hat, dich in Wut bringt. Ganz egal, ob du nun versuchst, die irrationale durch eine rationale Reaktion zu ersetzen, Tatsache ist, daß du völlig aus der Fassung gebracht bist. Dein erster Impuls ist, ihn anzuschreien. Es

gibt aber da, unserer Ansicht nach, eine Zwischenstufe, die nicht so drastisch ist wie die, den Ehemann anzuschreien, und andererseits besser, als dazusitzen und zu kochen. Diese Stufe besteht darin, daß du ihm sagst, was in dir vorgeht. Du kannst vielleicht sagen: »Du mußt wissen, im Augenblick habe ich eine Wut. Ich kann nicht klar denken — denn du hast etwas gesagt, was mich sehr verletzt hat.«

Zuerst mag dir das dumm, geziert und gekünstelt vorkommen. Und in gewissem Sinne stimmt das auch. Aber in einem anderen Sinne bist du dabei echt und ehrlich. Das ist es nämlich, was du empfindest. Sicher möchtest du lieber um dich schlagen und den anderen verletzen. Es ist aber besser — und im Grunde nicht unehrlich — eine verwässerte Botschaft zu vermitteln, denn du weißt ganz genau, was du tust.

Diese Technik gibt einem wenigstens die Befriedigung, daß man den anderen über seine tiefsten Gefühle informiert hat. Sehr bald entdeckt man dann, daß das viel besser ist, als endlos Vorwürfe herumzuschleudern — und wieviel besser, als zu versuchen, den Ärger herunterzuschlucken.

2. Wenn Eheleute sich streiten, sollten sie zwei grundsätzliche Regeln befolgen. Erstens, soviel Zeit wie nur möglich darauf zu verwenden, die Lage des anderen zu verstehen: Es kann sich dabei herausstellen, daß die beiden Standpunkte gar nicht so weit voneinander entfernt sind, und es mag sogar dazu kommen, daß der andere dich versteht. Zweitens, verwende wenigstens etwas Zeit darauf herauszufinden, warum du so überempfindlich bist. Gib dich nicht damit ab, die Argumente des anderen zu schlagen. Denk daran, daß sehr wenige Probleme jemals durch ärgerliche Diskussionen, bei denen man sich gegenseitig Vorwürfe an den Kopf wirft, überhaupt je gelöst werden. Es ist viel leichter, zur Einigung zu kommen, wenn weder Ärger noch Beschuldigungen noch eine defensive Haltung die Situation verwirren.

Diese Vorschläge werden sicher nicht alle Schwierigkeiten beilegen. Es wird vorkommen, daß die beiden Ehepartner wirklich weit voneinander entfernt stehen. Aber wenn man diese Regeln befolgt, kann man sich vielleicht einigen, bevor sich die Situation zu einem veritablen Krieg ausgewachsen hat.

Wir haben beobachtet, daß Ehemänner nur bei einer einzigen Gelegenheit eine vorwurfsfreie Haltung einnehmen. Nehmen wir einmal das Beispiel, daß eine Frau etwas tut, nur um ihren Mann zu ärgern. Er kennt jetzt die Kommunikationsregeln und reagiert nicht mit einem Vorwurf. Er sagt vielleicht sogar: »Es tut mir leid, meine Liebe, daß du aus der Fassung geraten bist.« Wenn das aber die Frau nicht beruhigt und sie ihn weiter angreift, explodiert er schließlich doch (»Du elende undankbare Person ...«). Und so verwirrt sich die Situation noch weiter. Mit anderen Worten, so ein Mann mag vielleicht von dem »Ablassen von Vorwürfen« daherreden, aber was er in Wirklichkeit zu seiner Frau sagt, ist: »Ich will dich nicht tadeln, vorausgesetzt, daß du sofort nachgibst und es achtest, daß ich dir keine Vorwürfe mache.« Und wenn sie nicht sofort entsprechend darauf reagiert, explodiert er.

Wirksame Kommunikation an der Spitze ist notwendig, bevor irgendein ernstes (oder nicht einmal so ernstes) Problem in der Familie angegangen werden kann. Wenn diese Vorschläge anschlagen, wird sich zwischen Mann und Frau diese wirksame Form der Kommunikation herausbilden.

Manchmal kommt es auch vor, daß verstärkte Kommunikation zwischen Mann und Frau die Spannungen noch erhöhen und sogar zu einem chronischen Zustand der Reibungen führt, weil ein wirklich unversöhnbares Nicht-zueinander-Passen oder eine hochneurotische Situation besteht. Unter diesen Umständen sollte therapeutische Hilfe gesucht werden.

II. TEIL

DIE ROLLE DER FAMILIE
DIE GRUNDREGELN UND DIE FAMILIENKONFERENZ

6. KAPITEL

WIE DIE ELTERLICHE KONSTELLATION
AUF DIE KINDER EINWIRKT

Im vorhergehenden Teil haben wir uns darauf konzentriert, wie durch eheliche Konflikte haarfeine Risse oder sogar wirkliche Zersplitterung in der Familie entstehen, und haben die Wege aufgezeigt, wie sie gekittet werden können. Im vorliegenden Teil kommen wir am Schluß zu einer Methode, die die Familie als Ganzes betrifft und die dazu geeignet ist, den Kindern den Rücken zu stärken. Dieses Kapitel eröffnet einige Perspektiven auf die lebenslangen Wirkungen, welche die Versuche der Eltern, ihre eigenen Probleme zu lösen, haben können.

Was das Kind für jeden der Eltern bedeutet

Wenn der Psychotherapeut das Verhalten eines Vaters oder einer Mutter den Kindern gegenüber verstehen will, beginnt er damit herauszufinden, welche geheimen und unbewußten Erwartungen jeder der beiden Eltern in bezug auf das Kind hat. Die Kenntnis diese Erwartungen macht es uns möglich, nicht nur die negative Wirkung zu verstehen, die das Kind für die Eltern bedeutet, sondern auch die, welche die Eltern auf das Kind haben: kurz gesagt, wie die Geburt des Kindes die Eltern negativ beeinflußt — und wie die Eltern vielleicht dieselbe schwächende Wirkung auf das Kind haben.

Jeder der Eltern schreibt unbewußt dem Kinde eine besondere Rolle zu. Das kann aus zwei Gründen nicht gut sein: Ein Kind kann in eine Rolle hineingeraten, ganz egal, ob es sich für sie eignet oder nicht. Weiterhin verträgt sich oft die unbewußte Rolle nicht mit anderen bewußten Rollen, die die Eltern von dem Kind erwarten. Wenn einer der Eltern ein starkes Bedürfnis hat, das Kind in einer gewissen Weise zu sehen, so ist er gegen die wirklichen Bedürfnisse und Fähigkeiten des Kindes blind und gibt ihm ein falsches, ungültiges »feedback«.

So z. B. mag ein Vater das Bedürfnis haben, seinen Sohn als das vollkommene und wunderbare Exemplar Mensch zu sehen, das er selbst nicht sein konnte. Als Folge davon wird er das Kind nicht so sehen können, wie es wirklich ist. Der Vater wird dann vielleicht bösartiges Verhalten bei dem Kinde beschönigen, seine unzulänglichen Leistungen für perfekt erklären oder Frechheit entschuldigen. Aber gewöhnlich wacht dann so ein Vater eines Tages auf, sieht den Sohn, wie er wirklich ist — d. h. das, wozu er ihn selbst gemacht hat —, und dann fängt er an ihn zu hassen.

Eine anderes Beispiel ist der Vater, der ein aggressives Kind haben möchte, weil er seinen eigenen Mangel an Aggressivität bedauert. Wieder ist er dann gegen die anderen Bedürfnisse des Kindes blind und baut sich ein System auf, in dem er verlangt, daß das Kind aggressiv ist. Das Kind seinerseits mag nun aus einer Reihe von Gründen diesen Wunsch nicht erfüllen. Aber das Kind ist gebunden, denn der Vater macht sich ihm dahin verständlich, daß es für ihn nur akzeptabel ist, wenn es sich aggressiv verhält. Die Mutter andererseits zeigt ihm, daß es für sie nur akzeptabel ist, wenn es nicht aggressiv ist. Das legt dann dem Kinde die Schlinge um den Hals. Und die Schlinge wird dadurch noch enger gezogen, daß nur ein Teil der Persönlichkeit des Vaters das Kind aggressiv haben möchte, während ein anderer Teil es sich folgsam wünscht.

Es gibt keinen direkten und leichten Weg, um vom Verhalten der Eltern aus zu beurteilen, was sie wirklich von ihrem Kinde wollen. So kann z. B. Übermanipulieren ein Zeichen für das Bedürfnis sein, das Kind als einen Erfolgsmenschen zu sehen, aber auch dafür, daß die Mutter sich absolut für alles verantwortlich fühlt, was mit dem Kind zusammenhängt. Trotzdem gibt es ein paar gemeinsame Züge die wir hier beschreiben wollen.

Für den, der sich mit dem Studium der Persönlichkeit befaßt, liegt es schon lange auf der Hand, daß Eltern zu den Neurosen ihrer Kinder beitragen, wenn sie auch nicht ganz für sie verantwortlich sind. Hier spielen eine ganze Reihe von Verhaltensweisen eine Rolle: übermäßige Zärtlichkeit, übermäßige Manipulation, Verhätschelung, Nachgiebigkeit, verführerische oder feindselige Einstellung. Man kann auch in der anderen Richtung zu weit gehen: Eltern sind manchmal zu wenig zärtlich, zu wenig interessiert, sie verhätscheln die Kinder zu wenig usw. Das Ergebnis ist dasselbe wie in der ganzen biologischen Welt: Der lebende Organismus kann ebenso unter zu viel wie unter zu wenig Wasser, unter zu viel wie unter zu wenig Wärme leiden.

Im Folgenden wollen wir die am meisten verbreiteten Formen darstellen.

Das Kind als Rivale

Wollen wir annehmen, daß einer der Eltern — sagen wir der Vater — das Kind als Werkzeug der Rivalität ansehen möchte, — als etwas, womit er seinen eigenen Eltern Konkurrenz machen kann. Der Vater mag damit unbewußt beweisen wollen, daß er es besser kann als die Eltern. Er wird dann das Kind übermäßig manipulieren, um einen vollkommenen, brillierenden, tüchtigen Kämpfer aus ihm zu machen. Und er wird auch übermäßig viel von ihm fordern und sehr wenig auf die wirklichen Bedürfnisse des Kindes reagieren.

Eine Frau kann das Bedürfnis haben, ihr Kind als Rivalen zu gebrauchen. Adela hatte eine Mutter, die Adela versteckt und auch offen zeigte, daß sie ihr unterlegen sei. Das brachte Adela sehr auf, und sie bemühte sich immer zu beweisen, daß sie alles nicht nur ebensogut, sondern sogar besser als ihre Mutter machen könne. Als ihr Sohn Franz geboren wurde, sah sie in diesem Kinde sofort ihren Retter. Niemals machte sie sich klar, daß sie diese Rolle für das Kind ausgesucht hatte. Sie wußte aber, daß sie Franz immer von seiner besten Seite zeigen wollte, wenn die Mutter da war, und putzte ihn für solche Gelegenheiten besonders heraus. Und ohne es zu bemerken, forderte sie zuviel von ihm: Als er noch klein war, bestand sie darauf, daß er aufstehen und lange Gedichte auswendig aufsagen sollte. Unter seinen Freunden mußte er immer der Beste sein. All das belastete Franz, erfüllte aber auch seine Mutter mit Schuldgefühlen, denn unbewußt waren ihre Gefühle in bezug auf ihre Überlegenheit über die Mutter sehr gemischt.

Das Kind als der »Boß«

Vor einigen Jahren wurde die interessante Entdeckung gemacht, daß Eltern jugendlicher Verbrecher manchmal das Verbrechertum bei ihnen bewußt unterstützen. Diese Eltern waren selbst gehemmt und konnten ihren Unwillen über etwas — selbst wenn er berechtigt war — nicht zum Ausdruck bringen: Sie konnten ihrem Boß selbst unter stärkster Provokation nicht antworten und konnten nicht für ihre Rechte kämpfen. Solche Eltern können unbewußt ihr Kind dazu ausersehen, ihr Sprachrohr zu werden, indem sie in ihm Aggression großziehen.

Verbrecherisches und aggressives Verhalten kann auf mancherlei Weise gefördert werden. Die Eltern können sich im Kampfe gegen die Schule auf die Seite des Kindes stellen, wenn es auch auf der Hand liegt, daß die Schule recht hat. Sie setzen dem Kind keine ordentlichen Grenzen, solange es klein ist. Sie lachen vielleicht im Geheimen, wenn es einen Kampf durch unfaire Mittel gewinnt oder gegen seine Kameraden aggressiv ist.

Oder sie mögen ihm andererseits unaufhörlich sagen, daß es nichts taugt und dazu verdammt ist, ein Verbrecher zu werden. Das ist die sogenannte »sich selbst erfüllende« Prophezeiung. Als Ergebnis dieser Art von Behandlung denkt das Kind: »Ich bin schon angeklagt, daß ich aggressiv bin; also werd' ich's sein!«

seinem Innern, daß es das ist, was
erwarten.

nlichte Kind

ltern große Angst vor Aggressivi-
ine Prämie dafür aussetzt, »nett«
ression wird sofort unterdrückt.
rfnis, sich selbst als allmächtig zu
nn jemand ihnen nicht gehorcht.
ß sie ihren Kindern eine abhän-
en versuchen.
kann ein Kind impotent gemacht
der seinen Sohn als einen poten-
ms war dieser Typ von Vater,
ommenheit verlangte, besonders
aber von seinem ältesten Jungen, Jimmy junior. Dauernd verbes-
serte es ihn, denn das Kind war nie imstande, etwas so zu tun, wie
der Vater es verlangte. Wenn Jimmy seinem Vater etwas zeigte,
was er gemacht hatte, war er immer damit unzufrieden. Auf diese
Haltung hin angesprochen, gab James Williams zu, daß er in Wirklichkeit die Arbeit seines Sohnes respektiere, es aber für besser halte,
ihm die Fehler zu zeigen, damit er noch mehr Fortschritte mache.
Er wollte eben, daß sein Kind etwas Außerordentliches leiste. Das
war auf dem bewußten Niveau; aber sein unbewußtes Bedürfnis
war, Jim zu entmännlichen, ihn dahinzubringen, daß er sich niemals
für einen vollwertigen Rivalen halten sollte.

Wenn ein Kind in einer solchen Situation festgenagelt ist, wird
es sich klarmachen, daß sein Vater in Wirklichkeit keine guten
Leistungen bei ihm sehen will, und wird unbewußt ein starkes Bedürfnis haben zu versagen. Und daraus erwächst dann eine echte
neurotische Beziehung.

Das Kind als Liebhaber

Wenn eine Mutter ihr Verhältnis zu ihren eigenen Eltern nicht gelöst hat und das Bedürfnis hat, andere durch Liebe und Sex zu beherrschen, und außerdem noch eine ungeheure Furcht vor Zurückweisung hat, so kann sie sich ihrem Kinde gegenüber in übermäßig verführerischer Weise geben. Sie kann sich ihm z. B. nackt oder halb angezogen zeigen; sie mag das Kind reizen und zwar weit über seine Fähigkeit hinaus, die so angeregten Gefühle zu meistern. Ihre Absicht ist es, das Kind mit einem Faden der Sinnlichkeit an sich zu binden. Dies Verhalten kann besonders intensiv werden, wenn ihr Mann dauernd unterwegs ist und ihr in dieser Beziehung keine Aufmerksamkeit schenken kann.

Als Marie noch ein Kind war, hatte ihr Vater versucht, bei ihr sinnliche Befriedigung zu bekommen, da er sich von Maries Mutter abgewiesen fühlte. Er hatte das Kind zu oft in den Arm genommen, hatte sie zu viel geküßt und hatte sexuell reizbare Teile ihres Körpers berührt. Nun, da Marie erwachsen war, hatte sie, ohne es zu wissen, ihren Vater recht gern, obgleich es an der Oberfläche oft so schien, als ob sie ihn abstoßend fände. Sie hatte eine ungeheure Furcht vor Zurückweisung entwickelt und versuchte andere Leute zu beherrschen, indem sie sie dazu brachte, sie zu lieben. Als ihr eigenes Kind, Nathan, geboren wurde, pflegte sie unbewußt eine verführerische Form des Zusammenseins. Sie nahm ihn mit ins Badezimmer. Sie badete ihn sehr gründlich und konzentrierte sich dabei auf das Genitale. Sie nahm ihn in ihr Bett. Sie zeigte sich ihm überflüssigerweise nackt. Bewußt reagierte sie sehr streng auf jedes Zeichen von sexuellem Interesse seinerseits und schuf in ihm ein starkes Schuldgefühl in bezug auf das ganze Thema. Sie schrie ihn an, als er eine Erektion hatte, während er bei ihr lag.

Wieder sehen wir dieselbe Art von Bindung, die solche neurotischen Situationen begleiten. Auf der einen Seite reizt Nathans Mutter ihn auf, auf der anderen ist sie wütend und empört, wenn er auf ihre Reize reagiert.

Das Kind als Besitz

Es gibt Mütter, die sich einbilden, daß sie für jeden in ihrer Familie ganz und gar verantwortlich sind. Das ist die Art von Mutter, die sich schuldig fühlt, wenn jemand schlecht gelaunt ist. Das Ergebnis ist, daß sie übermäßig beherrschend wird. Sie muß alles, was in der Familie vor sich geht, manipulieren, um sicher zu sein, daß keiner bei ihr ein Schuldgefühl hervorrufen kann.

Ähnlich geht es mit der Mutter, die unbewußt ihr Kind ablehnt. So intensiv ist ihr eigener Unwille, daß sie sich einredet, daß das Kind in dauernder Gefahr sei. Hier handelt er sich um die sogenannte Projektion der eigenen tiefsitzenden Wünsche der Mutter: Sie möchte ihr Kind gern verletzt oder in Gefahr sehen und fängt darum an, sich einzubilden, daß es so ist. Um diese schreckliche Möglichkeit abzuwenden, manipuliert sie das Kind während aller seiner wachen Stunden. Das Kind entwickelt daraufhin wenige wirklich unabhängige Fähigkeiten. An irgendeinem Punkte dieser Entwicklung wird es dann noch schlimmer, nämlich wenn die Mutter ihrer manipulativen Rolle müde wird und von dem Kind verlangt, daß es selbständig werden soll.

Wie wir gesehen haben, ist bei all diesen Manipulationen von Kindern die Hauptgefahr die, daß die Eltern überhaupt nichts über das Kind wissen, seine wahren Talente und seine wirklichen Bedürfnisse. Der Vater, der einen aggressiven Sohn haben möchte, wird wütend, statt ihn zu stützen, wenn das Kind in einem Streit unterliegt. Diese Wut versetzt das Kind noch mehr in Angst und macht aus ihm einen noch schlechteren Kämpfer. Die Mutter, die das Bedürfnis hat, ihr Kind zu verführen, fühlt sich schwer bedroht, wenn es den Versuch macht, sich von ihr zu entfernen und eine eigene Identität für sich selbst herzustellen. Sie mag sich dann heftig gegen es wenden.

Wenn sich aber die Eltern erst einmal selbst verstanden haben und ihre gegenseitigen Beziehungen stärken, dann können die Methoden zur Kräftigung des Kindes eingesetzt werden.

Warum Eltern zusammenarbeiten müssen

Frau Harter fürchtete, daß Arnold, ihr erstes Kind, sich verletze, wenn sie ihm erlauben würde, mit seinen Altersgenossen zu spielen, die Frau Harter für zu grob hielt. Als Arnold vier Jahre alt war, spürte er die Furcht der Mutter und auch, wie sehr seinen Vater diese verzärtelnde Einstellung ärgerte. Der Vater glaubte, daß das Kind auf diese Weise verweichlicht werde, sagte aber nichts, um einen offenen Streit zu vermeiden. Frau Harter wußte, daß, wenn sie es zuließ, daß ihr Mann Arnold in die Hand bekam, ihr eigener Einfluß verringert, und Arnold der gefährlichen Umwelt ausgesetzt würde. Sie untergrub also den Einfluß ihres Mannes, indem sie ihn aus wichtigen Entscheidungen ausschloß. Frau Harter war sich nicht dessen bewußt, was sie da tat. Im Gegenteil, je mehr Arnold ängstlich und neurotisch wurde, desto mehr beklagte sie sich über ihres Mannes Passivität und machte sich nicht klar, daß sie ihn selbst aus dem innersten Kreis der Familie verstoßen hatte.

Arnold war inzwischen so sehr von der Aufmerksamkeit seiner Mutter abhängig geworden, daß er sie jetzt ganz ausschließlich für sich haben wollte. Unbewußt fühlte er, das dadurch erreichen zu können, daß er die Kluft zwischen den Eltern erweiterte. So bat er absichtlich darum, ihm zu erlauben, gefährliche Dinge zu unternehmen, wenn beide Eltern zugegen waren. Er wußte, daß die Mutter sie ihm verwehren und daß das Unwillen und Ärger bei dem Vater erregen würde.

Die Bitterkeit trat offen zutage, als Harter selbst fühlte, daß er aus der Familie ausgeschlossen war, und Frau Harter noch unwilliger über ihres Mannes scheinbare Passivität und noch mehr über Arnolds wachsende Neurose besorgt wurde, — eine Furcht, die in Wirklichkeit durch ihre Überbesorgtheit hervorgerufen worden war.

Wenn eine Familie wie die Harters in die Sprechstunde des Psychotherapeuten kommt, wissen die Eltern selten, was eigentlich schon alles vorgefallen ist. Ihre Klagen werden typischerweise so geäußert: »Herr Doktor, Arnold ist sehr ängstlich. Können sie ihm helfen?«

Wenn eine Situation wie diese aber an der Familienfront behandelt werden soll, so kann sie nicht durch eine einzelne Maßnahme behoben werden. Die Eltern müssen eine Arbeitsgemeinschaft miteinander schmieden, die fest genug ist, um zu verhüten, daß das Kind wirkliche oder scheinbare elterliche Uneinigkeit ausnutzt, und doch nicht so stark, daß sie das Kind ausschließen würde.

Wenn die Eltern sich nicht einig sind, ist es fast unmöglich, den Kindern zu helfen, Schwierigkeiten zu überwinden. Solche Uneinigkeit verbreitet sich abwärts und bringt allmählich das ganze Familiensystem zu Fall. Und weiterhin: Uneinigkeit unter den Eltern vermehrt noch die Angst des Kindes, wenn es auch aktiv versuchen mag, diese Uneinigkeit noch zu vergrößern. Vermehrte Angst wiederum verstärkt die »Symptome«, so daß jetzt jeder in der Familie schlechter dran ist als vorher.

Wo unter den Eltern Uneinigkeit herrscht, untergräbt das inkonsequente Verhalten nicht nur die Disziplin, sondern bringt es auch dazu, daß subtile zerstörende Faktoren zur Wirkung kommen. Oberflächlich gesehen, erzeugt Inkonsequenz Pessimismus. Keiner von den Eltern gibt sich wirklich Mühe, das System zum Gelingen zu bringen, weil er denkt, daß dem anderen ja sowieso alles egal ist. Der Vater mag z. B. denken: »Warum soll ich dem Kind Grenzen setzen? Sowie ich zur Arbeit gehe, läßt es die Mutter ja sowieso machen, was es will.« Und die Mutter denkt vielleicht: »Warum soll ich mit dem Kind geduldig sein? Wenn der Vater nach Hause kommt, schreit er es ja sowieso an.«

Wir alle kennen die Methoden, mit denen Kinder einen Riß zwischen den Eltern ausnutzen können. So bittet vielleicht ein Kind die Mutter, es ins Kino gehen zu lassen. Wenn sie dann »nein« sagt, geht es zum Vater, der nachgiebiger ist. Es gibt aber auch kompliziertere und gefährlichere Methoden, um die elterliche Uneinigkeit auszunutzen, wie wir es z. B. bei der Harter-Familie gesehen haben.

Ein abhängiges oder neurotisches Kind versucht oft, die Bande zwischen sich und demjenigen Elternteil, den es sich als »Ziel« ausgesucht hat, zu stärken, indem es die zwischen dieser Person und allen anderen schwächt. So streute Arnold Harter Salz auf die Wunden seiner Eltern, um die Kluft zwischen ihnen zu vergrößern und die Mutter fester an sich zu fesseln.

Praktisch und nicht vom psychologischen Standpunkt aus gesehen, wird gute Kooperation zwischen den Eltern jedes System besser funktionieren lassen, denn was ein Elternteil vergißt, daran wird der andere sich vielleicht erinnern.

7. KAPITEL

GRUNDREGEL 2: »GRENZEN« SETZEN

Wenn sie noch klein sind, brauchen Kinder Grenzen, um sie vor einfachen Gefahren zu schützen — wenn sie dann heranwachsen, schon weniger.

Grenzen sind aus drei Hauptgründen notwendig: um das Kind gesund und in Sicherheit aufwachsen zu lassen, bis es lernt, selbst auf sich acht zu geben; um ihm dabei zu helfen, zu entscheiden, was sofort getan werden muß und was noch Zeit hat, und — vielleicht das Wichtigste — um das bei einigen Kindern intensive Bedürfnis abzustellen, Eltern und Autoritäten dazu zu provozieren, wütend zu reagieren. Viele neurotische und sogar manche normale Kinder haben ein Bedürfnis nach negativen Emotionen. Dieses Bedürfnis steht hinter vielem, was so gemeinhin »schlechtes Benehmen« genannt wird. Der Hauptzweck der »Grenzen« ist, es dem Kinde unmöglich zu machen, die negativen Emotionen hervorzurufen, die es zu brauchen glaubt.

Das Bedürfnis nach negativen Emotionen

Ein provokatives Kind sucht deinen Unwillen, Widerwillen, deinen Haß und deine Verachtung mit einer Hingabe, die man sich kaum vorstellen kann. Die Eltern werden entweder verwirrt — »was treibt er mich so? Es scheint direkt, daß er geschlagen werden möchte« — oder sie schreien: »Du ruhst nicht, bis ich dir endlich eine runterhaue.« Die meisten provokativen Kinder treiben es so weit, daß die Eltern schließlich am Ende ihrer Kräfte sind. Die Kinder merken sehr wohl, daß sich bei den Eltern Unwillen und

Haß ansammeln; trotzdem machen sie weiter. In den meisten Fällen bemerken die Eltern nur, daß körperliche Züchtigung unwirksam ist.

Ein stark provokativ eingestelltes Kind sucht vielleicht intensiver nach negativen als nach positiven Emotionen. Um genauer zu sein, der Teil seiner Persönlichkeit, der sich nach negativen Emotionen sehnt, bekommt die Oberhand über die rationaleren Aspekte. Es ist für jeden, der mit provokativen oder schwer beherrschbaren Kindern arbeitet — und im Grunde für jeden, der überhaupt mit irgendeiner Art von Kindern arbeitet —, äußerst wichtig, dieses Verlangen nach negativen Emotionen zu verstehen.

Die Grundlage für das Bedürfnis eines solchen Kindes nach negativer Aufmerksamkeit ist die Trennungsangst — die Furcht davor, allein gelassen und aufgegeben zu werden. Das ist ein viel tiefer liegender Grund als das offen zutage liegende Bedürfnis, sich und seine Eltern mit seinem Verhalten zu bestrafen. Diese Trennungsangst ist nicht immer leicht zu erkennen, denn sie kann sich in den Untergrund verkriechen und nur von einzelnen Symptomen abgeleitet werden, die von jammernden Forderungen bis zu psychosomatischen Beschwerden und endloser Provokation rangieren können.

Dein Kind hat ein starkes Verlangen nach deiner Aufmerksamkeit, Liebe und Unterstützung, um diese Trennungsangst abzuschwächen, — eine Angst, die, wie die meisten Theoretiker glauben, der Grund für alle anderen Formen der Angst ist. Aber das Kind versteht, daß es keine Liebe und kein Lob finden kann, entweder weil es von Schuldgefühlen verfolgt ist und sich dann unbehaglich fühlt, wenn es sie bekommt, oder weil es übermanipuliert ist und Liebe als psychologische Überfütterung versteht — oder weil es fühlt, daß Liebe von Bedingungen abhängig gemacht wird und zu einem Preis erkauft werden muß, den es nicht zahlen kann.

Und obgleich das Kind die positive Aufmerksamkeit gerne haben möchte, um seine Angst zu beschwichtigen, verzichtet es doch auf sie. Nun sitzt es in der Klemme, denn es fühlt sich isoliert und verlassen. Und da kommen ihm die negativen Emotionen — dein Unwille, deine Gereiztheit oder sogar aktiver Haß — als die Ideallösung vor, und zwar aus einer Reihe von Gründen:

1. Eine negative Emotion zwingt dich, dem Kind einen großen Teil von Aufmerksamkeit zukommen zu lassen. Wenn du auf jemanden ärgerlich bist oder ihn anschreist, so bist du »ganz und gar« mit ihm beschäftigt. Negative Aufmerksamkeit ist eine verzerrte Nabelschnur zwischen der Person, die sie gibt, und der, die sie nimmt. Die Verbindung ist hochgespannt und höchstpersönlich. In ihrer Art ist sie fast sensuell zu nennen, wenn auch nur ein guter Beobachter, der nicht selbst in der Defensive ist, sich das klarmachen würde. Für ein provokatives Kind ist die negative Aufmerksamkeit der positiven vorzuziehen, denn das Lob, das Eltern und Lehrer gewähren, ist weit weniger intensiv als ihr Unwille und ihre Gereiztheit. (Das bedeutet aber nicht, daß unaufrichtiges, übermäßiges Lob die Schwierigkeiten des Kindes aus der Welt schaffen würde. Manipulatives Loben hilft nur selten.)

2. Negative Aufmerksamkeit ist leicht zu bekommen. Es ist unglücklicherweise leicht, Eltern und Lehrer in Wut zu bringen.

3. Negative Aufmerksamkeit ist gleichzeitig die eigene Bestrafung und ein Freibrief. Das Kind versucht endlos, sich selbst für seine inneren Schuldgefühle zu bestrafen, und dein Unwille, dein Haß, deine Gereiztheit gibt ihm ebenso endlos freie Hand, dich immer weiter zu bestrafen.

4. Negative Aufmerksamkeit bietet einen eingebauten Schutz für das Kind, das vor psychischer »Überfütterung« Angst hat. Kinder die übermäßig manipuliert, verführt oder in allem gestört worden sind, möchten denen, von denen sie abhängig geworden sind, sehr nahe sein, fürchten jedoch, daß sie — wenn sie das tun — ihre eigene Willenskraft aufgeben müssen. Negative Emotionen haben nebeneinander zwei verschiedene Antriebe — zu etwas hin und von etwas weg. Sie binden Eltern und Kinder aneinander, verhüten aber durch ihre enervierende Kraft eine komplette Vereinigung.

So kommt es also, daß negative Emotionen die Gegenspieler fest in ihren Positionen verankern, weder zu nah noch zu weit voneinder. Das würde alles schön und gut sein, wenn das »Hin« und »Her« sich nicht bis zu einer unersättlichen Intensität steigern würden. In dieser Lage können Eltern und Kinder sich nicht näher kommen, noch können sie weiter auseinanderrücken, denn jeder der Antriebe verlangt Befriedigung ohne Ende, und so können sie nicht in gesunder, flexibler Weise miteinander verkehren: eng, aber nicht zu eng, manchmal nah, manchmal weiter auseinander. Sie können auch nicht den Schmerz vermeiden, denn der Prozeß ist unbewußt und dazu verdammt weiterzugehen, bis der Kreis willentlich unterbrochen wird.

5. Bestrafung hat bei dieser Art des Verhaltens keinen Zweck, denn die Drohungen, die du ausstößt, sind gerade das, was das Kind will. Kurz gesagt, wenn du das provokative Kind wütend anschreist, gießt du nur Öl ins Feuer, statt es — wie du glaubst — zu löschen. Das Kind bemüht sich nicht direkt, verletzt zu werden, sondern es will, daß deine intensiven Gefühle sich auf es richten.

Das provokative Kind verfolgt seine Ziele, indem es versucht, der Mittelpunkt deiner Aufmerksamkeit zu sein — wie zum Beispiel Tim in dem folgenden Beispiel:

Jeden Morgen sagt Tims Vater fröhlich: »Guten Morgen, Tim.« Tim sagt darauf: »Jautsch« und schneidet ein Gesicht. Der Vater wirft die Arme in die Luft und geht hinaus, indem er vor sich hinbrummelt: »Was ist das nur mit dem Kind? Man kann es ihm nicht recht machen.«

Angenommen, Tim hätte auf Vaters fröhliches »Guten Morgen« mit »Hallo, Pappi« geantwortet. In einer Sekunde hätte sein Vater ihn vergessen. Aber statt dessen — sieh mal an, was passiert: Tim sagt »Jautsch« und schneidet ein Gesicht. Der Vater geht hinaus und murmelt etwas vor sich hin — und murmelt weiter für mindestens zehn Minuten. Tim hat sich unbewußt in das Bewußtsein seines Vaters eingedrängt und es ganz für sich gewonnen — mindestens 9 Minuten und 59 Sekunden länger, als er es mit einer positiven Reaktion erreicht hätte.

Der einzige Weg aus dieser Klemme ist die Ausmerzung der negativen Emotionen. Wenn der Unwille nicht mehr da ist, lernt das Kind, daß es auch ohne ihn leben und überleben kann. Und seine eigenen negativen Reaktionen lassen nach, da sie keine Unterstützung mehr finden.

Was geboten ist, ist also eine Abschwächung der negativen Emotionen; aber trotzdem müssen auch Grenzen gesetzt werden. Man muß lernen, wie man das macht, und dabei die kleinstmögliche Menge negativer Emotionen ausstrahlen. Und — wohl gemerkt — wir sprechen hier von Grenzen, nicht von Bestrafung. Strafe enthält Tadel; Tadel stützt sich auf Unwillen; Unwillen ist eine negative Emotion. Um es einfacher zu sagen: Wenn man einem Kinde Grenzen setzt, so soll man genau das tun — sein Verhalten begrenzen. Wenn man ein Kind bestraft, so wird man es implizite (oder explizite) tadeln und ihm wehtun und auf diese Weise die Störung aufrechterhalten.

Wir wollen nicht behaupten, daß das Setzen von Grenzen allein bei einem Kind das Bedürfnis nach negativen Emotionen ausmerzen wird. Die Fähigkeit zur »Kommunikation ohne Vorwürfe« muß auch berücksichtigt werden. In der Tat ist das Setzen von Grenzen, ohne dabei Tadel auszusprechen, so wichtig, daß diese Grundregel auch das »Grenzensetzen, ohne zu tadeln« hätte genannt werden können. Man kann nicht jemandem Grenzen setzen wollen und ihn dabei tadeln, genau so wenig, wie man eine Kommunikation herstellen kann, während man dabei Vorwürfe macht: Wenn harter Tadel ein Teil der Reaktion ist, wird auf nichts anderes mehr gehört. Ein provokatives Kind, das sich für sein Verhalten getadelt fühlt, wird damit fortfahren, denn es wird gern jede körperliche Züchtigung für die Chance einhandeln, dich aus der Fassung zu bringen. Vorwürfe würden dieses Vorgehen nur rechtfertigen. Du kannst vielleicht das Kind bestrafen, aber »es hat dich drangekriegt«, wie dein Ärger beweist. Wenn man ohne Vorwürfe und ohne Beschuldigungen Grenzen setzt, so ist da kein Handel. Das Kind erreicht mit seinen negativen Reaktionen überhaupt nichts.

Es gibt noch einen anderen Grund, warum »Grenzen« wirksamer sind, wenn man sie in aller Ruhe setzt. Wenn ein Kind sieht, daß du aus der Fassung gebracht bist, weiß es, daß du durch diese Konfrontation erschöpft bist. Und es weiß auch, daß, wenn Menschen erschöpft und am Ende ihrer Kräfte sind, eine gute Chance besteht, daß sie alles tun werden, um die Konfrontation zu beenden, was auch Unterwerfung einschließt. Daher sendet dein aufgeregter Unwille deinem Kinde die folgende Botschaft: »Mach weiter mit deinem Angriff — ich bin gerade dabei mich zu ergeben.«

Das provokative Kind sollte sich in einer festen Umgebung bewegen können, die nicht von ihm fordert, negative Emotionen in großen Mengen aufzugeben.

Es ist eine weit bekannte Tatsache, daß provokative Kinder oft extrem ambivalent sind. Das heißt, sie wollen etwas tun, und trotzdem tun sie es gleichzeitig nicht. Sehr oft brechen sie dann in Tränen aus und sitzen fest, weil sie versuchen, zu irgendeiner Entscheidung zu kommen. Sie mögen dann schwierig werden, böse und dann provokativ — aber immer noch können sie sich nicht entscheiden. Feste »Grenzen« helfen einem solchen Kind dazu, sich nicht in einem Gespinst gemischter Emotionen zu verstricken — Emotionen, die Angst, Verzweiflung oder sogar psychische Lähmung mit sich bringen können.

Grenzen und Disziplin

Wir können die »Grenzen« und Disziplin zusammen besprechen, denn — obgleich diese beiden Begriffe nicht ganz zusammenfallen — es ist ihr gemeinsames Ziel, dem Kinde einiges beizubringen, nämlich die Regeln der Gesundheit und Sicherheit, auf wichtige Aspekte seiner Umgebung zu achten, zu lernen, Wichtiges von Unwichtigem zu unterscheiden, und ferner machen sie es ihm unmöglich, erfolgreich zu provozieren. *Aber weder die »Grenzen« noch die Disziplin sollten dazu benutzt werden, um als Strafe zu dienen — Strafe im Sinne der Revanche.*

Sowohl »Permissivität« wie »Disziplin« sind außerordentlich mißverstandene Begriffe. Permissivität war niemals so gedacht, daß sie sich auf Handlungen beziehen sollte, sondern nur auf Gefühle. Weder Sigmund Freud noch irgendein anderer vernünftiger Psychologe, Psychiater oder Arzt (und das schließt Benjamin Spock ein) haben jemals gedacht, daß man einem Kinde erlauben solle zu tun, was es will. Statt dessen haben aufgeklärte Fachleute gesagt, daß Regeln und Vorschriften niemals auf die Gefühle des Kindes bezogen werden sollten, denn bei weitem der größte Teil der Gefühle kann nicht beherrscht werden, ohne daß ein gründliches Überdenken der Persönlichkeitswerte vorausgeht.

Der Zweck der Disziplin ist nicht der, dem Kinde weh zu tun, und zwar für etwas, was es schon getan hat, sondern es dazu zu bringen, von Anfang an das zu tun, was von ihm erwartet wird. Er geht darauf aus, das Kind in die rechte Richtung zu weisen: der Zweck ist nicht, ihm Schmerzen zu bereiten, nicht, ihm ein Schuldgefühl zu geben oder es für sein Verhalten zu tadeln.

Wenn man versucht, ein Kind zu verstehen, so ist das keine Alternative für Disziplin oder für das Setzen von Grenzen. Es ist uns aufgefallen, daß die heftigsten Verfechter der körperlichen Züchtigung immer von der falschen Voraussetzung ausgehen, daß der Mensch in einer Welt lebt, in der es nur zwei Wege gibt: Man kann entweder streng sein und bestrafen, oder ein Schwächling sein, auf dem die anderen herumtrampeln. Die Verfechter der Rute klagen uns laut an, daß wir eine ganze Generation von Kindern damit verdorben haben, daß wir versucht haben, sie zu verstehen. Irgendwie glauben sie, daß niemand, der ein Kind zu verstehen versucht, ihm gleichzeitig Grenzen setzen und Disziplin üben kann. Wie man glauben kann, daß diese beiden Methoden sich gegenseitig ausschließen, ist einfach nicht zu begreifen. Die Alternative zum Nicht-Schreien, Nicht-Schlagen, Nicht-Schimpfen und Nicht-Fluchen muß nicht notwendig eine unentschiedene Haltung sein, die bei jeder wichtigen Gelegenheit nachgibt. Unser System besteht darin, zu versuchen, den Kindern feste Grenzen zu setzen; Nicht-Einhalten dieser Grenzen sollte zu gewissen Reaktionen führen. Genau so sehr sind wir aber davon überzeugt, daß häufige körperliche Bestrafung in manchen Fällen zu nichts führt, in anderen aber sogar schädlich ist.

Wir sind nicht aus moralischen Gründen gegen körperliche Disziplinierung. Aber im allgemeinen wird sie zu viel angewandt, nützt aber nichts. Und sogar, wenn das Kind irgendeiner Gefahr gegenübersteht, gibt es doch gewöhnlich wirksamere Wege, um ihm zu helfen, als der, ihm wehzutun: es mit einem festen »nein« vom Tatort wegzuführen, hilft gewöhnlich.

In der Tat sind die Kinder, die auf körperliche Bestrafung ansprechen, gewöhnlich auch die, die auf eine Erklärung ebenso gut reagiert hätten. Es gibt eben Kinder, die leicht ansprechbar sind. Man braucht dann bloß zu sagen: »John, wenn du dich nicht anständig benimmst, werde ich dich dazu zwingen...«, und sofort benimmt er sich. Bei Kindern, die es nicht ertragen können, ihren Eltern nicht zu gefallen, wirkt jede Art von Drohung. Manche Eltern nehmen aber an, daß das, was »wirkt«, auch richtig ist. Peitsche und Brenneisen sowie Schläge würden sicher für den Moment helfen. Das rechtfertigt aber kaum ihre Anwendung.

Andererseits gibt es eine ganze Menge von Kindern, bei denen körperliche Disziplin nicht nur wirkungslos, sondern geradezu schädlich ist. Bei solch einem Kinde treibt die körperliche Bestrafung entweder seine Probleme in den Untergrund, so daß es zwar oberflächlich sein Benehmen ändert, aber innerlich nichts lernt, oder sie lehrt das Kind, daß man Probleme durch Aggression löst; oder aber die Strafe bleibt einfach wirkungslos. Wie wir gesehen haben, wird das Kind, das negative Aufmerksamkeit braucht, einfach den Kampf eskalieren. Je mehr wir hauen, desto »schlimmer« wird es. So kommt es dann dazu, daß wir zwar die einzelne Schlacht gewinnen, den Krieg aber verlieren können. Das Kind mag sich für den Augenblick fügen, aber selten wird hinter unserer körperlichen Züchtigung irgendeine wirkliche Kraft und Ausdauer stehen.

Unzählbare Jahre lang waren Schläge das Haupterziehungsmittel der Kinder. Wenn sie überhaupt irgendeinen guten Einfluß auf die Menschheit gehabt haben, so ist er auf alle Fälle schwer zu erkennen.

Wie man Grenzen setzt

Grenzen und Disziplin sollten das Gleichgewicht zwischen den Fähigkeiten des Kindes und dem, was man von ihm verlangt, respektieren. Sie sollten unpersönlich und leicht anwendbar sein, und sollten zu dem Ergebnis führen, dem Kinde richtungweisend zu sein.

Schon um seine Sicherheit zu gewährleisten, muß dem ganz kleinen Kinde seine Welt begrenzt werden. Aber sie muß auch eine Struktur haben, um es nicht durch einen Überfluß an Reizen hoffnungslos zu verwirren. Das Laufställchen ist eine Hilfe, da es dem Kinde nicht unbeschränkte Freiheit gibt.

Am sanftesten werden für ein ganz kleines Kind die Grenzen gesetzt, indem man das Haus »kindersicher« macht. Man muß ihm dann nicht jedesmal, wenn es eine Nippsache anfaßt, auf die Finger klopfen. Indem man solche Gegenstände entfernt und damit die Reize vermindert, führt man das Kind in einen sanften und doch festen Kreis von Grenzen ein, — im Gegensatz zu übermäßig aufgezwungenen Grenzen, die durch Geschrei erreicht werden.

Manche Eltern wehren sich dagegen, das Haus »kindersicher« zu machen, und bestehen darauf, daß das Kind lernen muß, keine Nippsachen anzufassen. Uns scheint das unnötig hart. Der Forschungsdrang des Kindes ist stark und sollte in passender Weise befriedigt werden. Wenn man ein Kind dabei hemmt, daß es seine Welt anfassen und erforschen will, kann man damit vielleicht seine ganze Neugier unterdrücken und schließlich seine Lernfähigkeit beeinflussen.

Andererseits kann man einem Kinde beibringen, daß es nichts anfassen darf, wenn es in einem fremden Hause ist. Es ist immer erlaubt, angemessenes Benehmen zu lehren. Es gibt viele Dinge, die ein Kind in einem fremden Hause nicht, in seinem eigenen aber doch tun darf, z. B. die Schuhe auszuziehen. Es ist nichts dabei, einen elastischen Standard zu haben, solange das Kind versteht, daß es eine rationale Basis gibt, auf der die Regeln aufgebaut sind.

Wenn ein Gegenstand für ein Kind gefährlich ist, aber trotzdem nicht aus seiner Reichweite entfernt werden kann — z. B. ein Fernsehapparat, so ist es eine faire, feste und doch sanft gehandhabte Grenzsetzung, wenn man es konsequent von dem Gegenstand entfernt. Trag das Kind, so oft es eben nötig ist, fort — mit einem festen »nein, das darfst du nicht anfassen«. Bei der überwiegenden Mehrzahl der Kinder wird diese Grenze allmählich anerkannt werden, aber nur, wenn die Eltern dabei eine feste Haltung zeigen. Sobald das Kind Schwäche oder Unentschiedenheit wittert, ist es weniger wahrscheinlich, daß es diese Grenzen akzeptieren wird. Auch ein herausforderndes Kind wird sie nicht annehmen.

Körperliche Züchtigung sollte für jene seltenen Fälle im Leben des Kindes reserviert bleiben, wo Lebensgefahr besteht und eine negative Dressur nötig ist, weil das Kind nicht von der Gefahr ferngehalten werden kann. Die meisten Eltern wenden aber physische Züchtigung schließlich viel zu oft an, weil sie entweder zu ängstlich oder zu träge sind, irgendeine Grenze konsequent durchzusetzen. Trotzdem würde es für sie auf lange Sicht einfacher sein, wenn sie Grenzen setzen würden, statt zur Bestrafung zu greifen.

Das Folgende soll ein Beispiel dafür sein, was wir damit meinen, daß man Regeln und Grenzen unpersönlich halten und sie leicht anwendbar machen soll. In unserem Hause gilt die Regel, »was dir gehört, gehört dir«. Nehmen wir an, unser ältestes Kind hat eine Tafel, die es aber im Moment nicht benutzt. Eines der anderen Kinder taucht auf und bittet, sie benutzen zu dürfen. Das ältere weigert sich, und wir haben das Gefühl, daß es einfach »besitzgierig« ist. Es will gar nicht wirklich die Tafel selbst benutzen, ist aber entschlossen, sie nicht dem Geschwister zu geben.

Die typischen Eltern würden sich jetzt einmischen mit einem: »Du bist egoistisch. Du benutzt die Tafel doch gar nicht. Warum kann dein Bruder sie nicht haben?«

Uns scheint das aber keine wirksame Methode sein, um mit dieser Situation fertigzuwerden. Wir würden die Entscheidung des älteren Kindes unterstützen, indem wir einfach wiederholen: »Was ihm gehört, ist seins.« Und im Gegensatz zu dem, was man denken möchte, fördert diese Regel keinesfalls den Egoismus.

Die Regel ist fair und konsequent und macht es unnötig, Zeit damit zu verschwenden, daß man Richter und Gericht spielen muß. Außerdem macht es dauerndes Eingreifen unnötig. Und die Bedeutung des Teilens kann auf andere Weise klar gemacht werden.

Nach demselben Prinzip arbeiten wir in einer anderen Situation. Wir haben eine Regel, daß, wenn das Lärmniveau im Kinderzimmer eine gewisse Stärke erreicht, die Kinder sich trennen müssen. Das befreit uns ganz und gar von der hoffnungslosen Aufgabe festzustellen, wer wem was getan hat, und wer »schuldig« ist. Es ist ganz egal, wer den Streit angefangen hat oder wer die meiste Schuld hat. Wenn der Lärm einen gewissen Grad erreicht hat, erfolgt die Trennung.

Solche Regeln sind wirkungsvoll, weil sie fair und konsequent sind. Sie schließen weitere Argumente aus.

Das Interessante an der Sache ist, daß wir jetzt bei uns im Hause wenig Streit darüber haben, wer womit spielen darf. Da klare Regeln bestehen und Argumentieren nichts nützt, hat diese Art von neurotischem Disput allen Reiz verloren. Keines der Kinder macht sich die Mühe zu protestieren, wenn sein Bruder oder seine Schwester eines seiner Spielzeuge nimmt. Jeder weiß, daß keine große Verhandlung folgen würde.

Und nun ein Beispiel dafür, wie man Grenzen setzt, die von selbst richtungweisend sind. Viele Eltern beklagen sich darüber, daß ihr Kind am Morgen trödelt und nicht die Verantwortung übernehmen will, rechtzeitig in die Schule zu kommen oder für den Schulbus fertig zu sein. Zu so einem Kinde kann man z. B. sagen: »Sieh mal, du stehst jetzt um halb acht auf und bist doch bis halb neun nicht fertig, wenn wir dich nicht antreiben. Scheinbar ist eben eine Stunde für dich nicht genug. So wollen wir dir also helfen, und du stehst eben eine halbe Stunde eher auf, so daß du mehr Zeit hast. Natürlich mußt du dann aber auch eine halbe Stunde früher ins Bett. Du kannst so viel Zeit haben, wie du willst. Wenn du in anderthalb Stunden nicht fertig werden kannst, geben wir dir zwei Stunden, aber natürlich mußt du dann noch viel zeitiger ins Bett. Schließlich wirst du vielleicht mitten am Nachmittag ins Bett gehen müssen; aber du sollst alle Zeit haben, die du brauchst.«

Auf diese Weise wird die Verantwortung für das Verhalten dorthin gelegt, wo sie hingehört, nämlich dem Kinde direkt in den Schoß. Natürlich weiß jeder, das Kind mit einbegriffen, daß eine Stunde wirklich genug ist, daß aber das Kind nicht die Verantwortung dafür, daß es zur Zeit fertig wird, übernehmen will. Aber die Eltern haben eine Lösung. Wenn das Kind sich beklagt: »Aber dann kann ich doch nicht mein Lieblingsprogramm im Fernsehen hören!«, so kann man ihm ruhig antworten: »Wir bestrafen dich ja nicht, wir wollen dir nur helfen, dein Problem zu lösen. Wieviel Zeit auch immer du brauchst, genau die wollen wir dir geben.«

Eine Variation über dieses Thema — ein einfaches, selbstregulatives Vorgehen — ist, daß man dem Kind einfach sagt, daß es nicht mehr beim Fernsehen dabeisein darf, bevor es mit den Schularbeiten fertig ist. Und wieder finden wir auf diese Weise eine Methode, die von selbst das Verhalten des Kindes reguliert.

Man kann viel mit kleinen Kindern erreichen, wenn die Eltern einfach darauf bestehen, daß die Grenzen eingehalten werden. Nehmen wir an, man hat dem Kind gesagt, daß es sein Spielzimmer aufräumen sollte, aber es tut es nicht. Statt zu schreien und zu schimpfen und es zu bestrafen, ist es besser, das Kind beim Arm zu nehmen und zu sagen: »Das Zimmer muß jetzt aufgeräumt werden. Da hilft nichts.« Das Kind sieht, daß man versucht, die Grenzen durchzusetzen und zwar mit festem Auftreten — und daß das Überschreiten der Grenzen automatisch Konsequenzen hat.

Man kann diese Methode nicht immer anwenden, denn das Kind

ist nicht immer da, um Dinge, die es zu tun versäumt hat, nachzuholen. Nehmen wir an, ein Teenager hat versprochen, zu einer bestimmten Zeit zu Hause zu sein, aber tut es nicht. Man kann ihn nicht zwingen, nach Hause zu kommen, wenn man nicht weiß, wo er ist, oder wenn man keine Lust hat, ihn aufzustöbern. Hier wird die Antwort vielleicht die sein, ihn für den nächsten Abend festzulegen. Wenn er seine Privilegien wieder mißbraucht, muß er für zwei Abende zu Hause bleiben. Wichtig ist, daß er sieht, daß es ganz und gar von ihm selbst abhängt, wieviel Freiheit er bekommt.

Es ist unklug, zu harte Grenzen zu ziehen, denn dann verlieren sie ihre Wirksamkeit. Oft passiert es, daß einer der Eltern in der Wut schreit, daß ein Kind einen ganzen Monat lang nicht ausgehen darf. So etwas kann eine Strafe für die Eltern werden, denn sie müssen es ertragen, das Kind die ganze Zeit im Hause um sich herum zu haben. Viel besser ist es, in kleinen Dosen die Grenzen zu setzen und, wenn es nötig ist, sie allmählich weiter auszudehnen.

Wir sind nicht so naiv zu glauben, daß man Eltern dazu erziehen kann, niemals unwillig zu werden, oder jedes negative Verhalten von seiten des Kindes in der Weise zu behandeln, wie es hier vorgeschlagen wird. Aber wir sind überzeugt, daß man mit 75 bis 85 % der schwierigen Situationen so fertig werden kann, wenn die Grenzen im vorhinein klargemacht worden sind.

8. KAPITEL

GRUNDREGEL 3: WIE MAN EIN KIND ZUR UNABHÄNGIGKEIT ERMUTIGT

Der Ausdruck Unabhängigkeit hat heute eine sehr weite und ungenaue, in diesem Buch aber eine ganz spezifische Bedeutung. Unter einem unabhängigen Kind (oder Erwachsenen) verstehen wir einen Menschen, der ein »Selbstanlasser«, ein »Selbsterhalter« und ein »Selbsteinschätzer« ist. Ein unabhängiger Mensch ist imstande, den Funken selbst zu zünden, um sich in Bewegung zu setzen; sich genügend Treibstoff zu verschaffen, um ein Unternehmen zu Ende zu führen; die Verantwortung auf sich zu nehmen, sein eigenes Tun zu beurteilen. Diese letztere Fähigkeit bringt gleichzeitig die Kraft mit sich, die negativen und tadelnden Meinungen anderer zu ertragen. Das Ergebnis ist dann, daß dieser Mensch nicht in der Defensive ist, und somit vernünftige Kritik schätzen und akzeptieren kann.

Die Bedeutung der Unabhängigkeit

Nur ein wahrhaft unabhängiger Mensch ist wirklich frei und gleichzeitig fähig, Verantwortung zu übernehmen. Unabhängigkeit, Freiheit und Verantwortung fallen weitgehend zusammen. Die Gesellschaft gewährt nur den Grad von Freiheit, für den man gewillt ist, die Verantwortung zu übernehmen. Nur die, die sich durch die Meinung anderer nicht vernichtet fühlen, sind imstande, ohne intensive Angst vor dem Versagen zu handeln — und können daher leicht mit Verantwortung handeln.

Unabhängigkeit birgt ihre wahre Belohnung in sich, soweit es die psychologische Seite angeht, denn ein unabhängiger Mensch ist jemand, der nicht an einer verkrüppelnden Trennungsangst leidet

— einer Angst, die den meisten neurotischen Zuständen zugrunde liegt. Technisch gesprochen, ist die Trennungsangst die Furcht, die Unterstützung und Zuneigung einer inneren, magischen, allmächtigen mütterlichen Präsenz zu verlieren. Gleichzeitig kann es auch manchmal die Furcht davor sein, von ihr erdrückt zu werden, wenn diese Präsenz zu nahe kommt. Das Kind (oder der Erwachsene) fürchtet zu sterben, wenn er sich von ihr trennen muß; er fürchtet aber auch, wenn sie ihm zu nahe kommt, seine Selbständigkeit als Individuum vernichtet zu sehen. Da er beides — nah sein und sich trennen — erstrebt, gerät er in Panik.

Das unabhängige Kind ist imstande, sich von seinen Eltern zu trennen. Zuerst zeigt sich das darin, daß es die Abwesenheit der Mutter ertragen kann; später, daß es auch einmal im Hause von Freunden übernachtet. Und allmählich kommt es dazu, daß es ins Internat oder ins Sommerlager geht, ohne groß anzugeben.

Das unabhängige Kind unterhält kein geheimes, unbewußtes Verlangen nach völliger Vereinigung mit der Mutter. Für den Laien mag das unwichtig erscheinen, aber der Psychologe weiß, daß ein Mensch, der diese Einstellung hat, grenzenlose mütterliches Befriedigung von seiner Frau verlangen wird, von der er erwartet, daß sie ihn behandelt wie eine Mutter. Solche Forderungen resultieren in einer unmöglichen Ehesituation.

Das unabhängige Kind erwartet weder dauernde Aufmerksamkeit noch wird es an der ganzen Sammlung von ernsten neurotischen Zuständen leiden. Und in vielen Alltagssituationen wird es seine bessere Gesundheit beweisen: es wird wahrscheinlich seine Schularbeiten ohne viel Ermahnungen anfangen und fertigmachen; es wird seine Pflichten im Haus leichter akzeptieren; es wird weniger Nachtängste haben, weniger widerwärtig sein und wird keine völlige Unterordnung von denen verlangen, die jünger sind als es selbst.

Wie entwickelt man Unabhängigkeit?

Ein Teil des Programms, wie man Unabhängigkeit pflegt und entwickelt, liegt in der Einstellung: Es hängt von gewissen Schlüssel-Haltungen und -Anschauungen ab, die die Eltern dem Kinde gegenüber zeigen.

Das Wichtigste, das du als Vater oder Mutter haben mußt — wahrscheinlich die entscheidenste Einstellung — ist die Entschlossenheit, dein Kind als eine wahrhaft unabhängige Einheit anzusehen und nicht als ein Anhängsel der Eltern oder als ein Mittel zur eigenen Wertschätzung.

Hier folgen einige Fragen, die man sich selbst vorlegen muß: Bist du übermäßig besorgt, was andere, besonders deine eigenen Eltern, von deinem Kinde denken? Soll dein Kind dein »Ritter« sein, deine Art, deinen Eltern zu zeigen, was für eine großartige Leistungen du vollbringen kannst?

Verwechselt du deine Ängste mit den seinen? Das soll heißen, erwartest du unbewußt von ihm, daß es vor denselben Dingen Angst hat wie du selbst?

Tut es dir sehr weh, wenn dein Kind nicht genau dieselben Werte anerkennt, die dir etwas bedeuten?

Gerätst du leicht aus der Fassung, wenn bei ihm nicht alles glatt geht. Merkst du, daß du dann einspringst, um ihm zu helfen, statt es sich alleine durchwursteln zu lassen?

Wenn du, Vater, einmal ein schlechter Kämpfer warst und zur Feigheit geneigt hast, soll dein Sohn dich rächen? Verlangst du von ihm, daß er der Musterkämpfer sein soll, der du nicht warst? Wirst du wütend auf ihn, wenn er in einem Kampf versagt?

Du, Mutter, soll deine Tochter in allen Dingen, in denen du selbst versagst, vollkommen sein?

Benutzt du deine Kinder dazu, zu beweisen, wie du immer nur von dir gibst und wie aufopfernd du sein kannst?

Beziehst du den Hauptgenuß deines Lebens daraus, was deine Kinder vollbringen?

Hat sich dein Leben so gestaltet, daß fast alles, was überhaupt getan wird, nur für die Kinder getan wird?

Wenn dein Mann sehr oft abwesend ist, merkst du, wie du dich dann, um Gesellschaft zu haben, mehr und mehr an die Kinder anschließt?

Das alles sind wichtige Fragen. Geh noch einmal diese Liste durch, denn man kann sich leicht etwas vormachen. Siehst du wirklich dein Kind als eine separate, deutlich von dir getrennte Persönlichkeit?

Man kann sich sehr leicht selbst in Verwirrung bringen, wo es um den Begriff der Unabhängigkeit geht, denn gleichzeitig damit, daß du deinen Kindern ein Maximum an Freiheit gewähren mußt, damit sie sich selbst durchbringen, mußt du sie doch viele Fertigkeiten lehren und mußt sogar von ihnen verlangen, in vielen Dingen mit dir konform zu gehen. Wo ist da also die Grenze?

Hier müssen wir von der *elterlichen Intuition* sprechen. Intuition bedeutet das gleichzeitige Erfassen einer komplizierten Serie von verschiedenen Bedingungen — oft zu kompliziert, um sie sich alle klarzumachen. In diesem Zusammenhang bedeutet Intuition die Fähigkeit der Eltern, in jedem gegebenen Moment die Fähigkeiten des Kindes genau einzuschätzen. Intuition ist besonders dann nötig, wenn das Kind noch sehr klein ist und seine Wünsche und Frustrationen noch nicht ausdrücken kann.

Wenn du deinem Kinde Unabhängigkeit gewähren willst, mußt du imstande sein, das Gleichgewicht zwischen dem, was eine bestimmte Situation von dem Kinde verlangt, und seinen bestehenden Fähigkeiten richtig einzuschätzen. Der Saldo bestimmt dann das Ausmaß der Unabhängigkeit, daß du ihm gewähren kannst. Zu viele Eltern sind übermäßig besorgt und glauben, die Kinder zu sehr beschützen zu müssen. Wenn du einer von diesen übermäßig ängstlichen Eltern bist — übermäßig davon abhängig, was andere denken, und übermäßig besorgt, daß dein Kind in allem vollkommen sein soll — so wirst du nicht imstande sein, dein Urteil genau abzuwägen. Denn die Hauptaufgabe der Eltern ist es ja, dem Kinde zu erlauben, das zu tun, wozu es fähig ist, — und das im rechten Augenblick. Wenn das letztere nicht stimmt, wird die Bereitschaft des Kindes, irgend etwas selbständig zu übernehmen — ein »Selbstanlasser« zu sein — darunter leiden. Wir wollen damit nicht sagen, daß es einen bestimmten Augenblick gibt, wo dem Kinde erlaubt werden muß, eine bestimmte Sache selbständig zu tun, sondern daß eine gewisse Zeitspanne besteht, in der die Bedingungen optimal sind: wenn das Niveau der Fähigkeit und das Interesse in glücklicher Harmonie stehen.

Im Folgenden wollen wir einige Situationen beschreiben, die elterliche Intuition erfordern:

Die Zeit, in der das Kind fähig ist, selbst zu essen und sich selbst das Essen zu nehmen: Zu viele Eltern erlauben dem Kind nicht, selbst die Milch auf seinen Brei zu gießen, weil sie fürchten, es würde alles bekleckern.

Die Zeit zum Forschen: Wie wir schon vorgeschlagen haben, soll ein Haus »kindersicher« sein, so daß das Kind sich frei darin bewegen und seine Umgebung erforschen kann. Du kannst deinem Kinde trotzdem den gehörigen Respekt für Eigentum beibringen, wenn es erst alt genug ist, um es zu verstehen. Aber man soll nicht vergessen, daß ein Kind, dessen Forschungstrieb gehemmt worden ist, zu vielen später auftretenden Problemen verdammt ist.

Bereitschaft, sich selbst anzuziehen: Manche Mütter wollen einfach nicht die Zeit darauf verwenden, daß sie dem Kind erlauben, sich selbst anzuziehen. Aber Kinder, die daran gewöhnt sind, von ihren Eltern angezogen zu werden, lange nachdem sie es selbst hätten tun können, werden sich bald überhaupt nicht mehr selbst anziehen wollen und das Anziehen weiter ihren Eltern überlassen, — für immer! Das kann dann zu einer Situation führen, in der die Mutter das Kind anfährt: »Warum ziehst du dich denn nicht selber an? Warum kommst du morgens immer zu spät? Warum verläßt du dich beim anziehen auf mich?« Diese Mutter hat sich vielleicht am Anfang ein ganz kleines bißchen Zeit gespart, indem sie das Kind immer angezogen hat, aber später muß sie das teuer bezahlen.

Bereitschaft, sich zu pflegen: Zähneputzen, Haarekämmen, sich ordentlich anziehen — all das sind Dinge, die Kinder gewöhnlich, lange, bevor die Eltern es wahrhaben wollen, selbständig ausführen können.

Um zu beurteilen, ob man wohl die seelische Kraft hat, dem Kinde Unabhängigkeit zu gewähren, und auch die Intuition, um zu wissen, wann es die bestimmte Aufgabe selbst übernehmen kann, muß man sich fragen, ob man sich wirklich an seinem selbständigen Handeln freut — und ob man die Geduld hat, ihm das selbständige Tun zu erlauben.

Wenn man Unabhängigkeit fördern will, muß man *lernen,* zwischen dem zu unterscheiden, was man einem Kinde beibringen kann, und dem, was es von *selbst lernen* muß. Es gibt in der Welt viele Dinge, die einem nicht beigebracht werden können, und bei denen man die Geduld aufbringen muß, daß das Kind sie lernt. Anziehen ist eines davon. Man kann einem Kinde mehrere Male zeigen, wie man sein Kleid anzieht und wie man es zuknöpft. Aber wenn man es genau beobachtet, wird man sehen, daß es nur indirekt aufpaßt. Es möchte es gar zu gerne selbst versuchen. Man soll dem Kind erlauben, selber herumzufummeln, bis es die Sache beherrscht. Die Fähigkeit, dabeizusitzen und jemand anders sich durchwursteln zu lassen, ist eines der echtesten Zeichen einer reifen Persönlichkeit.

Noch etwas, das gelernt werden muß und das man einem Kinde nicht beibringen kann, ist, wie man sich Freunde sucht. Kinder verlieben sich oft in Spielkameraden, die die Eltern nicht billigen. Wie oft geschieht es, daß ein Vater oder eine Mutter versucht, sich einzumischen und das Kind von der Dummheit seiner Wahl zu überzeugen. Das Kind muß dann seinen Freund verteidigen, und es ist unwahrscheinlich, daß es die schwachen Punkte bei ihm sieht. Statt das Kind nun in die Defensive zu drängen, sitze ruhig dabei und laß es alleine lernen, daß es seinen Freund schlecht gewählt hat — falls man es nicht mit einem sehr kleinen Kind zu tun hat, das eine gefährliche Wahl getroffen hat, oder einen Teenager mit einem kriminellen Freund: hier ist elterliches Eingreifen berechtigt.

Im allgemeinen aber ist es viel besser, dem Kind zu erlauben, herumzutasten und selbst zu lernen, als einzuschreiten, zu predigen und zu lehren. Viel zu viele Eltern wollen in jeder Situation recht behalten. Jedes einzelne Ereignis wird zu einer Art Ansprache mit einer Moral. Kinder gewöhnen sich daran, solche »Predigten« zu überhören.

Wenn man jemals einen Chef gehabt hat, der reife Geduld zeigte, versteht man, was das für die Arbeit bedeutet. Wenn man sicher ist, daß er sich nicht bei jeder Gelegenheit mit Rat einmischen, einen kritisieren wird, weil man noch herumtastet, oder einem jede Initiative nehmen wird, indem er die Arbeit selbst macht, wird man sich viel mehr Mühe geben, das Erforderliche zu erlernen.

Die Menschen, einschließlich der Eltern, scheinen sich in zwei deutliche Gruppen zu teilen — ohne Übergang dazwischen. Entweder tendieren sie zur Toleranz und Geduld und sind daher sehr geeignet, Unabhängigkeit zu fördern, oder sie sind ängstlich, geschäftig und greifen zu schnell ein.

Wie wir bemerkt haben, ist ein wichtiger Punkt bei der Unabhängigkeit die Selbsteinschätzung. Wenn du dein Kind ermutigen willst, sich selbst zu beurteilen, so mußt du es lehren, nur sich nicht mehr als nötig darum zu kümmern, was andere denken. Wenn es vor der Meinung der Leute keine übermäßige Angst hat und sich auf seine eigene Einschätzung verläßt, wird es mehr für sich selbst verantwortlich werden. Das kommt daher, daß die Angst, Fehler zu machen (ein psychologischer Faktor, der die meisten Menschen hemmt) verhältnismäßig kleiner wird. Und ferner steht die Unabhängigkeit von der tadelnden Kritik der anderen in direkter Beziehung zu dem Respekt vor den Rechten des anderen.

Eine wirklich unabhängige Persönlichkeit ist kein herzloses, kaltes Geschöpf. Das ist es nicht, was Unabhängigkeit bedeutet. Der unabhängige Mensch — sicher in seinen eigenen Grenzen und voll Selbstvertrauen — ist besser zur reifen Liebe geeignet als der abhängige. Das psychosoziale Motto des unabhängigen Menschen mag sein: »Es ist mir sehr wichtig, was du von mir denkst. Ich möchte, daß du mich gern hast, so wie ich dich gerne habe. Aber ich werde nicht zerbrechen und mich aufgeben, wenn du dich von mir zurückziehst. Ich kann es mir leisten, dich von ganzem Herzen zu lieben, denn ich sorge mich nicht darum, was wohl passieren wird, wenn du meine Liebe nicht erwiderst. Ich habe keine Angst, dir meine Liebe zu zeigen — genausowenig wie ich Angst habe, mich manchmal auf dich zu stützen und mich auf dich zu verlassen.«

Hier folgen ein paar Dinge, die du tun kannst, um dein Kind zu ermutigen, ein »Selbsteinschätzer« zu werden:

1. Wenn es dir etwas zeigt, das es gemacht hat, sei es nun gut oder schlecht, zeige ihm, daß seine eigene Ansicht über seinen Wert wichtiger ist als die deine. Das heißt nicht, daß man nie loben oder kritisieren, sondern daß man diesen Aspekt in der Unterhaltung als weniger wichtig hinstellen soll. Nehmen wir an, ein Kind zeigt dir ein recht gutes Zeugnis. Sieh es dir an und sage: »Sehr schön, aber was hältst *du* davon, denn *das* ist ja wirklich das Wichtigste daran?« Wenn es dir ein schlechtes Zeugnis zeigt, solltest du mit einem neutralen »ja, so« anfangen, aber dann gleich folgen lassen: »Aber was hältst du davon? Das ist doch das Wichtigste.«

Man findet bald heraus, daß diese Methode nicht nur das Kind lehrt, die Dinge selbst zu beurteilen, sondern es auch zur Ehrlichkeit und Objektivität ermutigt.

2. Lehre dein Kind, Gefühle und Handlungen auseinanderzuhalten. Erkläre ihm, daß »Grenzen« sich auf Taten, nicht auf Gefühle beziehen. Es soll immer frei sein zu fühlen, was es gerade will. Unabhängigkeit ist nicht dasselbe wie Zügellosigkeit, aber bedeutet frei sein von der negativen Einschätzung anderer.

Wenn ein Kind ein jüngeres Geschwister schlägt, so kannst du es ihm verbieten und sagen: »Du sollst deinen Bruder nicht schlagen.« Füge aber nichts über seine Gefühle für seinen Bruder hinzu, so wie z. B.: »Was tust du da? Brüder sollen einander lieben!«

3. Lehre dein Kind durch dein eigenes Beispiel, wie man wichtige Kritik von Tadel unterscheidet. Wenn man dich kritisiert, lerne, auf den Kern der Sache zu hören. Wenn sich herausstellt, daß du

etwas falsch machst, so kannst du dir vornehmen, es in Zukunft besser zu machen. Mit langer Übung kann man schließlich lernen zu denken: »Habe ich wirklich den Fehler gemacht, für den er mich anschreit?« Manchmal wirst du dann zustimmen müssen. »Ja, ich denke wohl, aber ich will versuchen, nicht noch einmal denselben Fehler zu machen, aber ich brauche mir auch keine Vorwürfe zu machen.« So eine Art zu denken, scheint einem zuerst gestelzt und unehrlich — und in gewissem Grade ist sie das. Aber mit der Zeit und harter Arbeit kannst du das zu deiner wirklichen Einstellung machen.

Denk daran: Sag dir nie, du seist nicht aus der Fassung gebracht, wenn du es doch bist. Gib dir vor dir selber zu, daß du vollkommen aus der Fassung gebracht bist, wenn das wirklich der Fall ist. Aber sag dir auch, daß das nicht für immer so zu sein braucht. Und wenn du einmal diese Prinzipien gemeistert hast, bring deinen Kindern bei, auf die wichtigen Aspekte der Kritik zu hören und den Tadel zu ignorieren.

4. Lenke die Aufmerksamkeit des Kindes darauf, was es tut und nicht, wie gut es etwas macht. Sprich mit ihm über den Sinn seiner Arbeit, nicht aber über ihren Fortschritt. Es kann seine Arbeit selbst einschätzen — und seine Freunde tun es sowieso für ihn. So kannst du also dazu helfen, das Bild ins Gleichgewicht zu bringen, indem du darauf aufpaßt, daß es sich mit dem Inhalt befaßt und sich nicht um seine Leistung sorgt.

Das Kind, das nicht unabhängig geworden ist

Um mit so einem Kinde umzugehen, gibt es zwei Methoden, die aber beide angewandt werden müssen. Die eine bezweckt, ihm zu zeigen, daß es nicht richtig unabhängig ist, und die andere besteht darin, es zur Unabhängigkeit zu leiten.

Die erste Methode wird durch sogenannte »Entwöhnungserläuterungen« durchgeführt, durch die das Kind — ohne sich vernichtet zu fühlen — sein abhängiges Verhalten erkennen und sich klarmachen kann, daß es sich viel besser fühlen würde, wenn es unabhängiger wäre. Entwöhnungserläuterungen haben zwei Stadien. Das erste besteht darin, dem Kinde einfach zu zeigen, was es tut.

»Hans, du bist jetzt so weit, daß du deine Schularbeiten nur machst, wenn wir dich antreiben, dich anschreien und dich dazu zwingen. Uns liegt aber gar nichts daran, dich dauernd anzutreiben, und wir hoffen, daß du die Sache jetzt selbst in die Hand nimmst.«

»Simon, es gibt scheinbar eine ganze Menge von Dingen, die du nicht tust, wenn du nicht angeschrieen wirst. Aber wir sind gar nicht daran interessiert, dich dauernd anzuschreien.«

In diesem Stadium ist dein einziges Ziel, dem Kind klarzumachen, daß es selten etwas tut, wenn es nicht dazu gezwungen wird. Du mußt ruhig und ohne es zu tadeln mit ihm sprechen. Wenn du das nicht tust, wird das Kind nicht zuhören. (Wenn du dem Kind sein Verhalten nicht mit ruhiger Stimme aufzeigen kannst, dann schieb die ganze Unterhaltung auf, bist du es kannst.) Sogar unter den allerbesten Bedingungen wird das Kind nicht wirklich darauf achten, was du sagst, wenigstens nicht die ersten paar Male. Aber wenn du dabei bleibst — ohne Tadel oder Unwillen — wird es schließlich doch aufmerksam und sich die magische Frage stellen: »Mache ich das wirklich so?«

Wenn es sich erst einmal diese Frage stellt, ist es zwanzig Riesenschritte vorwärtsgekommen: Es hat versucht, den Standpunkt eines anderen einzunehmen. Und wenn es sich erst gezeigt hat, daß es imstande ist, Bewertungen seines Verhaltens zu ertragen, dann ist es für das zweite Stadium reif.

Das zweite Stadium der Erläuterungen zielt dahin, daß das Kind sich klar macht, was es eigentlich mit seinem abhängigen Verhalten erreichen will: nämlich den Identitäts-Status eines Kindes aufrechtzuerhalten. Diese fortgeschrittene Interpretation kann folgendermaßen ausgedrückt werden: »Hans, du bist jetzt so weit, daß du nichts tust, wenn du nicht angetrieben wirst. Nun gibt es aber in uns allen einen Teil, der nicht erwachsen werden will — der immer kindlich bleiben möchte. Manchmal kann dieser Teil unserer Persönlichkeit so stark werden, daß er die ganze Führung übernimmt und versucht, die Erwachsenen dazu zu bringen, es herumzukommandieren.«

»Es mag dir nicht klar sein, aber wenn du die Dinge, die du tun mußt, nicht selber tust, dann ist es nicht einfach nur, weil du faul bist, sondern weil du in Wirklichkeit willst, daß wir dich wie ein Kind behandeln. Der Teil von dir, dem es schwer ist, erwachsen zu werden, möchte gern wie ein Baby behandelt werden, — und schließlich zwingt er uns, dich zu zwingen.« Diese Art der Erläuterung zeigt dem Kind die unbewußten Abhängigkeitsbedürfnisse, die hinter seinem verantwortungslosen Verhalten stecken, seiner babyhaften Forderungen, daß andere für es sorgen sollen.

Wenn die Entwöhnungserläuterungen erst einmal akzeptiert sind (und das kann einen Tag, aber auch zwei Monate dauern — und in extremen Fällen sogar länger), beginnen sie allmählich, das Kind in die Richtung der Unabhängigkeit zu steuern, indem sie sich seine eigenen natürlichen Wünsche zunutze machen. Solch ein einfaches Selbststeuerungssystem ist, daß man dem Kind das Fernsehen verbietet, bevor es nicht mit seinen Schularbeiten fertig ist. Oder man erlaubt ihm nicht, nach draußen zu gehen, bevor es sein Spielzimmer nicht aufgeräumt hat. In beiden Fällen wird der Wunsch des Kindes, ein Ziel zu erreichen, es dazu bringen, die Dinge, die es nicht tun will, doch zu tun.

Zu viele Eltern fangen mit diesem System an, aber geben es bald auf, da sie nicht bereit sind, die Energie aufzuwenden, die dazu nötig ist, das Kind in diesem Anfangsstadium zum gehorchen zu bringen. Und Energie ist dazu nötig. Wenn ein Kind sein Spielzimmer nur so obenhin aufräumt, so muß es zurückgeschickt werden, und zwar so oft, wie es nötig ist, damit es seine Arbeit besser macht.

Andere einfache Selbststeuerungssysteme sollten so aufgebaut werden, daß das abhängige Kind soviel Privilegien bekommt, wie es sich zu handhaben fähig zeigt. Nehmen wir an, ein Teenager fragt, wie oft er ausgehen darf. Man kann ihm sagen, daß es so oft sein kann, wie er es verträgt. Solange er seine Gesundheit, seine Schularbeiten, seine Haushaltspflichten nicht vernachlässigt, gehört der Rest seiner Zeit ihm. Am Anfang sollte man willkürlich eine Zahl von Abenden pro Woche festsetzen. Wenn es sich dann erweist, daß er mit seinen Verpflichtungen fertig wird, kann man noch ein paar dazufügen — bis ein gewisses Limit oder ein Ausgleich erreicht ist. Solch einem Kinde kann man dann ganz ehrlich sagen: »Du kannst soviel Freiheit haben, wie du vertragen kannst. Am Ende wirst du vielleicht sechs oder sieben Abende in der Woche, vielleicht wirst du aber schließlich überhaupt nicht ausgehen können. Das hängt ganz von dir selbst ab.« Dieses System verhilft ihm dazu, sein eigenes Verhalten zu steuern. Wenn es sich aber bei einem Kinde gezeigt hat, daß es völlig unfähig ist, sein eigenes Verhalten zu bestimmen, muß man wohl ein kompliziertes System ausarbeiten. Das Kind muß im voraus sowohl zu den ihm gestellten Aufgaben als auch zu den »Grenzen« oder »Konsequenzen«, die sich ergeben, wenn es seine Seite des Pakts nicht einhält, seine Zustimmung geben.

Nehmen wir z. B. an, daß man festgestellt hat, daß das Kind seine Schularbeiten nicht macht, obgleich es sie sehr gut machen könnte. Es wird später und später — nichts geschieht. Die Eltern werden immer unruhiger und möchten gerne eingreifen. »Zum Donnerwetter, Ralph, mach doch endlich deine Schularbeiten.« Statt dessen sollten sie zuerst eine Entwöhnungserläuterung (Stadium I) geben: »Ralph, du machst deine Schularbeiten nur, wenn wir dich anpfeifen und dich zwingen, sie zu machen. Aber wir wollen das nicht. Wir pfeifen dich nicht gerne an. Wir hoffen, du wirst sie von alleine machen.«

Dies sollte man drei oder vier Mal versuchen, und wenn Ralphs Hemmungen stärker sind, dann sollte die Bemerkung (Stadium II) gemacht werden: »... und der Teil in dir, der gerne ein Kind bleiben möchte, hat sich jetzt ›Schularbeiten‹ als sein Schlachtfeld ausgesucht. Das ist das Feld, auf dem du uns beibringen willst, daß du kein erwachsener Mensch werden möchtest und daß du lieber willst, daß wir dich wie ein Baby behandeln, indem wir dich dazu zwingen.«

Wenn jetzt noch mehr nötig ist, so sollten die Schularbeiten in einer Familienkonferenz diskutiert werden. Jeder sollte seine Ansicht über den Zweck der Schularbeiten sagen, und jedes Kind sollte die Erlaubnis bekommen, sein eigenes System aufzustellen, einschließlich Ralph. Wenn dann Ralph sein eigenes System nicht einhält, so kann man zu ihm sagen: »Ralph, das System funktioniert nicht, obgleich du es dir selber ausgedacht hast. Also, bitte, denk dir ein anderes aus.« Die Eltern können sich zu einer begrenzten Rolle der »Erinnerer« entschließen und sich dann auf dem Wege über die »Entwöhnungserläuterungen« allmählich heraushalten.

Man wird merken, daß dieses Programm ein rein »kanalisierendes« ist. Die Eltern zwingen das Kind nicht völlig, die Arbeit selbst zu machen, und halten sich nicht ganz heraus. Ein Kind, das daran gewöhnt ist, von den Eltern mitgeschleppt zu werden, kann zusammenbrechen, wenn ihm deren Unterstützung auf einmal entzogen wird. Wenn aber die Eltern fortfahren, das Kind zu tragen, das zwar laufen kann, aber nicht will, so wird die Unabhängigkeit des Kindes immer weiter in die Zukunft verlegt. Solange ein Kind, das laufen kann, getragen wird, wird es niemals selbst laufen.

Nötig ist eine Methode irgendwo zwischen völliger Dominierung auf der einen Seite und völligem Entzug der Unterstützung auf der anderen. Wir glauben, ein System, das Entwöhnungserläuterungen mit Selbststeuerungstaktik kombiniert, liegt richtig in der Mitte.

9. KAPITEL

GRUNDREGEL 4: »BESTÄTIGUNG«; ERMUTIGUNG ZU SELBST HERBEIGEFÜHRTEN VERÄNDERUNGEN

Es gibt zwei grundsätzliche Arten von »Bestätigung«. Die eine ist die einfache Wiederspiegelung eines Zustandes: »Hans, es ist sehr schwer für dich, deinen Bruder nicht zu necken.« Die andere ist ein einfaches, echtes Akzeptieren von Gefühlen: »Du bist jetzt recht aus der Fassung und ärgerst dich.«
Beide Formen, wenn sie, ohne zu predigen, in einem wirklich akzeptierenden Tone vorgebracht werden, können einem Jugendlichen oder Erwachsenen helfen, gewissen Aspekten seines Verhaltens ins Gesicht zu sehen und schließlich besser mit ihnen fertig zu werden:
»Bestätigung« dient einer Reihe von Zwecken:
1. Sie hilft einem Kind, seine negative Verhaltensweise einzusehen oder auch das Fehlen eines positiven Verhaltens anzuerkennen.
2. Sie fördert Unabhängigkeit, indem sie dem Kinde implicite zeigt, daß man sich auf es verläßt, daß es selbst eine wichtige Rolle bei der Änderung und bei der Beherrschung seines eigenen Verhaltens spielt.
3. Sie gibt dem Kinde Ermutigung, die ihm aber nicht den Atem nimmt. Es fühlt sich weniger isoliert; denn jetzt weiß ja noch jemand, wie es fühlt.
4. Sie verhilft dem Kind dazu, seine eigenen Hilfsquellen zu mobilisieren und mit seinen Problemen fertigzuwerden. Durch die vorwurfsfreie, nicht-manipulative Methode wird es ermutigt, seinen Problemen ins Gesicht zu sehen und sie selbst zu lösen. Dadurch, daß es die »Hand auf der Schulter« fühlt, weiß es, daß jemand hinter ihm steht — jemand, für den es wichtig ist.

Wie man dem Kinde hilft, seine eigenen Schwierigkeiten zu erkennen

Wie wir in unserer Besprechung der »Entwöhungserläuterungen« (Kap. 8) gesehen haben, ist fast der schwerste Schritt beim Ändern einer Verhaltensweise der anzuerkennen, daß dieses Verhalten wirklich existiert. (Der allerschwerste Schritt ist, innerlich zuzugeben, daß das Verhalten wirklich geändert werden muß.) In Wirklichkeit ist oft das einfache Erkennen des Verhaltens schon ein Zugeben, daß man es lieber ändern sollte.

Kinder geben außerordentlich ungern zu, daß sie sich in einer negativen Verhaltensschablone bewegen. Es ist, als ob sie wüßten, daß eine Änderung ihres Verhaltens dann schon ganz nahe sein werde. Oft ist das Verhalten, um das es sich handelt, so bösartig, daß das Kind es einfach nicht zugeben kann, so hart würde sein Urteil über sich selbst sein, wenn es das täte.

Bestätigung zielt darauf hin, die Schwierigkeiten anzuerkennen und ihm den »Abstand« zu verschaffen, mit dessen Hilfe das Kind zugeben kann, daß sein Verhalten vielleicht geändert werden sollte.

Wenn man das Kind nicht für sein Verhalten *tadelt*, sondern es ihm nur aufzeigt oder es »bestätigt« und es nicht seiner eigenen Initiative beraubt, indem man vorgibt, man könne seine Probleme besser lösen als es selbst, und wenn man ihm zeigt, daß es einem sehr wichtig ist, bietet man ihm eine Gelegenheit, sein eigenes Verhalten zu erkennen und ihm objektiver ins Gesicht zu sehen. Wenn man also eine vorwurfsfreie Haltung einnimmt, fühlt sich das Kind verhältnismäßig weniger geneigt, seine negative Position zu verteidigen. Es kann sie sich ansehen, denn es braucht keine Entschuldigung dafür zu finden. Es kann sogar in Betracht ziehen, sein Verhalten zu ändern; denn wenn es das tut, ist es kein Zugeben einer Niederlage. Wenn man einen Menschen nicht dafür angreift, daß er ein Territorium besetzt hat, ist es für ihn keine Schande, es wieder aufzugeben.

Vergleichen wir einmal diese zwei Methoden: »Mein Gott, Hans, du machst überhaupt niemals deine Schularbeiten?« — »Hans, du machst anscheinend deine Schularbeiten nur, wenn wir dich anschreien.«

Das erste ist ein Vorwurf, das zweite einfach eine Feststellung von Tatsachen. Das erste fordert eine Verteidigung heraus: »Ich mache doch meine Schularbeiten. Was meinst du damit, daß ich niemals meine Schularbeiten mache. Immer mache ich meine Schularbeiten.«

Wenn man bei einem Kind aber einen realen Zustand anerkennt, braucht es noch nicht einmal laut darauf zu reagieren. Eher kann es sich schließlich selbst sagen: »Das ist wirklich wahr. Ich mache wirklich meine Schularbeiten nur, wenn jemand mich dazu zwingt.« Kurz gesagt, da eine Bestätigung keine Verteidigung verlangt, gibt sie dem Kinde eine psychologische Atempause — die Gelegenheit, sich hinzustellen und sein eigenes Verhalten zu betrachten.

Aber man soll bitte nicht denken, daß »Bestätigen« immer sofort Ergebnisse zeitigt. Sein Zweck ist, dem Kinde Gelegenheit zu geben, sein Verhalten einzusehen, es sich klar zu machen und es schließlich zu ändern. Sehr wahrscheinlich wird das Kind eine Bestätigung seines Verhaltens die ersten paar Male ignorieren, auch wenn es richtig gehört hat. Am Ende aber werden neutral gehaltene Bemerkungen dem Kinde erlauben, sich selbst das zu fragen, was wir die »goldenen Worte« nennen: »Warum tue ich das?« Wenn ein Kind sich schließlich dazu bringt, sich zu fragen, ob und warum es etwas tut, dann ist es wirklich in der Lage, etwas gegen sein negatives Verhalten zu unternehmen.

Es ist weit besser zu warten — wie lange es auch dauern mag — bis das Kind die goldenen Worte spricht, als es mit Vorwürfen anzubrüllen. Dann wird es nämlich diese Frage nie fragen. Es hilft auch nichts, einfache Belohnungen wie Süßigkeiten anzuwenden, die oft auf lange Sicht überhaupt nichts bewirken. Bestätigung spricht mit leiser Stimme, wird aber letzten Endes gehört.

Das Kind muß wissen, daß es nicht allein steht

Es gibt eine ganze Reihe wirklich schlimmer Situationen, in denen Eltern eigentlich nichts sagen können, z. B. wenn ein Kind von einem Altersgenossen verletzt, in Verlegenheit gebracht oder verprügelt worden ist. Und trotzdem finden die Eltern alle möglichen falschen und nicht-hilfreichen Worte, die sie in solchen Situationen anbringen. Nehmen wir an, das Kind ist in einen Streit geraten. Entweder drückt es sich, oder es unterliegt im Kampf, und beides tut ihm weh. Es kommt weinend nach Hause. Der typische Vater ist ärgerlich (unbewußt wütend), daß sein Sohn im Kampf unterlegen ist. Er mag schreien: »Siehst du, was passiert, wenn du dich nicht verteidigen kannst.« Oder er mag darauf bestehen, daß das Kind wieder hinausgeht und es diesesmal besser macht.

Es wäre viel klüger, einfach anzuerkennen, daß das Kind gekränkt ist: »Es ist schlimm und sehr schmerzlich, im Kampf zu unterliegen.« Diese einfache Bemerkung ist, vom psychologischen Standpunkt aus betrachtet, außerordentlich hilfreich. Das Kind merkt, daß seine Eltern genau verstehen, was es empfindet. Das Kind fühlt sich akzeptiert, wenn es auch den Kampf verloren hat. Das ist sehr, sehr wichtig. Der Mensch kann auf Liebe und Vertrauen eine leistungsfähige Persönlichkeit aufbauen — besser als auf Tadel. Es ist aber schwer, wenn nicht unmöglich, auf der Grundlage von Unwillen, Verachtung und Kritik eine positive Persönlichkeit zu entwickeln.

Wenn ein Kind fühlt, daß es wegen irgendeiner kleinen Sache nicht verurteilt wird, kann es sich's leisten, in konstruktiver Weise weiterzumachen. Es kann sich vornehmen, es das nächste Mal besser zu machen. Sein Selbstvertrauen wird durch die Bestätigung seiner verletzten Gefühle verstärkt, statt daß man auf ihm mit zusätzlicher abweisender Kritik herumhämmert.

Viele Eltern fürchten, daß Bestätigung zu tränenreichen Klagen ermutigt. Hier wird übermäßiges Mitgefühl mit »Bestätigung« verwechselt. Das letztere ist ein einfaches, sachliches, aber echtes Zeichen von Verständnis und Akzeptierung. Es ermutigt nicht zum heulen. Dadurch, daß es zu einer besseren und stärkeren Selbstvorstellung führt, verkleinert es die Chance zum quängeln. Scheu oder unsicher oder pathologisch unaggressiv ist das Kind, das sich so isoliert und für sein untüchtiges Verhalten in der Vergangenheit so getadelt fühlt, daß es seine eigenen Hilfsquellen nicht mobilisieren kann. Wenn der Vater ihm einfach die Hand auf die Schulter legt und zeigt, daß er weiß, was sein Sohn fühlt, so ermutigt das den Jungen, konstruktiv zu handeln. Es gibt eine Menge anderer Situationen, in denen das einzig vernünftige Verhalten von seiten der Eltern das sein kann, einfach die Gefühle anzuerkennen: »Warum kann ich nicht mit dir gehen? Du nimmst mich niemals mit.« »Mein Bruder bekommt immer bessere Noten als ich, das ist nicht fair«. »Die anderen Kinder wollen nicht mit mir spielen.« In all diesen Beispielen wird der wirklich hilfreiche Vater oder die Mutter das Kind ansehen, darüber nachdenken, was das Kind durchzumachen hat, und antworten: »Das muß wirklich ein scheußliches Gefühl für dich sein« oder »Ich kann wirklich verstehen, was du empfindest«.

Es ist außerordentlich wichtig, daß die Eltern wirklich darüber nachdenken, was das Kind durchmacht, bevor sie sein Gefühl bestätigen. Alles muß hier ehrlich vor sich gehen. Papageienhaftes Hinreden von Worten wird kein oder sogar ein negatives Ergebnis haben.

Die »Bestätigung« von Gefühlen hat nicht den Zweck, in der augenblicklichen Situation viel zu erreichen. Es wird wohl kaum das Kind, das gerade eben in einer Prügelei den Kürzeren gezogen hat, oder das Kind, das sich durch eine wirkliche oder eingebildete Ungerechtigkeit frustriert fühlt, oder das Kind, das denkt, daß sein Bruder in der Schule immer bessere Noten bekommt (besonders, wenn das zutrifft), verändern. Und doch ist diese Bestätigung ein Faden in dem Gewebe. Wenn auch das augenblickliche Problem nicht sofort gelöst sein wird, so werden doch die allgemeinen Hilfsquellen des Kindes gefestigt, und das Ziel wird zu einer potentiellen Realität.

Ernsthaftes Mißverhalten

Manchmal erfordert es die Situation, daß die Bestätigung mit einer definitiven Handlung kombiniert werden muß.

Eine der wirksamsten Methoden, einem nicht-kooperativen Kinde zu helfen, mit einer Verantwortung fertigzuwerden, ist einfach, es bei der Hand zu nehmen und mit ihm die Sache anzugehen. Gut wäre ein einfaches, nicht-aggressives, physisches Vorgehen, begleitet von einer direkten Bestätigung seiner Gefühle: »Ich weiß, du bist gekränkt und hast eine Wut. Aber das hier ist etwas, was du eben tun mußt.«

Wenn das Verhalten des Kindes sofort gestoppt werden muß, weil es gefährlich oder bösartig ist, oder wenn keine Zeit da ist, um abzuwarten, bis das Kind sich von selbst ändert — z. B. wenn es einem jüngeren Geschwister weh tut — muß man einfache Grenzen setzen, und die »Bestätigung« zur Unterstützung heranziehen.

10. Kapitel

DIE FAMILIENKONFERENZ

Die Familienkonferenz kann als eine begrenzte Demokratie (oder gutartige Diktatur) angesehen werden, bei der Ziele, Verantwortungsbereiche und Grenzen gesetzt und diskutiert werden. An ihr nehmen alle Familienmitglieder teil; die letzte Autorität liegt aber bei den Eltern.

Da die Eltern die Hauptverantwortung für die Gesundheit und Sicherheit der Familie tragen, ferner, die wirtschaftliche Planung und das Management, und da sie den Löwenanteil an den Rückschlägen und an jedem Unglück haben, kann die Konferenz nicht auf dem System von »ein Mensch — eine Stimme« aufgebaut werden. Die Autorität in einer beschlußfassenden Körperschaft muß in richtiger Proportion zu der Verantwortung für die Konsequenzen stehen. Und wenn auch einige Dinge wie Gesundheits- und Sicherheitsregeln nicht viel diskutiert werden können, so besteht doch auch hier ein weites Feld für Kompromisse und eine ganze Menge Raum für Diskussionen. Die Sitzungen sollten zuerst wöchentlich abgehalten werden, später so oft, wie es das Familienleben erfordert.

Jeder sollte eingeladen werden. (Sogar drei- oder vierjährige Kinder werden daran interessiert sein, wenn die Sitzung mit den Dingen anfängt, die ihnen wichtig sind, und wenn man sie danach gleich gehen läßt, so daß ihre Teilnahme kurz und lebhaft ist.) Wenn auch jeder willkommen ist, so sollte doch niemand zur Teilnahme gezwungen werden. Aber jeder, der unter dem elterlichen Dach wohnt, muß die Entscheidungen der Familienkonferenz befolgen.

Die Idee der regelmäßigen, formellen Sitzungen ist sicher nicht neu, aber wir denken, daß sich noch niemand ihre potentiellen Vorteile vergegenwärtigt hat. Das große psychologische Plus besteht darin, daß sowohl Kinder wie Erwachsene sich auf etwas festlegen. Wenn ein Kind im Haushalt eine Arbeit macht, deren Ausführung es vorher selbst zugestimmt hat, so beugt es sich keinem Druck, und weder sein Stolz noch sein Status leiden darunter.

Eine Familienkonferenz gibt der Familie fortlaufend Gelegenheit, ihre Beschlüsse durchzuführen. Manche Familien können sehr gut Pläne machen, können sie aber nur schlecht durchführen.

Die Familienkonferenz erleichtert es, mit unangenehmen Aspekten fertigzuwerden, indem sie ein formelles Gerüst darstellt; denn hier werden all die Klagen und Meckereien auf einmal abgehandelt, statt sich über Wochen hinzuziehen. Weiter gibt die Formalität der Sitzung die Art von Schutz oder von »psychologischem Abstand«, die z. B. ein widerspenstiger Teenager braucht, wenn er sich auf engere Zusammenarbeit mit der Familie einlassen soll. Ein Kind, das noch Reste von Abhängigkeitbedürfnis hat, mag sich über die Formalität lustig machen. Trotzdem wird gerade sie in seinem Verkehr mit den Eltern zu seinem Verbündeten.

Heute mag diese Einrichtung nötiger sein als in früheren Zeiten, denn die Kräfte, die heute auf die Familie einwirken — der Druck der Massenmedien, die Sanktionierung der Rebellion gegen die Autorität — modifizieren die Möglichkeiten, die modernen Eltern offen stehen. Die jungen Menschen stehen heute miteinander durch die Massenmedien, einschließlich der Untergrundzeitungen, in Verbindung. Sie wissen, daß ihre Altersgenossen auf der ganzen Welt in Rebellion begriffen sind. Das Problem, ihnen wirksame Grenzen zu setzen, ist ungeheuer verschieden von dem, dem die Eltern vergangener Tage gegenüberstanden, als die Teenager noch nicht zusammengeschlossen waren. Und trotzdem, da die Jugend nicht weiß, welche Werte für sie bestehen, und da viele Erwachsene genauso verwirrt sind, gibt es im Moment keine Kommunikationsmöglichkeit zwischen den Generationen. Die Familienkonferenz wird nicht das Problem der Kommunikationslücke lösen, aber sie wird dazu helfen können.

Für die Kinder ist es ein großes psychologisches »Plus«, daß keine Regel und kein Übereinkommen als permanent betrachtet zu werden braucht. Alle Regeln können immer wieder diskutiert werden, aber keine der Pflichten, auf die man sich geeinigt hat, darf zwischen den Sitzungen aufgegeben werden. Dieses Arrangement erlaubt den Eltern, zu einem nicht-kooperativen Kind zu sagen: »Das ist das, wofür du in der Familienkonferenz gestimmt hast (oder, was sie dir auferlegt hat). Wenn du meinst, daß es unfair ist, bring es in der nächsten Sitzung zur Sprache. Aber vorläufig mußt du es tun.«

Kindern macht es selten etwas aus, Grenzen und Verantwortungen anzuerkennen, wenn sie sicher sind, daß eine permanente Berufungsinstanz da ist. In der Tat ist es die Sicherung gerade dieses Privilegs, das Kinder suchen. Wenn sie es erst einmal haben, benutzen sie es sehr selten.

Im Grunde möchte jedes Kind eine starke Familie haben. Die Vorstellung einer stabilen Familienstruktur ist enorm anziehend. Und so ist die Idee der Familienkonferenz sogar bei sehr gestörten Kinder beliebt, die keine besondere Zuneigung zu ihren Familienmitgliedern haben. (Nur wenn die Konferenz als Trick gebraucht wird, um ein bestimmtes Kind zu beherrschen und zu manipulieren — was ein verheerender Fehler ist — dann mißlingt alles.)

Die Familienkonferenz hilft sogar, Geschwister zu einigen, die sich vorher dauernd an der Gurgel hatten, denn sie entdecken die Vorteile der Kooperation. Sie werden »ineinandergreifende Gesetzesvorschläge einbringen«, denn sie haben ja gemeinsame Anliegen. Wenn auch ihre Einigkeit dann nicht immer anhält, so hat sie doch wenigstens eine gute Chance, sich zu entwickeln.

Die Familienkonferenz dient auch dazu, den neurotischen Kampf, der sich zwischen zwei Personen abspielt, abzubrechen, und zwar dadurch, daß er nun zu einer Angelegenheit wird, die die ganze Familie betrifft. Denn schließlich ist es die Familiengruppe als Ganzes, die die Quelle der meisten Regeln und Vorschriften ist. Ein Kampf zwischen Tochter und Mutter — weil die Tochter denkt, daß die Mutter alle Entscheidungen trifft — kann sich hier nicht entwickeln. Und dann, da die Regeln im voraus aufgestellt werden, wissen die Kinder, daß sie nicht einfach auf Launen beruhen. (Wo die Regeln sich mit der wechselnden Laune der Eltern ändern, fühlt das Kind mit Recht, daß man die Eltern sticheln und angreifen kann, damit sie sie wieder abändern.)

Die Familienkonferenz zeigt den Kindern, daß beide Eltern ernsthaft daran interessiert sind, was vor sich geht, und sie macht es auch schwierig, den einen Elternteil gegen den anderen auszuspielen, denn alles wird hier ja offen verhandelt. Wir wissen doch, daß Kinder dafür berühmt sind, Eltern gegeneinander auszuspielen.

In der Familienkonferenz haben die Kinder Gelegenheit, ihren Vater in einer wahrhaft maskulinen Rolle zu sehen — nämlich in der, wirksame Entscheidungen zu treffen und Streitfragen zu schlichten. Und das kann auch einen stark positiven Einfluß auf das Verhältnis zwischen Mann und Frau haben, denn mehr oder weniger gibt es die Sicherheit, daß der Mann ein stetiges Interesse daran haben wird, daß die Familie ordentlich und ohne Konflikte funktioniert. Wenn eine Frau sieht, daß sie nicht allein steht, dann wird ihre Einstellung ihrem Mann gegenüber viel positiver sein.

Wie viele Väter beschränken ihre Führerqualitäten auf ihre Arbeit, und wenn sie nach Hause kommen, lassen sie sich müde in einen Sessel fallen. Sie zeigen kein stetiges Interesse an den heranwachsenden Kindern. Alle paar Wochen machen sie allen einen großen Krach und glauben so, ihr väterliches Interesse gezeigt zu haben. Die Familienkonferenz gibt dem Vater die beste Chance, in echte Verbindung mit der Familie zu treten, denn sie fördert ganz ausgesprochen periodisches Zusammenkommen, ohne endloses »Zusammenhocken« zu fordern.

Der Vater als der Führer der Gruppe

Wo Vater und Mutter vorhanden sind, sollte die Familienkonferenz vom Vater geleitet werden. Wo aber kein Vater da ist, kann die Mutter den Vorsitz führen, genauso wie sie der Familie vorsteht. Es ist etwas ganz anderes, ob kein Vater vorhanden ist, oder ob er zwar da ist, aber diese Rolle nicht wirklich auf sich nimmt. Eine Familie mit nur einem Elternteil kann überleben und gedeihen, auch wenn das nicht immer ganz leicht ist. Eine Familie, in der der Vater abgedankt hat, ist etwas ganz anderes. Hier handelt es sich möglicherweise um sexuelle Unruhe, verdrehte Entscheidungsrichtlinien und gegenseitige Sabotage.

Wo beide Eltern da sind, ist das entscheidende Element für das Gelingen der Familienkonferenz, daß der Vater ein wirksamer Gruppenführer ist. Er muß jedes Mißbehagen, das er vielleicht wegen des halbformellen Charakters der ganzen Prozedur zu Anfang fühlt, überwinden, denn wenn er das nicht tut, verlieren die Kinder allmählich den Respekt vor der Familienkonferenz. Wie wir schon bemerkt haben, machen sie sich vielleicht zuerst über die Formalität lustig (»Ach, herrje, ist das aber komisch!«), aber unbewußt sind sie doch von dem Schutz beeindruckt, den sie ihnen bietet, und mit der Zeit fangen sie dann an, das ganze zu unterstützen.

Jeden Versuch einer Unterbrechung muß der Vater ablenken. Wenn eines der Kinder kichert, kann er sagen: »Ich verstehe, wie dir zumute ist. Wir verstecken oft unsere Angst hinter Gelächter.« Auf diese Weise bekommt das Kind sein Lachen als das anerkannt, was es ist, nämlich ein Zeichen von Angst davor, worauf es sich da einläßt. Und der Vater hat vermieden, daß das Lachen die Sitzung unterbrochen hat. Wenn ein Teenager sagt: »Das ist aber blöd!«, kann sein Vater antworten: »Ich kann verstehen, daß dir das so vorkommt, aber wir möchten es trotzdem versuchen. Laß uns mal sehen, was dabei herauskommt.« Die Aggression wird ihm nicht in die Kehle zurückgerammt, denn der Teenager wird nicht in eine Lage gezungen, in der er sich verteidigen muß, da der Vater hier seine Feindseligkeit nicht mit seiner eigenen beantwortet. Allmählich wird der Junge doch neugierig genug werden, um mitzumachen — und wahrscheinlich wird gerade er am meisten reden.

Einem sehr störenden Kind kann man sagen, daß es nicht mitzumachen brauche, wenn es nicht wolle, daß es aber kommen könne, wann immer es dazu Lust habe. Wenn der Vater solch einem Kinde sagt, es könne hinausgehen, aber mitmachen, wann immer es möchte, so wird für den Vater, für das feindselig eingestellte Kind und für die ganze Familienkonferenz das Gesicht gewahrt. Da das Kind weder getadelt noch ausgelacht wird, fühlt es sich nicht verpflichtet, außerhalb der Gruppe zu bleiben und seinen anfänglichen Trotz aufrechtzuerhalten. Und trotzdem, da es »entfernt« worden ist, hat der Vater nicht das Heft aus der Hand gegeben, da er es nicht zugelassen hat, unterbrochen zu werden. Wenn die Kinder aber wissen, daß ihr Vater sofort in die Luft geht, wenn sie sich albern oder trotzig benehmen, dann haben sie ein gutes Mittel in Händen, jede Sitzung zum Scheitern zu bringen, bei der sie nicht ihren Willen bekommen. Wenn die Eltern ruhig bleiben, behalten sie die Situation fest in der Hand.

Der Vater sollte sich einmal alles überlegen, was er von sich selbst als einem guten Gruppenführer weiß. Wichtig ist es, dafür zu sorgen, daß jeder angehört wird und daß die Sitzung nicht zur »Star Nummer« wird.

Einige strategische Vorschläge

1. Fange die erste Sitzung damit an, daß die folgenden Punkte besprochen werden: daß eine Familie nicht glatt funktionieren kann, wenn nicht jeder kooperiert; daß — wenn die Eltern auch zum Schluß die Autorität haben, viel Raum für Diskussion da ist, daß die Konferenz nicht nur dazu da ist, einfach Regeln aufzustellen und Klagen vorzubringen, sondern auch zu planen, wie man miteinander vergnügt sein kann; daß jede Meckerei fair angehört wird.

Der Vater kann vielleicht erklären, wie die Verantwortungen verteilt werden. »Die menschliche Gesellschaft kam dadurch zustande, daß ein Mensch zu dem anderen kam und sagte: ›Du kannst besser jagen als ich, und ich kann besser Häuser bauen als du. Wenn du jetzt für uns beide das Jagen übernimmst, werde ich die Häuser für uns beide bauen«. Auf diese Weise haben die Menschen gelernt, daß sie bei Zusammenarbeit besser wegkommen. Gegenseitige Zusammenarbeit ist immer noch die Grundlage der menschlichen Gesellschaft.« Kinder werden die Ehrlichkeit dieser Erklärung anerkennen, wie kitschig sie ihnen auch vorkommen mag.

Dann könnte der Vater fragen: »Schulden Eltern ihren Kindern irgend etwas?« Alle Kinder werden sich darin einig sein, daß das zutrifft. »Schulden die Kinder ihren Eltern etwas?« Die meisten Kinder werden dazu »Ja« sagen. Hier könnte man mit der Besprechung der Haushaltsaufgaben, der Verteilung der Verantwortlichkeit für die Führung der Familie anfangen. Man muß aber nicht vergessen, in der ersten Sitzung wenigstens eine nette Sache zu besprechen (Ferienpläne, Wochenendpläne).

Man soll es auch bei der ersten Sitzung so einrichten, daß die Kinder etwas zu ihrem eigenen Vorteil erreichen. Es ist gut, wenn sie die Familienkonferenz als etwas sehen, das für sie arbeitet — genauso, wenn nicht noch mehr, als gegen sie.

2. Man sollte mit dem anderen Ehepartner schon vorher sich besprechen — aber man sollte auch das nicht zu weit gehen lassen. In der Tat ist es ein schwerer Fehler, wenn die Eltern beim Abstimmen genau einer Parteilinie folgen — Mutti immer für Vati und umgekehrt. Wichtiger als die Vorbesprechung selbst ist die Haltung, die die beiden Eltern dabei zueinander zeigen. Untergräbt er ihre Stellung, indem er über ihre Ideen lacht? Sabotiert sie seinen Einfluß, indem sie, während er spricht, Privatunterhaltungen führt? Nirgends zeigt sich Mangel an Einigkeit an der Spitze der Pyramide deutlicher als bei der Familienkonferenz. Aber auch nirgends wirkt sich gute elterliche Harmonie so vorteilhaft aus wie dort. Man muß daran denken, daß das Bewußtsein der elterlichen Einigkeit auf die Dauer die Kinder stärkt, wenn sie sich auch manchmal dagegen auflehnen.

3. Es soll so wenig wie möglich Regeln und Vorschriften geben,

und sie sollen so einfach wie möglich sein. Einer der Eltern sollte Protokoll führen. Eine einfache Regel ist z. B. »Wenn der Lärm zu stark wird, müssen sich alle trennen«. Unter denselben Umständen würde eine komplizierte Regel lange Prozeduren erfordern, um Schuld festzustellen und Strafen zu verhängen.

Man sollte den Kindern erklären, daß manche Regeln wichtiger sind als andere und sofortige Befolgung erfordern. Ein Papierkorb, der viel benutzt wird, muß geleert werden, sobald er voll ist. Ein Kind, daß diese Pflicht übernommen hat, sollte verstehen, daß das sofort getan werden muß. Man kann ihm zeigen, daß andere Pflichten — sein Zimmer sauber machen, Papierkörbe, die wenig benutzt werden, ausleeren — nicht so eilig sind.

Man sollte nicht vergessen, daß Kinder, wenn sie merken, daß die Entscheidungen nicht willkürlich sind, gerne mitarbeiten werden. Viel zu viele Eltern verderben sich selbst ihre Stellung dadurch, daß sie unnötig willkürlich handeln, und indem sie so tun, als ob eine Regel »von untergeordneter Bedeutung« genau so wichtig ist wie die »von wesentlicher Bedeutung«. Sie rechtfertigen sich damit, daß sie sagen, ihre eigenen Eltern hätten es ebenso mit ihnen gemacht.

Wenn Eltern inkonsequent oder willkürlich handeln, so schalten die Kinder sie aus. Das soll nicht heißen, daß man Kindern jede Regel erklären muß, bevor sie sie befolgen. Man muß das Kind wissen lassen, daß es Fälle gibt, besonders wo es sich um Gesundheit und Sicherheit handelt, in denen es nichts zu fragen hat, sondern sofort tun muß, was man ihm sagt. Im allgemeinen erkennen Kinder an dem Ton, in dem etwas gesagt wird, um welche Art von Fällen es sich handelt.

4. Man muß für Fälle, in denen Kinder nicht ihre eingegangenen Verpflichtungen erfüllen, automatische Konsequenzen einbauen. Zuerst muß man sie an ihr Versprechen erinnern: »Das ist doch etwas, womit du schon einverstanden warst.« Wenn ein kleines Kind nicht hält, was es versprochen hat, muß man es durch die Aufgabe durchschleppen.

Das Kind soll über die Folgen seines eigenen Tuns abstimmen.

So z. B. sollte ein Kind, das in eine bestimmte Zeit für seine Schularbeiten einwilligt, auch darin einwilligen, was es zu erwarten hat, wenn es die Schularbeiten nicht macht: z. B. kein Fernsehen, bis es seine von ihm selbst übernommenen Verpflichtung erfüllt hat.

Wenn man ein Kind unendlich oft an etwas erinnern muß, so sollte das vor die Familienkonferenz kommen. Man sollte zu dem Kinde sagen: »Ich bin gern bereit, dich einmal zu erinnern, aber nicht dauernd. Was denkst du, wie oft ich dich erinnern soll, etwas zu tun, bevor ich den Strich ziehe?«. Das Kind soll selber bestimmen, wie oft man es erinnern soll. Es ist nichts dabei, wenn die Eltern ein Kind daran erinnern, etwas zu tun, vorausgesetzt, daß es vorher so verabredet worden ist.

Es ist eine Sache, ein Kind durch den Tag durchzunörgeln, und eine ganz andere, wenn ein formelles Übereinkommen besteht, daß es erinnert werden muß. Im ersteren Falle erpreßt das Kind die Eltern, für es verantwortlich zu sein. Im letzteren Falle hat das Kind selbst eingewilligt, das System aufzustellen.

5. Alle Strafen und Grenzen sollten in der Familienkonferenz besprochen werden. Man wird bald herausfinden, daß Kinder viel rücksichtsloser gegen sich selbst sind als die Eltern. Aber das darf nicht zu weit führen. Wenn ein Kind versucht, einem Geschwisterkind eine übermäßig harte Strafe zuzumessen, so sollte man es zurückhalten.

6. Man kann so viel Freiheit gewähren, wie das Kind verträgt. Wir denken hier an Privilegien wie die Zahl der Abende, an denen es ausgehen darf, die Zahl der Hobbies usw. Es ist kein Grund vorhanden, dem Kind nicht das Maximum an Freiheit zu geben, von dem es gezeigt hat, daß es damit fertig werden kann. Wie schon gesagt, kann man einem älteren Kind, das fragt, an wieviel Abenden in der Woche es ausgehen kann, antworten: »So viel, wie du vertragen kannst — zwischen einem und sieben. Deine Pflichten sind Schularbeiten, Hausarbeit und deine persönliche Gesundheit. Unsere einzige Sorge ist, daß du tust, wozu du dich verpflichtet hast, und auf deine Gesundheit acht gibst.«

Daß man ihm sagt, es könne so viel Freiheit haben, wie es vertragen kann, gibt ihm ein Ziel und legt die Verantwortung für seine Freiheit auf seine eigenen Schultern. Wenn es dann einwendet, man gäbe ihm nicht genügend Freiheit, kann man ihm darauf antworten: »Du bist es ja selbst, von dem es abhängt, wieviel Freiheit du haben kannst. Je besser du deine Pflichten erfüllst, desto mehr Freiheit bekommst du.«

7. Wenn man von einem Kinde schon lange weiß, daß es unkooperativ ist, muß man sehr aufpassen, daß man ihm immer nur eine neue Pflicht auf einmal auferlegt und das über eine lange Zeit hinaus (vielleicht drei Monate). Auf diese Weise wird sich das Kind nicht überwältigt fühlen. Es ist immer besser, daß einige wenige Regeln durchgesetzt, als daß viele mangelhaft befolgt werden.

Kleine Kinder haben eine Neigung, eher zu viele als zu wenige Verpflichtungen auf sich zu nehmen — und sich dann nachher zu weigern, sie durchzuführen — und auf diese Weise das ganze System zu schwächen. In so einer Situation sagt man am besten: »Du kannst die zusätzlichen Sachen machen, wenn du willst, aber wir erwarten sie nicht von dir und werden sie nicht ins Protokoll schreiben.« Auf diese Weise ist die Autorität der Familienkonferenz gewahrt.

8. Man muß darauf vorbereitet sein, daß Situationen auftauchen, die besonderer Behandlung bedürfen. Wenn ein Kind etwas Lächerliches fordert — z. B. wenn ein Siebenjähriges verlangt, um ein Uhr nachts zu Bett zu gehen — dann kann der Vater vielleicht sagen: »Wenn du unmögliche Sachen forderst, versuchst du damit in Wirklichkeit, mir zu sagen, daß du nicht verhandeln willst. Du möchtest eigentlich lieber, daß ich dir sage, wann du zu Bett gehen sollst. Wenn du um etwas bittest, worüber man einfach nicht verhandeln kann, so wird genau das passieren«. Das ist kein Trick. Wenn jemand nicht im guten Glauben an den Verhandlungstisch kommt und das Unmögliche verlangt, dann ist ein Kompromiß unmöglich. Wenn also Kinder unmögliche Forderungen stellen, müssen die Eltern ihre volle Autorität einsetzen. Man muß aber dem Kinde

sagen, daß, wenn es vernünftig ist, man weiter mit ihm verhandeln wird.

Einem Kind, das die ganze Sitzung an sich reißt, kann man sagen: »Jimmy, mir scheint, du willst, daß man nur auf dich aufpaßt. Okay, du kannst die ersten zehn Minuten ganz für dich allein haben, dann kannst du hinausgehen, wenn das auch bedeutet, daß du ein paar von den netten Sachen versäumst.«

Wenn das Kind aber offen aggressiv ist, kann man ihm sagen: »Hans, du versuchst doch, uns beizubringen, daß du nicht an der Sitzung teilnehmen willst. Sehr gut. Du brauchst nicht. Aber du wirst trotzdem alle Regeln befolgen müssen, die sich aus der Sitzung ergeben. Nur hast du dabei einfach nichts zu sagen. Du kannst jetzt gehen, aber du kannst sofort wiederkommen, wenn du das Gefühl hast, daß du dich beherrschen kannst, ob das nun jetzt gleich ist oder in fünf Minuten oder in einer halben Stunde oder vielleicht überhaupt nicht vor der nächsten Sitzung. Wann du auch kommst, die Tür steht dir immer offen.«

Vielleicht sagt ein Kind, daß es überhaupt nicht mitmachen will — daß es sich nichts aus der Familienkonferenz macht. Dann sagt man ihm: »Du brauchst nicht zu kommen. Die einzige Strafe dafür ist, daß du an den Abstimmungen nicht teilnehmen kannst. Aber keiner ist hier auf den anderen böse, wenn wir es auch lieber hätten, wenn du mitmachen würdest. Die Entscheidung liegt ganz bei dir.«

Man darf nicht vergessen, daß die Kinder der Familienkonferenz dieselbe Wichtigkeit beimessen wie die Eltern. Wenn die Eltern dauernd unterbrechen — hinausgehen, wenn das Telefon läutet, übermäßig abgelenkt sind — so werden die Kinder genau dasselbe tun. Wenn die Eltern ihr Bedeutung beimessen, machen es die Kinder genauso.

Es ist typisch, daß man bei der fünften oder sechsten Sitzung findet, daß man die wichtigsten Quellen der Schwierigkeiten im Haushalt behandelt hat. Wenn dieser Punkt erreicht ist — sogar wenn die Konferenz von allen sehr genossen wird — kann das Interesse vielleicht etwas nachlassen. Wahrscheinlich haben es die

Kinder genausogern wie früher, obwohl der Vater kein großes Interesse mehr daran hat, die Sitzungen zu leiten, da alles so glatt geht. Das ist nicht gut, denn sein Desinteresse beraubt die Familienkonferenz ihrer späteren potentiellen Nützlichkeit.

Es wäre besser, eine der Sitzungen aufzuheben, indem man sagt: »Es scheint ja alles glatt zu gehen. Warum berufen wir unsere nächste Sitzung nicht für heute in drei oder vier Wochen ein? Wenn aber irgend etwas passiert, kann jeder eine Sitzung einberufen.« Indem man die Intervalle vergrößert, wird der Familienkonferenz nicht der Atem ausgehen, sondern sie wird ein wichtiger Aspekt der Familienkooperation bleiben.

Wenn der Vater sich weigert, den Vorsitz zu führen

Wir haben darauf hingewiesen, wie wichtig es ist, daß der Vater der Gruppenführer ist. Und trotzdem gibt es Väter, die sich weigern, in dieser Sache mit ihren Frauen zusammenzuarbeiten oder die Notwendigkeit für diese Hilfe ernst zu nehmen. Da gibt es viele Entschuldigungen:

»Ich bin mit meiner Arbeit beschäftigt.«

«Des Vaters Job ist es, Geld zu verdienen: die Mutter muß die Kinder großziehen.«

»Ich sehe ja die Kinder sowieso niemals.«

»Ich bin ja nie da, wenn die Kinder etwas ausfressen.«

»Die Kinder gehorchen mir ja immer; nur auf dich hören sie nicht!«

Nach außen hin erkennen solche Väter vielleicht an, daß nicht alles in Ordnung ist, aber sie sind nicht daran interessiert, einen neuen oder anderen Zugang zu den Problemen zu versuchen. Es ist äußerst wichtig, daß der Vater einsieht, daß kein System ohne seine aktive Unterstützung funktionieren kann; daß die Menge der Zeit, die er mit den Kindern verbringt, weniger wichtig ist, als die Art, wie er sie mit ihnen verbringt, und — das Allerwichtigste — daß, wenn eine Familie wirksam organisiert sein soll, jedes einzelne Mitglied des Vaters Willensstärke fühlen muß, seine Entschlossenheit, eine Organisation zu haben.

Wo ein Vater nicht mitmachen will, sollte die Mutter besonders auf eine vorwurfsfreie Kommunikation achten und auch ihr Bestes tun, damit ihr Mann den Teil I dieses Buches liest. Wenn beide Ehepartner sich über die negativen Kräfte im Klaren sind, die vielleicht während ihrer Ehe eine Rolle gespielt haben, kann die zugrundeliegende Feindseligkeit nachlassen. Aber das Buch muß ohne Emotionen dem nicht kooperierenden Ehepartner nahegebracht werden. »Könntest du mir vielleicht helfen zu verstehen, was hier so alles los ist«, und nicht »du bist daran schuld, daß hier alles nicht in Ordnung ist. Warum liest du nicht dieses Buch, damit du siehst, was du falsch gemacht hast.« Es ist außerordentlich unwahrscheinlich, daß irgendein Vater oder eine Mutter jemals absichtlich darauf ausgeht, einem Kinde weh zu tun. Darum ist in einem Programm der gegenseitigen Hilfe der Begriff der Beschuldigung wirklich nicht angebracht.

Wenn der Mangel an Kooperation noch ausgesprochener ist — wenn die Kommunikation mit dem Ehepartner wirklich schwer ist — dann sollte ein neutraler Dritter — ein kluger Freund, ein Arzt oder Geistlicher, zu dem man Vertrauen hat — um Hilfe gebeten werden, damit er dem anderen erklärt, wie wichtig eine gute Familie ist.

Und wenn der Mann weder mitmachen noch jemanden zu Rate ziehen will — sehr viele Männer betrachten die Notwendigkeit des Rates als ein Zeichen der Schwäche — so kann es für die Frau gut sein, zu einem Fachmann zu gehen. Es ist dem Psychotherapeuten oft möglich, dem kooperativen Elternteil dazu zu verhelfen, den anderen anzusprechen. (Es ist nichts Ungewöhnliches, daß schließlich das Bild ganz anders aussieht als zuvor — so z. B. kann der nicht-kooperierende Teil sich als der gesündere von den beiden erweisen.)

Zusammenfassung

Um nun zusammenzufassen: Es wird sich herausstellen, daß Entscheidungen, die vor der Familiengruppe getroffen werden, viel dauerhafter sind als die zwischen zwei Personen, und daß Kinder es viel besser verstehen, Verpflichtungen zu erfüllen, auf die sie vorher selbst eingegangen sind. Man wird ferner feststellen, daß zwischenmenschliches neurotisches Verhalten in der Familie abgeschwächt wird und daß die beiden Ehepartner mehr und mehr am selben Strang ziehen. Man wird eine neue Form des Zusammenhaltens in der Familie bemerken und sehen, daß sogar aufsässige Teenager, die sich zuerst über die Idee der Familienkonferenz lustig gemacht haben, führend zu ihr beitragen.

Das vorher resistente Kind findet sich hier einer vorwurfsfreien, aber einheitlichen Struktur gegenüber. Psychologisch ist es für ein Kind, wenn es sich schlecht benimmt, leichter, eine nörgelnde Mutter zu ignorieren, wenn sie alleine steht. Es ist etwas ganz anderes, eine einheitliche, gewaltlose, aber außerordentlich feste Familienstruktur unbeachtet zu lassen.

Aber all diese Ergebnisse kommen nicht schnell. Es braucht eine ganze Anzahl von Wochen, bis das System glatt funktioniert. Man sollte sich nicht davon aus der Fassung bringen lassen, daß die Eröffnungssitzung nicht so gut gelingt. Man sollte aber nicht versuchen, mehr als *einen* wirklich wichtigen oder ernsten Punkt in einer Sitzung zu erledigen. Man darf nicht vergessen, daß die Familienkonferenz als Teil eines Ganzen benutzt wird. Jeder Teil dieses Systems verstärkt alle anderen. Die »Grundregeln« machen es viel leichter, die Familienkonferenz anzuwenden, während diese letztere ihrerseits sehr viel dabei hilft, die Grundregeln anzuwenden.

11. Kapitel

SPEZIELLE TAKTIKEN
GEGENÜBER DEM UNKONTROLLIERTEN KIND

Es kann viele Gründe haben, daß ein Kind sich nicht beherrschen kann. Vielleicht hat es den Wunsch, sich selbst und seine Eltern zu bestrafen. Es hat vielleicht biologische Schwierigkeiten (eine Drüsenstörung, leichte oder schwerere Gehirnschädigung). Es mag an einer Krankheit leiden, die mit schweren Ausbrüchen von psychoneurologischer Energie verbunden ist (z. B. Epilepsie). Einige Arten von aggressivem, unbeherrschtem Verhalten sind die Folge davon, daß sich bei dem Kinde die richtige zivilisierte Haltung nicht entwickelt hat, wie etwa bei Psychopathen, deren feindselige Einstellung nicht durch die Sorge um das Schicksal des Opfers gemildert wird.

Mit der Ausnahme von Psychopathen haben die meisten unbeherrschten Menschen zwei Züge gemeinsam: Provokation, d. h. ein sich allmählich entwickelndes Bedürfnis, negative Emotionen bei anderen hervorzurufen; Forderungen — ein mehr als übliches Verlangen, andere zu beherrschen, ganz egal, was sich daraus ergibt. Manchmal ist es so, daß diese Züge sich als Teil eines anderen Problems entwickeln, wie z. B. bei dem übermäßig manipulierten Kind, das sich nach einer kompletten »Vereinigung« mit seiner Vorstellung von einer alles spendenden, omnipotenten Mutter sehnt. In anderen Fällen bilden sich das Bedürfnis nach negativer Aufmerksamkeit und die übermäßigen Forderungen scheinbar als Reaktion auf eine körperliche Behinderung oder falsche elterliche Behandlung heraus. Ein Beispiel hierfür ist die Mutter, die nicht imstande ist, mit den in diesem Falle normalen unersättlichen Forderungen des Kindes, das an einem leichten Gehirnschaden leidet, fertigzuwerden. Kinder mit Hirnschädigungen versuchen oft eine intakte Selbstvorstellung und größere Selbstachtung zu erreichen, indem sie endlose Forderungen an die Eltern stellen. Die Eltern müssen dem Kinde gegenüber mitfühlend bleiben, müssen aber gleichzeitig die richtigen Grenzen setzen, wenn nicht das Verlangen in immer größer werdenden Bereichen zunehmen soll.

Alle unbeherrschbaren Kinder versuchen, in irgendeiner Weise negative Aufmerksamkeit zu erregen. Dies ist schon im einzelnen in Kapitel 7 ausgeführt worden. Es ist ein Versuch, die erhöhte Trennungsangst zu vermindern, indem das Kind die Eltern erpreßt, es mit intensiv negativen, hochpersönlichen Emotionen zu versehen. Das Kind versucht sozusagen, in das Bewußtsein der Eltern einzudringen und ihre Aufmerksamkeit auf sich zu lenken.

In allen Familien mit solchen Kindern sind es die Provokation und die überhöhten Forderungen von seiten des Kindes und das, was sich daraus ergibt, die allmählich die tagtäglichen Konfrontationen und Schwierigkeiten beherrschen. Daher ist das hier umrissene Behandlungsprogramm geeignet, diese Züge zu mildern.

Die hauptsächlichste Taktik, wo es sich um ein provokatives, forderndes, unbeherrschtes Kind handelt, besteht darin, daß die Eltern eine Situation herbeiführen, in der sie genügend psychischen Schutz haben, so daß sie dem Kinde gegenüber extrem mitfühlend und vorwurfsfrei bleiben und doch gleichzeitig die richtigen Grenzen setzen. Alle Liebe und Nachgiebigkeit in der Welt werden das provokative, unkontrollierte Kind nicht heilen, ja, nicht einmal eine kleine Bresche schlagen. Man kann aber solch ein Kind auch Tag und Nacht bestrafen, und nichts wird sich ändern. — Zwei Bedingungen scheinen hier nötig zu sein:

1. Die richtigen Grenzen zu setzen, so daß dem Kinde gezeigt wird, daß es auch ohne negative Emotionen leben und gedeihen kann — Grenzen, die es verhindern, sich von der Intensität seiner eigenen Bedürfnisse überwältigen zu lassen. Wenn es auch vor den Grenzen zurückscheuen mag, so ist es doch unbewußt dafür dankbar, denn ganz tief im Innern ist ihm klar, daß sie sein eigenes und der Eltern Überleben garantieren.

2. Stetiges warmes, vorwurfsfreies Mitgefühl verstärkt seine Bereitschaft, die negativen Emotionen abzuschütteln, und mindert die allem zugrundeliegende Trennungsangst, indem es ihm zeigt, daß es die Eltern nicht als Verbündete verliert, selbst wenn es die Grenzen überschreitet.

Alle Kinder brauchen vorwurfsfreie Wärme und feste Grenzen, besonders aber schwer beherrschbare Kinder. Und wenn man es recht bedenkt, ist es dasselbe, was die Rebellen von heute auch brauchen.

Alle in diesem Buch angegebenen Taktiken — die Familienkonferenz, Zurückhaltung im tadeln usw. — zielen daraufhin, den Eltern zu helfen, diese Ideale zu erreichen. Die Familienkonferenz stellt ein halbformelles System zur Verfügung, um konkret mit schwer erziehbaren Kindern fertigzuwerden. Nicht nur, daß sie dazu verhilft, in bezug auf die unersättlichen Bedürfnisse der Kinder Grenzen zu ziehen, sondern sie gewährt auch den Eltern ein gewisses Maß von Schutz, so daß sie etwas von ihrer früheren Wärme für ihre oft bösartigen Kinder mobilisieren können.

Bevor wir hier auf zusätzliche Maßnahmen eingehen wollen, die für extreme Fälle geeignet sind, möchten wir ein sehr wichtiges Hilfsmittel für das Setzen von »Grenzen« besprechen — das sogenannte »Stille Zimmer« (oder »Extra-Zeit-Zimmer«). Für alle Kinder ist es gelegentlich, für sehr unbeherrschbare aber sehr häufig nötig.

Das stille Zimmer

Dieser Raum kann unter den verschiedensten Benennungen laufen: das »Extra-Zeit-Zimmer«, weil das Kind sozusagen von der »normalen« Zeit und Beschäftigung entfernt wird; das »stille Zimmer«, weil es eine ruhige Zuflucht ist, wo — so hofft man — das Kind sich wieder fangen kann; das »Ausschluß-Zimmer«, weil sich das Kind mit seinem Benehmen aus dem üblichen Rahmen ausgeschlossen hat. Es soll aber nie »Strafkammer« genannt werden, denn das ist nicht sein Zweck. Sicher muß man zugeben, daß sich ein Kind, wenn es dorthin geschickt wird, bestraft vorkommen kann. Aber der Zweck dieses Raumes ist, ihm Gelegenheit zu geben, seine Selbstbeherrschung wiederzufinden. Da es nicht dort ist, um bestraft zu werden, kann es zu seiner normalen Beschäftigung zurückkehren, sobald es wieder in Ordnung ist. Aber ein Kind sollte nur als letztes Mittel überhaupt dorthin geschickt werden.

In einer Schule sollte ein solcher Raum leicht von der Klasse aus zu erreichen sein und sollte so konstruiert sein, daß der Lehrer hinein-, aber der Schüler nicht hinaussehen kann. Er sollte ein Schloß von außen haben, aber dies sollte nur, wenn notwendig, und mit der nötigen Vorsicht benutzt werden (wegen des Risikos, daß ein Kind dort in irgendeinem Notstand vergessen werden könnte).

Wenn in einem Hause Räume knapp sind, kann das Schlafzimmer des Kindes als so ein »stilles Zimmer« benutzt werden, sogar wenn es dort viel Spielzeug und Spiele hat. Da ja der Zweck nicht der ist, es zu bestrafen, macht es nichts, wenn es dort spielt oder sich sonst wie die Zeit vertreibt. Es ist nur aus der Situation entfernt worden, in der es sich nicht zusammennehmen konnte.

Dieser Raum hat viele Zwecke: dem Kind zur Selbstbeherrschung zu verhelfen, indem die Menge der Reize vermindert wird, die draußen auf es einwirken (das ist der Hauptzweck); negative Reaktionsformen daran zu hindern, sich über den ganzen Haushalt oder über die ganze Klasse zu verbreiten; negatives Verhalten, das zu einem gefährlichen und exzessiven Niveau eskaliert wird, abzubrechen (manche Kinder haben schreckliche Angst davor, daß ihre Emotionen so weit anwachsen, daß sie sie überhaupt nicht mehr meistern können); die Verstärkung durch Wiederholung negativer Verhaltensformen zu vermeiden; Verhaltens- und Verkehrsformen zwischen Eltern oder Lehrer und Kind abzubrechen, die — wenn man sie andauern läßt — sicherlich neurotisch werden.

Es ist also so, daß sich viele verschiedene Zwecke mit der Einrichtung eines solchen Raumes verbinden. Nicht alle sind in demselben Maße therapeutisch. In der Schule kann ein Kind dorthin gebracht werden, einfach weil es sonst die ganze Klasse durcheinanderbringen würde. Oder ein Kind kann hineinkommen, um die Reize zu vermindern, denen es ausgesetzt ist. Damit wird die Last, die auf einem schon überbelasteten Selbstbeherrschungsmechanismus liegt, vermindert. Ein anderes Kind kann aus beiden Gründen dort sein.

Da gewisse Kinder diesen Raum als Strafe empfinden werden, ganz egal, was man ihnen sagt oder tut, so werden einige Aspekte dieses Raumes verschiedene Bedeutung und Wichtigkeit haben. Das ist nicht zu umgehen. Man kann den Preis bezahlen, daß das Kind sich bestraft fühlt, um seine Selbstbeherrschung zu unterstützen und dem Haushalt oder der Klasse zu erlauben weiterzuarbeiten. Manchmal ist man nicht sicher, wie die Bilanz aussieht, und an welchem Punkt man vielleicht einen zu hohen Preis für einen Gewinn zahlt. Den genauen Grad der Desorganisation festzulegen, den ein Haushalt oder eine Klasse zu ertragen vermag, bevor das störende Kind entfernt wird, würde eine hoffnungslos komplexe Reihe von Entscheidungsregeln erfordern. Man müßte auch an die Natur der anderen anwesenden Kinder denken, an den Grad der »Belastung«, die diese anderen ertragen können, die Ausbalanciertheit oder die Gesundheit des im Moment störenden Kindes, die Kraft der Eltern oder des Lehrers usw. Mit anderen Worten, wo das »stille Zimmer« benützt wird, wird immer ein gut Teil von durchdachtem Rätselraten mit dabei sein.

Wir geben hier einige Vorschläge, wie das »stille Zimmer« gebraucht werden sollte:

Das Kind sollte nur für kurze Zeit dorthin gesetzt werden, und niemals sollte mehr als ein Kind auf einmal dort sein. Ungefähr zwei Minuten, bevor es herauskommen soll, sollte man an die Türe klopfen, um es vorzubereiten. Wenn es dann immer noch nicht beherrscht ist, sollte man die Zeit verlängern. Sehr oft kann das Kind selbst entscheiden, wann es herauskommen kann. Das trifft besonders auf Kinder zu, die sich — in gewissem Ausmaße — mit den Eltern oder dem Lehrer identifiziert haben und die sich freiwillig in das »stille Zimmer« begeben, wenn sie fühlen, daß sie sich bald nicht mehr in der Hand haben werden. Wenn man plant, daß das Kind immer selbst die Zeit wählen soll, wann es herauskommen kann, es aber dauernd herauskommt, bevor es dazu bereit ist, so müssen der Lehrer oder die Eltern selbst eine Zeit festsetzen.

Wenn ein Kind den Raum von selbst verläßt, so sollte man mit ihm zusammen zurückgehen. Selbst wenn man das mehrere Male tun muß, sollte man dabei eine ruhige, sachliche Haltung bewahren. Wenn das mißlingt und man das Schloß nicht benutzen will, so muß man das Kind in irgendeiner anderen Weise behandeln. In der Schule kann es vielleicht in das Büro des Direktors gerufen werden oder zu einem speziell dafür zugezogenen Lehrer oder einem in der Schule anwesenden Psychotherapeuten, der das negative Verhalten interpretieren kann. Zu Hause mag es manchmal klüger sein, jede Konfrontation zu vermeiden, bis der Vater nach Hause kommt.

Aber der Raum selbst sollte nie zum neurotischen Schlachtfeld werden. Das Kind sollte nicht von einem es anbrüllenden Vater oder Mutter hingebracht werden. Das würde nur seine Schwierigkeiten verstärken. Die Regeln für die Benutzung dieses Raumes sollten ganz klar verstanden werden. Das Kind sollte ganz sachlich hingeschickt worden: »Hier bei uns ist die Regel, daß, wenn jemand das-und-das tut, er in den Extra-Zeit-Raum gehen muß und versuchen, sich wieder zu fangen.«

Es ist nicht immer leicht zu entscheiden, wann der Raum benutzt werden soll. Er hat auch seine negativen Seiten. Zuerst einmal bedeutet er negative Aufmerksamkeit und das ist es gerade, was das unkontrollierbare Kind gewöhnlich haben möchte. Sogar während es im »stillen Zimmer« sitzt, kann es — und es tut es auch — sich einbilden, daß man an es denkt. Es mag dann in der Phantasie schwelgen, daß man von den Gedanken an ihn und an seine Leiden ganz verzehrt ist. Daher ist es gewöhnlich ratsamer, wo immer möglich, provokatives Verhalten zu ignorieren und irgendeine ähnliche Taktik anzuwenden.

Zweitens gibt es Kinder, die den »stillen Raum« dazu benutzen, um sich vor Verantwortung zu drücken. Das muß man dem Kinde erklären: »Mir scheint, du möchtest lieber im »stillen Zimmer« sitzen, als wirklich das und das tun. Vielleicht hast du einfach Angst, was passieren wird, wenn du deine Aufgabe schlecht machst.«

Und als letztes: wenn man den Raum zu oft benutzt, hat er keine Wirkung mehr. Das trifft besonders auf verschlossene Kinder zu, denen es überhaupt egal ist, wo sie sind.

Taktik für Kinder mit schwacher Selbstbeherrschung

Diese Gedanken betreffen besonders Kinder mit schwacher Selbstbeherrschung, können aber auf jedes Kind angewandt werden, wo es nötig ist. Wenn man sie aber anwendet, soll man nicht versuchen, den Psychotherapeuten zu spielen. Man soll nicht den Eindruck erwecken, daß das Kind ein Patient ist, den man behandelt. Kein Kind (oder auch Erwachsener) hat es gern, daß man eine überlegene Position einnimmt, von der aus man entscheidet, daß er »krank« ist.

Um die Vorschläge wirksam anzuwenden, muß man sie gut kennen und an sie glauben. Wenn sie dir nicht vernünftig erscheinen, dann wende sie nicht an. Wenn du nicht glaubst, daß sie gut sind, so wirst du unbewußt deine Zweifel auf das Kind übertragen. Wenn du nicht erwartest, daß man dir glaubt, dann tut man es auch nicht.

1. Richte alles so ein, daß ein Kind genau weiß, was die Routine ist, was es in jedem Moment zu erwarten hat. Schwer erziehbare Kinder sollten so wenig wie möglich auf Unterbrechung ihrer Routine stoßen. Später ist noch genug Zeit, diesen Kindern Flexibilität beizubringen.

2. Benutze die Familienkonferenz, um Grenzen zu setzen und Regeln aufzustellen. Diese Regeln sollten aber als recht unpersönlich dargestellt werden. Das ist wichtig. Wenn eine Kind eine Grenze überschreitet, sollte es denken können: »Ich bin über das

hinausgegangen, was hier erlaubt ist«, und nicht »jetzt ist es mir gelungen, meine Mutter zu ärgern.«

Es ist Zeitverschwendung und therapeutisch nicht gut, wenn ein Kind fühlt, daß die »Grenzen« von dir persönlich abhängen, von deinen Launen, Stimmungen und deinem Temperament im allgemeinen. Denn wenn es sieht, daß sie von dir stammen, oder daß sie von deinen Launen abhängen, dann wird es (ganz berechtigterweise) fühlen, daß es sich lohnt, dich weiter direkt anzugreifen. Wenn die Regeln unpersönlich sind, lohnt es sich nicht, dich in einen pathologischen Wortwechsel zu verstricken. Und weiter verhilft der unpersönliche Ton dazu, die Routine als seine eigene anzuerkennen, was dann seine innere Desorganisation abschwächt. Die Familienkonferenz macht wenigstens die Grenzen weitgehend unpersönlich.

3. Du mußt als Persönlichkeit — körperlich und geistig — für das Kind attraktiv bleiben. Du mußt etwas darstellen, womit sich das Kind positiv identifizieren kann. Kurz gesagt, du mußt für das Kind eine Art Ideal sein.

Um es mehr auf die praktische Ebene zu bringen: du mußt eine Person sein, von der man sich gern Anordnungen geben läßt und der man gefallen möchte. Wenn du dich in einen Nörgler, ein zänkisches Wesen verwandelst, in jemand, der schreien muß, um Ordnung zu halten — wer wird dann auf dich hören? Und wem wird es etwas ausmachen, ob du ihn gern hast oder nicht?

Alles, was dein eigenes Selbstvertrauen herabsetzt, vermindert auch deine therapeutische Wirksamkeit. Dein Platz in der Hierarchie, in der du lebst, sollte fest und bestimmt sein. Wo du es mit Kindern zu tun hast, sollte niemand dein Selbstvertrauen erschüttern. Wenn ein offener oder versteckter Bruch in den Beziehungen zwischen Mann und Frau besteht, besonders wenn einer im Geheimen — oder ganz offen — den anderen lächerlich macht, werden alle diese Vorschläge nichts nützen.

4. Zieh die folgenden Vorschläge in bezug auf Dinge in Betracht, die du unbeherrschten oder provokativen Kinde sagen kannst. Die

»Erklärungen« sind so angeordnet, daß sie vom ganz Allgemeinen, das für alle Kinder sicher und nützlich ist, bis zum Spezifischen fortschreiten. In manchen Fällen sind die einfachen Erklärungen zu einfach: sie auszusprechen, würde nur Zeitverschwendung bedeuten. Oft ist es auch nötig, den Gebrauch der fortgeschritteneren bis dahin aufzuschieben, bis das Kind gezeigt hat, daß es die allgemeineren verträgt. Du mußt selbst abschätzen, wo in der Reihenfolge du anfangen willst, und auch, wo die Situation es verlangt, alle mündlichen Erklärungen zu überspringen und gleich zu den fortgeschritteneren Direktmaßnahmen überzugehen, wie z. B. dem »stillen Zimmer«.

Geh immer von der Voraussetzung aus, daß man jedem Kind mit einer einfachen kurzen Feststellung über seine unmittelbaren Absichten helfen kann, vorausgesetzt, daß die Feststellung sich auf offensichtliches Verhalten und nicht auf die unbewußten Intentionen des Kindes bezieht. So kann man z. B. immer zu einem aufsässigen Kind sagen: »Du machst lieber Krach, als daß du richtig arbeitest«, aber nie »du bist so wütend, daß du die ganze Zeit versuchst, mich zu ärgern«. Das würde im Anfang gar keinen Zweck haben.

Bei den einfachen Feststellungen von Tatsachen gibt es zwei Kategorien. Da sind die Feststellungen über die momentane Situation, wie z. B. »du möchtest jetzt lieber herumlaufen als arbeiten.« Und dann die Feststellungen über seine Gefühle, wie: »Sowie du laut eine Antwort geben mußt, gerätst du aus der Fassung.«

Feststellungen über Tatsachen benutze man zuerst, dann führe man allmählich die über die Gefühle des Kindes ein.

Eine klare Feststellung über ein Verhalten kann als die mildeste und am leichtesten akzeptable Erklärung angesehen und in jeder Situation angewandt werden.

Nehmen wir an, ein Kind steht auf und geht im Zimmer umher, wenn es eigentlich etwas anderes tun sollte. Man könnte zu ihm sagen: »Du gehst lieber herum, als dein Plakat fertigzumalen.«

Wenn es nicht zu gestört ist, so kann diese einfache Feststellung das Kind zurückbringen. Wenn nicht, so wird es entweder die Feststellung ignorieren oder vielleicht irgend etwas antworten, etwa wie: »Ja, ich will lieber herumgehen.«

Jetzt wäre es gut, eine persönlichere »Erklärung« anzuwenden, die sich auf die offensichtlichen Absichten und Ängste des Kindes bezieht: »Mir scheint, du weißt nicht genau, wie du die Arbeit richtig machen kannst. Vielleicht denkst du, daß man dich auslachen wird.«

Wenn erst eine Art gegenseitiger Beziehung hergestellt ist, dann kann man allmählich persönlichere Feststellungen einführen: »Mir scheint, es bringt dich aus der Fassung, wenn du glaubst, du könntest einen Fehler gemacht haben«, oder »du bist böse, daß ich dich und nicht jemand anders gebeten habe, dies tun«, oder »Du möchtest gerne, daß ich unterbreche, was ich gerade tue, und mich mehr mit dir beschäftige«, oder »du denkst, daß du es einfach nicht mehr aushalten kannst, mit den anderen hier zu sitzen« (das mag besonders auf ein Kind mit schwacher Selbstbeherrschung zutreffen).

5. Wenn diese Feststellungen nichts helfen, versuche es mit »Bestätigung«. Vergiß nicht, daß es für ein Kind immer gut ist — wie gestört es auch sein mag — wenn es fühlt, daß es verstanden wird. Im Anerkennen der Gefühle eines verletzten Menschen liegt eine enorme therapeutische Kraft:

»Du bist im Moment sehr böse« (Manche Psychologen glauben, es sei falsch, die Gefühle von Menschen anzuerkennen, die an überwältigenden Emotionen, wie z. B. Wut leiden. Wir haben das nicht gefunden, noch nicht einmal in der Psychose).

»Bestätigung« ist angezeigt, wenn Kinder sich beklagen — entweder übereinander oder über dich, über ihre Spielgefährten, ihr Heim oder über die Schule.« Ohne Bestätigung könnte sich die Sache so entwickeln:

»Ich sehe nicht ein, warum Hans öfter ausgehen darf als ich.« Die Mutter oder der Vater erklären: »Ja, er ist eben älter und verantwortungsbewußter als du.« Und da fängt der Teufelskreis

an: »Das ist nicht fair. Wenn er so lange wegbleiben kann, dann kann ich das auch.«
»Aber du hast nicht verstanden, er ist älter.«
»Das ist nicht fair. Wenn er es kann, kann ich es auch.«
»Aber ich habe dir doch erklärt...« Und so geht es weiter.
Dieser ganze Streit hätte vermieden werden können, wenn man gleich, nach der ersten Erklärung, seine Gefühle bestätigt hätte.
Wir wollen sehen, wie es dann gegangen wäre:
»Ich sehe nicht ein, warum Hans öfter ausgehen darf als ich.«
»Ja, er ist eben älter und verantwortungsbewußter.«
»Das ist nicht fair. Wenn er so lange wegbleiben kann, dann kann ich das auch«.

An diesem Punkte angelangt, sollte man aufhören, sich zu rechtfertigen, und statt dessen seine Gefühle anerkennen: »Du bist aufgebracht und denkst, daß ich unfair bin.« Von diesem Punkt an, beschränke deine Bemerkungen auf das, was das Kind empfindet. Hier liegt das Problem. Es ist auf »der Ebene der Vernunft« nicht zu lösen, und der sich daraus ergebende Streit wird nie aufhören. Nicht Übermaß von rationeller Erklärung wird ein Kind, das emotionell aufgebracht ist, befriedigen. Der Weg, um es aus dieser Gebundenheit zu führen, ist der, dem Kind zu helfen, mit seinen durcheinandergebrachten Gefühlen fertig zu werden.

Typischerweise endet so eine Auseinandersetzung verschwommen. Das Kind wird immer noch aufgebracht sein, aber viel weniger, als wenn seine Gefühle nicht anerkannt worden wären. Wenn du erst einmal seine Aufgebrachtheit anerkannt hast, kannst du dich ruhig zurückziehen und weggehen.

Mit sehr anspruchsvollen, provokativen Kindern gibt es noch mehr Feststellungen, die sich als nützlich erweisen können. Du könntest vielleicht sagen: »Ich bin nicht daran interessiert, dieses Spiel weiterzuspielen, in dem du mich herumstößt, bis ich böse werde. Ich mag nicht mehr mitspielen.«

Innerhalb weniger Monate, nachdem das Kind die anderen »Erklärungen« akzeptiert hat, kannst du längere geben, so wie z. B. die folgende:

»Du bist jetzt in einen Zustand gekommen, wo du möchtest, daß alle unsere Aufmerksamkeit auf dich gerichtet ist. Es ist dir gleich, ob das Haß oder Liebe ist, wenn sie nur auf dich gerichtet und stark sind. Es ärgert dich so sehr, wenn du diese Aufmerksamkeit nicht bekommst, daß du fast alles tun wirst, um sie zu bekommen — dich sonstwie aufführen, brüllen, schlagen.«

Vergiß nicht, daß du darauf gefaßt sein mußt, zuerst zurückgewiesen oder ignoriert zu werden.

Wollen wir einmal zusammenfassen: Wenn ein Kind unlenkbar ist, denk daran, dich nicht selbst zu beschuldigen und damit das Kind. Versuche, ruhig und anziehend zu bleiben. Sprich mit einer ruhigen unemotionalen Stimme. Fange mit einer einfachen Verhaltensfeststellung an: »Du möchtest jetzt lieber heraumlaufen, als am Tisch sitzen.« Nachdem diese Feststellung gemacht worden ist, ignoriere das Kind, wenn es die Grenzen überschreitet, und fahre in deiner Beschäftigung fort. Das verschafft eine Pause, in der das Kind das Gesicht wahren und seine normale Beschäftigung wieder aufnehmen kann. Wenn das nichts hilft, füge eine Feststellung über die auf der Hand liegenden Absichten und Ängste des Jungen hinzu: »Du hast Angst, daß du nicht tun kannst, was man von dir erwartet« oder »du möchtest wohl, daß ich mich mehr mit dir beschäftige«. Diesen Schritt wirst du nur wirksam durchführen können, wenn du die Absichten des Kindes richtig einschätzt. Und wieder, richte deine Aufmerksamkeit auf deine eigene Beschäftigung. Als nächster Schritt: Bestätige die Gefühle des Kindes: »Du bist jetzt ganz aufgebracht und weißt nicht recht, was du tun möchtest. Du würdest gerne bei den anderen bleiben, aber bist nicht sicher, ob du das kannst.«

Fast alle Kinder, die ein negatives Verhalten zeigen, haben gemischte Gefühle über ihr Betragen: sie wollen etwas tun und es gleichzeitig nicht tun. Daher ist es immer gut, diesen Zustand der

Konfusion in Worte zu bringen: »Du möchtest bei uns sein und trotzdem möchtest du es nicht.«

Man muß hier auf einen wichtigen Punkt achten: Du hast nicht einen einzigen direkten Befehl gegeben, wie z. B.: »Setz dich sofort hin.«

Einer der sichersten Wege, einen Menschen aus dem Griff zu verlieren, ist der, Anordnungen zu geben, die ignoriert werden können oder denen vorsätzlich der Gehorsam verweigert werden kann. Ein anderer Weg dazu ist der, Drohungen auszustoßen: »Wenn du das bloß noch einmal tust...«

Man vermeide also solche direkten Konfrontationen.

Wenn das Verhalten des Kindes unbeherrschbar wird, wende die »Grenzen« an, zu denen man sich für diesen Fall in der Familienkonferenz entschlossen hat.

Die Regeln sollten jedem einzelnen gut bekannt und im voraus klar definiert sein. Jedes Kind sollte die Kriterien kennen, die zum Ausschluß aus der Gruppe führen können.

Aber das sollte eine letzte Zuflucht sein.

Bleibe ruhig und bleibe so lange wie möglich bei »Erklärungen«.

Vermeide direkte Herausforderungen. Sogar wenn du ein Kind in das »stille Zimmer« schicken mußt, sag ihm, daß es dort ist, damit es wieder in Ordnung kommt; aber befiehl ihm das nicht. Richte den Tag so ein, daß es nicht zum Krach kommt. Wenn du weißt, daß ein Kind sich nicht lange konzentrieren kann, plane seinen Tag so, daß diese Tatsache in Betracht gezogen wird. Wenn du weißt, daß ein Kind explodiert, wenn es eine bestimmte Sache tun muß, versuche alles so zu arrangieren, daß ein direkter Zusammenstoß vermieden wird.

Je öfter du Anordnungen gibst, die ignoriert werden, um so geringer wird deine Autorität sein. Stelle also die Regeln im voraus durch die Familienkonferenz auf. Und achte darauf, daß du und dein Ehepartner sich bei der Durchführung unterstützen — alles ruhig und unpersönlich.

Wenn die Grenzen erst einmal klar sind, halte dich an eine Reihe von Erklärungen, schalte aber Pausen zwischen jedem neuen Schritt ein beim Übergang von einfachen Feststellungen über sein Verhalten zu den persönlicheren über Absichten oder Befürchtungen und dann zur Bestätigung von Gefühlen, besonders in bezug auf die Neigung des Kindes, kooperieren zu wollen, aber es gleichzeitig nicht zu tun. Von hier an kann man — wenn es nötig ist — direkt zur grenz-setzenden Taktik übergehen. Auf diese Weise hast du das schmerzliche Stadium, in dem du Befehle herumschreist oder um etwas flehst, das dann ignoriert wird, vermieden.

6. Wenn die »Erklärungen« immer noch mehr Wut auslösen, so sollte man trotzdem mit dem beschriebenen Plan fortfahren. Man sollte sich nicht aufregen oder sich hämisch freuen, daß man offenbar mit seinen Erklärungen recht gehabt hat, denn sonst würde das Kind sich ja nicht so aufregen. Wenn das Kind aber in wirklich unbeherrschbare Wut gerät, dann versuche es festzuhalten und sage: »Du bist jetzt nicht imstande, dich von selbst zusammenzunehmmen, und darum will ich dir helfen. Ich werde das tun, bis du allein damit fertig wirst.« Nur in Ausnahmefällen ist es nötig, daß zwei Erwachsene dem Kind Arme und Beine festhalten und es so in das stille Zimmer bringen. Ein Erwachsener sollte genügen, um mit der Situation fertigzuwerden.

7. Man sollte auf keinen Fall vergessen, daß es nur ein verläßliches Kriterium für eine Besserung bei einem gestörten Kinde gibt, und das ist die Häufigkeit seiner negativen Anfälle. Das kann gar nicht genug betont werden. Ein Kind, das fünfmal in der Woche einen Bock hat, kann vielleicht nach einer langen Zeit der Behandlung nach dem obigen Schema diese Anfälle nur noch zweimal in der Woche haben. Wenn du nicht sehr scharfsichtig bist, wirst du das nicht als Besserung registrieren. Die meisten Leute beobachten mehr die negative Episode selbst als die Häufigkeit ihres Auftretens. Ein Großteil der Eltern ist so sehr damit beschäftigt, daß das Kind immer noch bockig ist, daß sie sich sagen: »Das verdammte Kind ist genau so bockig wie je« und dann zu ihren tadelnden und schimpfenden Methoden zurückkehren. Es kann Jahre dauern, be-

vor die negativen Phasen ganz aufhören, aber bevor das der Fall ist, sollte sie schon seltener geworden sein.

Viele Eltern (und Therapeuten) haben das bemerkt, was wir den Ping-Pong-Besserungseffekt nennen. Es ist nicht ungewöhnlich, daß der Zustand eines Kindes, wenigstens während der ersten paar Monate, gleichzeitig besser und schlimmer wird. Was da typischerweise vor sich geht, ist das: die Stimmung des Kindes bessert sich positiv. Es gibt längere Pausen, in denen es »sich gut fühlt«. Und trotzdem werden seine Anfälle schlimmer denn je. Der Grund dafür ist, daß ein Teil seiner Persönlichkeit Hilfe bekommt, aber ein anderer Teil Angst davor hat, langbestehende neurotische Haltungen aufzugeben. Und so versucht der ängstliche Teil noch mehr als vorher, das alte neurotische Verhalten aufrechtzuerhalten, in dem das Kind sich schlecht benimmt und die Eltern schreien und schimpfen.

8. In einem Hause mit vielen Kindern — oder in der Schule — versucht ein Kind vielleicht, mehr negative Aufmerksamkeit bei seinen Kameraden als bei den Erwachsenen zu erregen, besonders wenn es den Erwachsenen gelungen ist, ihre eigenen negativen Emotionen zu verbergen.

Hier kommen eine Reihe von Taktiken in Frage: Zuerst, halte dich an das allgemeine Programm, das hier beschrieben worden ist, und bleibe ruhig. Kinder versuchen, die zu imitieren, die sie bewundern und für willensstark halten. In demselben Maße, wie du ruhig bleibst und die Situation in der Hand behälst, wird deine Stellung unbewußt attraktiv auf das Kind wirken. Wenn du dich ärgerst und schließlich in Wut und aus der Fassung gerätst, wo du es mit einem provokativen Kind zu tun hast, wird es nicht lange dauern, bis auch deine anderen Kinder in derselben chaotischen Weise reagieren.

Wenn man seinen Kindern als Gruppe Erklärungen geben will, dann soll man wie zu einem Einzelnen sagen: »Mir scheint, ihr überlegt euch, wieweit ihr gehen könnt — aber bei dem Spiel mache ich nicht mit« oder »ich glaube, ihr möchtet lieber das und das tun, (was die Gruppe gerade tut), als euch an eure Arbeit machen«.

Wo ist Unwillen angebracht?

Wo auch immer wir über unser System gesprochen haben, war die Reaktion darauf — was seine allgemeine Wirksamkeit anbetrifft — enthusiastisch und positiv; aber doch schlich sich oft eine kleine Stimme des Zweifels ein: Ob wir wirklich glaubten, daß Eltern niemals unwillig werden sollten?

Die Antwort auf diese Frage ist Ja und Nein. »Nein« insofern, als niemand — kein menschliches Wesen — jemals einen Zustand erreichen kann, in dem er völlig frei von Reizbarkeit ist, und außerdem haben wir gesehen, daß etwas Unwillen vernünftig ist — nämlich dort, wo ein echter Angriff auf Leben und Lebensraum besteht. Und trotzdem »Ja«: Unwillen sollte so weit wie möglich reduziert werden, denn allzuviele Kinder sehnen sich förmlich danach und versuchen, ihn hervorzurufen: Und wenn sie das erreichen, versuchen sie es immer wieder. Um es einfach zu sagen: Das Brüllen der Erwachsenen verstärkt die Probleme der Kinder, statt sie zu vermindern. Und außerdem ist jeder Ärger irrational und führt daher nicht zum Ziel.

Man sollte daran denken, daß irrationaler Ärger nicht erstickt oder »heruntergeschluckt« zu werden braucht, sondern dadurch behandelt werden kann, daß irrationale Haltungen, durch die er hervorgerufen wird, geändert werden — kurz gesagt, dadurch, daß man es erst gar nicht dazu kommen läßt.

Man sollte genau darauf achten, daß Unwille und »feste Grenzen« nicht dasselbe sind. Wenn wir also sagen, daß man irrationalen Zorn und Unwillen reduzieren soll, meinen wir damit nicht eine verwaschene, übermäßig nachgiebige oder ganz allgemein schwache Haltung. Wie man gesehen hat, hängt unser System von sehr festen Grenzen ab und davon, daß die Eltern sich nicht manipulieren lassen. Das Ziel ist, als Mensch warm zu bleiben, aber felsenfest darin, daß man sich nicht durch Ungezogenheiten manipulieren läßt. Wenn ein Kind herausfindet, daß es negative Taktiken anwenden kann, um dich zu beeinflussen, so besitzt es eine mächtige Waffe, die es sicher zu deinem Nachteil nutzen wird.

Denke daran, daß man es nicht über Nacht lernen kann, irrationalen Zorn zu vermeiden, und daß man durch eine lange Periode von Schuldgefühl und Konfusion gehen muß, bevor man sein Ziel erreicht. Also, schwöre dir nicht, daß du deinen irrationalen Zorn abbauen wirst, sondern bemüh dich, ihn von Monat zu Monat schwächer werden zu lassen.

Wo sind positive Emotionen angebracht?

Wir haben überhaupt noch nichts über deine positiven Emotionen gesagt, über die Liebe, die Zuneigung, das echte Mitgefühl, das du deinem Kinde zeigst. Wir haben nur die Ausschaltung der negativen Emotionen besprochen. Das haben wir absichtlich getan, denn wenn du wenig oder nichts für dein gestörtes Kind empfindest, gibt es nichts, was wir tun können, um deine Gefühle umzustimmen — außer, die Elemente der Selbstbeschuldigung zu eliminieren, die die positiven Reaktionen erstickt haben können. Man kann Menschen dazu verhelfen, daß sie aufhören, andere zu beschuldigen, aber es ist sehr schwer, Liebe einzuflößen. Therapeuten wissen schon lange, daß man viel leichter einen negativen Block entfernen kann, als Reaktionen aufzubauen, die lange gefehlt haben. Man muß nur die Schwierigkeiten bei der Behandlung von Psychopathen beobachten, die nicht die Fähigkeit haben, mit anderen mitzufühlen.

Manche Eltern (und sogar manche Lehrer, die sich selbst den Beruf gewählt haben, emotionell gestörte Kinder zu behandeln) sind nicht imstande, den gestörten Kindern gegenüber positive Gefühle aufzubringen. Aber ob nun ein Kind geliebt wird oder nicht, so kann doch seine Verwundbarkeit gegenüber Trennung und Mangel an Liebe beeinflußt werden. (Obgleich man auch behauptet, daß manchen jungen Menschen ohne Liebe nicht geholfen werden kann; es ist aber nicht sicher, ob das stimmt.)

12. KAPITEL

DAS GESAMTSYSTEM IN DER PRAXIS

Die Einsicht der Eltern, die Grundregeln und die Familienkonferenz sollten alle zusammen angewandt werden, um höchste Wirkung zu erreichen. Wir wollen das durch weitere Beispiele erhärten. Es ist zu beachten, daß in manchen Fällen eine von den Grundregeln besonders betont werden wird.

Beispiel 1: Ein sechsjähriger Junge, der dazu neigt, die Selbstbeherrschung zu verlieren.

Glen hatte zwei ältere Brüder, eine jüngere Schwester und einen jüngeren Bruder. Sein Vater war Ingenieur und seine Mutter eine warme, lebhafte Frau. Die psychologische und medizinische Untersuchung förderte eine ganz leichte Störung des Zentralnervensystems zutage, obgleich keine bekannte Form von Hirnschädigung festgestellt werden konnte und kein Medikament verschrieben wurde. Das Kind war gescheit und in der Schule gut, wenn es sich genügend zusammennehmen konnte. Wenn es aber frustiert war, wurde sein auf sich selbst gerichteter Zorn intensiv und wandte sich gegen jeden, der gerade in der Schußlinie war. Es wurde dann provokativ, neckte die anderen, fluchte und war mürrrisch.

Seine Geschwister waren mit ihm meistens geduldig, wenn sie auch gelegentlich seine Neckereien mit ihren eigenen beantworteten und manchmal sogar mit wirklicher Aggression reagierten. Die Eltern versuchten alles, um an Glen heranzukommen — von Überredung bis zur Bestechung, Beschimpfungen und Schlägen. All das hatte Erfolg — für ungefähr zwei Tage.

Typischerweise wenden sich Eltern nicht an den Fachmann, bevor sie nicht ihre eigenen Hilfsquellen erschöpft haben, und versuchen alles, wovon sie als Mittel für die Behandlung von Kindern gehört haben. (Leider halten sie sich aber dabei selten an eine einzige Methode, jedenfalls nicht lange genug, daß sie wirken würde, sogar wenn sie es könnte.)

Glens Eltern waren recht vernünftige Leute und hatten eine gute Beziehung zueinander. Als sie zu uns kamen, brauchten wir nicht viel Zeit darauf zu verschwenden, ihre Beziehungen oder ihre Kommunikation miteinander zu verbessern. Wir gingen gleich an die Arbeit und führten sie in das System ein, das in diesem Buch dargestellt worden ist. Wir betonten dabei besonders die Familienkonferenz, damit Glen bei den Entscheidungen über die »Grenzen«, die gesetzt werden mußten, mitentscheiden könnte, und auch, um die Kräche zwischen ihm und der Mutter abzubrechen. (Sein Vater konnte sich dem entziehen, da er die meiste Zeit, in der Glen auf war, nicht zu Hause war.)

Bei der Arbeit mit Glen waren drei Dinge besonders wichtig: 1. die Eltern mußten lernen, in ihren Beziehungen zu ihm nicht ihren Unwillen vorherrrschen zu lassen (wir mußten seine Gewöhnung an negative Aufmerksamkeit reduzieren — sein Verlangen nach ihrem Unwillen); 2. sie mußten lernen, feste und entschiedene Grenzen zu setzen, um sich selbst einigen Schutz gegen ihn zu verschaffen, und um dem Kind ein festes Gefüge von Grenzen zu geben, auf die es sich verlassen konnte (wir brachten ihnen bei, nicht bei wichtigen Angelegenheiten doch nachzugeben, wenn er brüllte oder mürrisch wurde, denn »Pazifizierung« führt zu Erpressung); 3. sie mußten bereit sein, den intensiven Zorn und die Frustration anzuerkennen, unter denen Glen litt.

Wir halfen ihnen, Glens Befürchtungen, daß er in der Schule und unter seinen Spielkameraden nicht richtig mitmachen könne, anzuerkennen, ebenso wie seine neuen Befürchtungen, als er entdeckte, daß seine Taktik zur Erlangung negativer Aufmerksamkeit nicht mehr funktionierte. Diese »Bestätigung« half dem Jungen, ein realistischeres und toleranteres Bild von sich selbst zu bekommen.

Als er sich erst einmal in einem positiveren Lichte sah, brauchte er nicht mehr so sehr gegen sich selbst und gegen andere wegen wirklicher oder eingebildeter Mängel zu wüten.

Glen besserte sich in der üblichen Weise. Als die Monate vergingen und die Eltern immer fest blieben, ihn jedoch nicht tadelten, ließen Glens Anfälle der Unbeherrschbarkeit nach. Er hatte zwar immer noch gelegentlich Ausbrüche und recht schlimme, da er versuchte, die Eltern dahin zurückzubringen, ihm negative Aufmerksamkeit zu schenken. Aber sie waren seltener und endeten schließlich, als er einsah, daß seine Eltern sich nicht erweichen lassen würden.

Als er sich wieder in der Hand hatte, wurde auch in der Schule sein Betragen und seine Arbeit annehmbarer, und er brauchte keine weitere Hilfe.

Beispiel 2: Ein verängstigtes und gehemmtes neun Jahre altes Mädchen

Melissa hatte drei ältere Schwestern, die alle in der Schule gut waren. Melissa selbst war nur eine Durchschnittsschülerin, und fühlte sich daher unzulänglich und ihren Schwestern unterlegen, die sie alle wegen ihrer nicht so vollkomenen Leistungen in der Schule und beim Spiel neckten.

Die Mutter fühlte sich in der ganzen Sache recht schuldig und war unsicher, was sie tun sollte. Sie versuchte, die älteren Geschwister zu schelten, aber weder hatte das eine Wirkung noch half es dem Kind. Melissa wehrte sich dagegen, daß ihre Mutter dauernd für sie eintrat: Sie wollte sich selber durchkämpfen.

Melissas Vater war ein guter Versorger der Familie, aber an den Kindern und ihren Problemen völlig uninteressiert. Außer, daß er seiner Frau sagte: »Du bist zu nervös, das ist das ganze«, tat er nichts für sie oder für Melissa.

Von Jahr zu Jahr wurde Melissa immer mehr gespannt; ihre Noten in der Schule fielen beträchtlich ab. Die Familie konsultierte uns. Zu diesem Zeitpunkt stand nicht fest, was der Grund für Melissas Angst war: die Neckereien ihrer Schwestern oder das Schuldgefühl und die Angst ihrer Mutter.

Die Familie konnte sich nicht dazu verstehen, mit einer Familientherapie anzufangen, obgleich wir gerade diese Form der Behandlung empfohlen hätten, damit die Schwestern und der Vater mit ihren negativen Verhaltensweisen konfrontiert werden könnten. Die Mutter erschien allein bei uns — bei zwei der Sitzungen —, und danach sprachen wir mit ihr nur am Telefon.

Unser erstes Ziel war das, der Mutter zu helfen, mit ihren Schuldgefühlen fertig zu werden. Wir erklärten ihr, daß Eltern nicht ausschließlich für alles, was ihre Kinder tun, verantwortlich seien, daß es für sie unmöglich sei, alles und jedes zu unterdrücken, was Melissa wehtun könnte: Das Schicksal spielt eine große Rolle dabei, wie Kinder sich entwickeln. Wir zeigten ihr auch, daß Neckereien unter Geschwistern etwas ganz Gewöhnliches sind.

Wir sagten Melissas Mutter, daß sie, wenn sie nur die eine Kunst zu lernen vermöchte — nämlich anerkennende Bemerkungen zu machen —, sie ihrer Tochter helfen könne, was auch immer der Grund für Melissas Spannungen war. Es war zu der Zeit unmöglich zu sagen, ob das genügen würde, um ihrem Kind zu helfen — Melissas Hemmungen konnten einen komplizierteren Grund haben und eine komplizierte Therapie verlangen — aber, was ihre Mutter zu Hause tun konnte, würde wenigstens etwas helfen.

Wir schlugen vor, daß die Mutter, wenn Melissa sehr gespannt war, besonders wenn ihre Schwestern sie geärgert hatten, einfach sagen sollte: »Ich kann gut verstehen, wie dir zumute ist — es ist kein schönes Gefühl, wenn sich jemand über einen lustig macht.«

Die Mutter wunderte sich, wie so eine simple Sache helfen sollte, und so informierten wir sie über die ungeheure Heilkraft, die darin liegt, sich verstanden zu fühlen.

Wir betonten, daß sie keine falschen Versicherungen zu geben brauchte »... aber mach dir nichts draus, wenn deine Schwestern dich necken, mein Liebling, denn in anderen Sachen bist du wirklich gut«. Solche verzuckerten Worte klingen falsch, weil sie es wirklich sind. Es lag kein Grund vor, sich wegen Melissas Leistungen zu einer Lüge zwingen zu lassen. Solche süßen Pillen sind nicht nötig: Wenn ein Mensch sich von einem anderen verstanden und akzeptiert fühlt, ist schon ein großer Teil der Last behoben. Außerdem, wenn man versucht, »kompensierende« Bemerkungen zu machen (»... in dem und dem bist du wirklich ausgezeichnet«), würde die Mutter nur Melissa noch mehr davon überzeugen, daß die Eltern sie nur nach ihren Leistungen beurteilten. Wenn man diese Denkweise zu weit treibt, kann das zu mangelhaften Leistungen führen, denn wenn man sie nur nach ihren Leistungen beurteilt, kann es für sie zu riskant werden, überhaupt irgendeine Leistung zu versuchen.

Diese Feststellung würde Melissa helfen, die geringe Ansicht, die sie von sich selbst hatte, zu bekämpfen und dadurch ihren Groll und ihre Angst ihren Schwestern gegenüber zu vermindern. Und diese Taktik würde der Mutter die Möglichkeit geben, für ihre Tochter etwas Positiveres zu tun, als mit langem, schuldbeladenen Gesicht herumzugehen.

Bei der zweiten Sitzung erklärten wir Melissas Mutter die Familienkonferenz und rieten ihr, sie als Spaß einzuführen — und nicht einfach als ein Mittel, ihren Mann und ihre Töchter zu kritisieren. Wir sagten ihr, daß sie dabei besonders auf Grundregel 1 achten solle, nämlich, ohne Vorwürfe miteinander zu verkehren und zu versuchen, ihren Mann dazu zu bringen, allmählich auch teilzunehmen und schließlich die Führung zu übernehmen.

Ein paar Monate später fanden wir, daß Melissa weniger gespannt war und daß der Familienrat, wenn er auch nicht großartig funktionierte (der Vater beteiligte sich immer noch sehr wenig) doch etwas nützte. Wenn nichts anderes, so fühlte sich die Mutter doch weniger isoliert und schuldbewußt. Es stellte sich heraus, daß Melissas Schwestern das ganze sehr genossen und tüchtig mithalfen.

Beispiel 3: Ein ungehorsames vierzehn Jahre altes Mädchen, das sich mit einer kriminellen Rauschgiftbande abgab

Helene war ein hübsches Mädchen mit rotbraunem Haar, der Liebling ihres Vaters. Ganz früh was es Helene gelungen, das Verhältnis zwischen den Eltern zu stören. Es war ihr klar geworden, daß sie nicht notwendigerweise der Mutter zu gehorchen brauchte, da der Vater, der den ganzen Tag über in seinem Büro war und Helenes Provokationen nicht bemerkte, immer für sie eintreten würde.

Die Mutter, die versuchte, Helene zum Gehorsam zu bringen, wurde immer mehr zu einem nörgelnden Zankteufel. Ihre Sorgen mit Helene ließen sie Tag und Nacht nicht los — darin bestand das Band der krankhaften Abhängigkeit zwischen den beiden. Wenn der Vater zufällig einmal dazukam, wie die Mutter Helene behandelte, fand er in ihr eine weinerliche, scheltende, absolut mitleiderregende Figur.

Im Laufe der Jahre erkannte Helene immer weniger Grenzen an. Am Ende hörte sie auch auf ihren Vater nicht mehr, der schließlich zugab, daß hier ein Problem vorlag.

Glücklicherweise verschanzten sich Helenes Eltern nicht zu sehr in der Defensive, als ihnen erklärt wurde, was sich da zugetragen hatte.

Das erste war, bei der Mutter eine Seelenkosmetik vorzunehmen. Es war wichtig, sie dazu zu bringen, ihre Nörgelei und ihr mitleiderregendes Gehaben aufzugeben und jemand zu werden, vor dem man Respekt haben konnte. Dies mußte geschehen — dies und eine Stärkung der Beziehungen zwischen den Eltern — bevor man an die Arbeit mit Helene herangehen konnte.

Es wurde der Mutter geraten, eine Halbtagsstellung anzunehmen. (Alle Kinder gingen zur Schule.) Nicht nur, daß ihr das dazu verhelfen würde, nicht nur immer über Helene nachzudenken, sondern es würde für sie auch eine neuen Rollenidentität bedeuten. Sie hatte schon völlig den Glauben an sich als Mutter und als Mensch verloren. Wo die Selbstachtung schwindet, läßt auch gleichzeitig die Sorge für sich selbst nach. Sie war in ihrem Äußeren schlampig und in ihrer Diät nachlässig geworden. Eine bezahlte Stellung würde ihr helfen, mit anderen Leuten auf dem Niveau von Erwachsenen zu verkehren. Sie würde dann auch besser auf sich selbst achten. Das würde nicht nur ihr selbst helfen, sondern auch dazu beitragen, daß ihr Mann sich wieder für sie interessierte.

Durch die Arbeit würde sie sich wahrscheinlich als Mensch tüchtiger vorkommen, denn es gibt weit mehr Menschen, die in ihrer Arbeit, als solche, die auf dem Gebiet der Elternschaft erfolgreich sind. Es ist viel schwerer, eine gute Mutter oder eine gute Ehefrau zu sein, als eine tüchtige Arbeiterin. Eine Familie stellt weit größere emotionale Anforderungen an die Frau.

Als die Mutter erst einmal eine Stelle hatte, konzentrierten wir uns darauf, genauer festzustellen, was eigentlich mit den Beziehungen zwischen Mann und Frau los war. Wir verfolgten Helenes Entwicklung. Der Vater sah ein, wie er unbewußt Helene dabei geholfen hatte, die ehelichen Beziehungen zu sprengen. Die Mutter sah ein, daß sie sich fallengelassen und damit Helene und ihrem Vater noch mehr Vorwände gegeben hatte, sie zu kritisieren.

Helenes Eltern führten zu Hause die Idee der Familienkonferenz ein. Zu ihrer Überraschung akzeptierte Helene diesen Vorschlag. Wir sagten den Eltern, daß sie beide zusammen feste Grenzen setzen und die daraus entstehende Frustration bei Helene anerkennen müßten. Wir ermutigten sie, Grundregel 3 zu befolgen und Helene die richtige Freiheit zu gewähren — richtig, insoweit Helene damit fertig werden konnte.

Als Helene sich einer einheitlichen Front gegenüber sah und unbewußt ihre Mutter als wertvoller anerkannte, fiel es ihr leichter, Grenzen zu akzeptieren. Da die Mutter sich ihr nicht mehr aggressiv aufdrängte, brauchte Helene sie nicht mehr aggressiv und total abzuweisen.

Die Eltern waren erstaunt zu sehen, daß Regeln, die vorher nicht imstande gewesen waren, Helenes Verhalten zu beeinflussen, nun mehr Autorität hinter sich hatten. Helene fühlte in dem elterlichen Verhalten die Verbindlichkeit und den Sinn eines einheitlichen Vorgehens, eine Einheitlichkeit, die ihren unbewußten Bedürfnissen nach elterlicher Strenge entsprach.

Die Kraft der einzelnen und der Familie wuchsen beide. Helene war in der Lage, ihre delinquenten Freunde aufzugeben. Sie bezog jetzt genügend Kraft aus ihrer Familie, um diese »Freunde« nicht länger zu brauchen.

(Ob ein im Grunde gutes Kind in der Lage sein wird, unerwünschte Freundschaften aufzugeben, kann man schwer voraussagen. Eine ganze Anzahl von Faktoren spielen da mit: Sind die Freunde wirklich schlecht, oder können die Eltern sie nur nicht richtig beurteilen? Gibt es irgend etwas im Leben des Kindes, worin das Kind sich tüchtig erweist, außer dem Bandenleben? Haben die Eltern dem Kinde Raum für eine positive Identifizierung gegeben, oder haben sie in dem Kinde das Gefühl erweckt, daß es, wenn es nicht bei der Bande bleiben würde, seelisch ersticken müßte? Daß jedes Akzeptieren eines elterlichen Wunsches symbolisch für totale Unterwerfung sein würde?)

Beispiel 4: ein passiv-aggressiver elfjähriger Junge, der in allem außerhalb der Schule in Ordnung war

Jack hatte zwei ältere Schwestern, die Durchschnittschülerinnen waren. Er war der erste Junge in der Familie. Sein Vater setzte große Hoffnungen auf ihn und setzte ihn von Anfang an unter Druck, ein guter Schüler zu sein. In den ersten Klassen kam er gut vorwärts. Als er aber ins Gymnasium kam und die Klasse wechseln und sich überhaupt mehr erwachsen benehmen mußte, ließen seine Leistungen nach. Er wurde ein Träumer. Da er beliebt war, halfen die Lehrer ihm nach. Daraufhin besserte sich seine Arbeit, ließ aber sofort wieder nach, als die Nachhilfe aufhörte.

All das wirkte dahin, daß er eine passiv-aggressive Persönlichkeit entwickelte. Er konnte sein Ressentiment nicht offen zeigen und drückte es daher dadurch aus, daß er in der Arbeit nachließ. Wenn er auch nach außen hin nicht aufsässig war, ärgerte er doch die Eltern dadurch, daß er niemals das tat, was man ihm auftrug.

Jacks Eltern hatten eine gute Beziehung zueinander, wenn auch die Mutter manchmal den Vater beschuldigte, daß er den Jungen zu hart anfasse. Er seinerseits fand, daß sie zu nachgiebig mit ihm sei.

Wir erklärten ihnen unser System und verlangten, daß das Schwergewicht auf der Familienkonferenz liegen solle, um Jack zu ermutigen, seinen eigenen Stundenplan für Schularbeiten und Haushaltspflichten aufzustellen.

Jack war einverstanden, den Plan für die Schularbeiten zu machen; aber natürlich befolgte er ihn nicht. Die Eltern sagten also zu ihm: »Jack, das ist dein eigenes System, es funktioniert aber nicht. Wir werden dich also bitten müssen, ein neues aufzustellen.«

Die Eltern gaben ihm auch noch andere »Erklärungen«, um ihn zur Selbständigkeit zu ermutigen: „Jack, du versuchts, uns zu zwingen, deine Verantwortungen zu übernehmen. Da machen wir nicht mit.«

Sie »bestätigten« seinen Unwillen: »Wir können verstehen, daß diese ganze Sache dich aufbringt. Schließlich üben wir ja einen ganz ordentlichen Druck auf dich aus, wenn wir es auch nicht wollen. Wir wollen eben nicht die Aufgabe haben, dich durch das ganze Leben hindurchzuboxen.«

Nachdem einige Wochen vergangen waren und Jack gezeigt hatte, daß er die obigen Erklärungen akzeptiert hatte, machten sie ihn auf seine Angst vor der Unabhängigkeit aufmerksam und seinen Wunsch, ein Kind zu bleiben: »Der Teil in dir, der nicht erwachsen werden möchte, will, daß wir dich herumkommandieren und für dich sorgen.« — Jacks Lehrer wurden gebeten, dieselben Erklärungen zu geben.

Das ganze Programm brauchte bis zu seiner völligen Durchführung ungefähr ein Jahr. Es gab dazwischen Versager durch Frustration, wenn Jack Pläne aufstellte, die er nicht befolgte. Aber bei der letzten Information, die wir bekamen, hatten sich seine Zensuren in der Schule gewaltig gebessert. Es ist noch zu früh, um festzustellen, ob die Wendung zum Positiven von Dauer sein wird. Aber es besteht alle Aussicht dafür.

*Beispiel 5: ein neurotischer zwölf Jahre alter Junge,
der sich einbildet, schwer krank zu sein*

Jerrys Vater war ein intelligenter und fähiger Arzt; seine Mutter eine dominierende, kluge, lebhafte Frau, die alles in der Hand haben wollte. Der Vater bildete sich ein, alle möglichen schlimmen Krankheiten zu haben, und verschwendete viel Zeit damit, sich mit anderen Ärzten zu beraten. Aber sein Pflichtgefühl verhinderte, daß er von der Arbeit wegblieb. Jerrys eingebildete Krankheiten hingegen waren der Grund, weshalb er oft nicht in die Schule ging.

Jerry hatte einen älteren Bruder und eine ältere Schwester, die beide nicht zu Hause, sondern im College waren, wo sie gut vorwärts kamen.

Unsere Therapie erfolgte in zwei Phasen. Zuerst sahen wir Jerry allein, und der Zweck war, ihn zurück zur Schule zu bringen. In den meisten Fällen von Kindern mit Symptomen, die sie von der Schule fernhalten, ist es ganz gut, sie zu ermuntern, sobald wie möglich wieder zur Schule zu gehen. Nicht nur, daß man dadurch verhindert, daß das Zuhausebleiben zur Gewohnheit wird, sondern auch, daß sie allzuviel in der Schule versäumten. (Wenn aber die Krankheit auf einer zugrundeliegenden Psychose beruht, ist es nicht immer angezeigt, eine sofortige Rückkehr zur Schule zu erzwingen.)

Wir zeigten Jerry, daß seine Krankheit in Wirklichkeit ein Versuch war, seine Abhängigkeit von der Mutter aufrechtzuerhalten, von der er nicht loskommen konnte. Wenn er auch diese Erklärung einigermaßen skeptisch aufnahm, ging er doch zur Schule zurück. Im Anfang der Behandlung kamen immer wieder ängstliche Anrufe der Mutter, die nicht wußte, ob sie ihn nicht doch lieber zu Hause behalten sollte, denn »... schließlich sieht es doch so aus, als ob er Schmerzen hat«. Da die ärztliche Untersuchung keine Krankheit ergab, hielten wir das aber für einen Fehler.

Wir sagten der Mutter, daß sie zwar Jerrys Schmerzen anerkennen solle — »Jerry, ich glaub dir, daß du Schmerzen hast. Ich denke nicht, daß du lügst«, sich aber doch nicht von seinen Symptomen rühren lassen und ihm sagen sollte: »Wenn du auch Schmerzen hast, so wäre es doch falsch, daheim zu bleiben, denn dann traust du dir schließlich überhaupt nichts mehr zu.« Es ist zu sagen, daß sie niemals Jerry beschuldigte, daß er lüge, oder ihm sagte, daß seine Schmerzen nicht bestünden. Sowohl der Hypochonder als auch der psychosomatisch Kranke fühlen wirkliche Schmerzen. Viel zu viele Patienten und Ärzte denken, daß psychisch bedingte Schmerzen irgendwie nicht real seien und weniger weh tun als physisch bedingte. Es ist vielleicht so, aber es ist unwahrscheinlich. Schmerz ist Schmerz: er tut weh.

Als die Eltern Jerrys Problem anerkannten, geschah es, um ihn wissen zu lassen, daß ihnen klar sei, er habe Schmerzen und sei unglücklich. Aber gleichzeitig wüßten sie, daß die schließliche Heilung erforderte, daß sie sich nicht von seinen Schmerzen unterkriegen lassen dürften.

Als Jerry zur Schule zurückgekehrt war, baten wir die ganze Familie zu uns. Wir versuchten, ihnen zu zeigen, wie die Mutter sowohl bei ihrem Mann wie bei ihrem Sohn Abhängigkeit großgezüchtet hatte — ihr eigenes Selbstgefühl erforderte es, daß jemand oder jeder sie brauchte — und wie sie beide dauernd, indem sie ihre Symptome entwickelten, ihren mütterlichen allmächtigen Schutz suchten. Die Mutter überzeugten wir davon, daß es zwar Spaß machte, wenn manchmal jemand von einem abhängig ist, es aber ganz gewiß auf lange Sicht keine Freude mehr ist, besonders wenn sich herausstellt, daß ihr Mann sich emotional in ein Baby verwandelt hat.

Dieser Teil der Behandlung — die Familienbehandlung — wurde über ein Jahr fortgesetzt. Jerrys Symptome ließen nach, und der Vater zeigte mehr Vitalität. Sowie aber die Behandlung aufhörte, war der Vater nicht viel anders als zuvor: Scheinbar war das eine bequeme Art der Persönlichkeit sowohl für ihn selbst als auch für seine Frau.

Wir rieten ihnen beiden, Grundregel 3 und 4 besonders zu beachten, die zur Unabhängigkeit ermutigt und Gefühle anerkennt.

Wir wollen zusammenfassen: Es ist schwer vorauszusagen, welcher Teil unseres Systems einer Familie am besten helfen wird. Am besten ist es, die Vorarbeit so zu machen, daß man jene Kräfte herausklaubt und verändert, die die elterliche Einheit zerstören. Dann läßt man sie die Grundlagen lernen (die Grundregeln und die Familienkonferenz) und fährt so fort, daß man das System als Ganzes anwendet. Mit der Zeit sieht man dann, welcher Aspekt am meisten zur Besserung beiträgt.

Wo das System nicht funktioniert, gibt es entweder in der ersten Phase (elterliche Einigkeit) oder in der zweiten (die Grundregeln) Schwierigkeiten. Fachhilfe kann bei manchen Paaren nötig sein, um durch das erste Stadium durchzukommen, aber bei den meisten ist sie überflüssig. Man muß nur nicht vergessen, daß Gesundheit und Einsicht verschiedene Grade haben und keine absoluten Werte sind.

III. TEIL

VOM SÄUGLING BIS ZUM TEENAGER

13. Kapitel

DAS KIND VON DER
GEBURT BIS ZU EINEM JAHR

Wir haben hier ein ganzes System dargestellt, wie man es für verschiedene Familienprobleme, — leichte und schwere — gebrauchen kann. Jetzt möchten wir zu den allerersten Anfängen im Leben des Kindes zurückgehen und seine Entwicklung in jedem Jahre verfolgen, um zu zeigen, wie das beschriebene System zu den Problemen spezifischer Altersphasen paßt.

Die Wichtigkeit zu wissen, was man erwarten kann

Bei all den möglichen Problemen, mit denen man zu kämpfen hat, wäre es töricht, wenn die Eltern sich noch zusätzliche schaffen würden, die man leicht vermeiden kann. Und eine Menge Kopfschmerzen können vermieden werden, wenn nur jeder der beiden Eltern, besonders die Mutter, sich die Zeit nehmen würde, zu erfahren, was sie von einem Kinde erwarten kann, wenn es aufwächst. Denn viel Normales wird den unvorbereiteten Eltern anormal scheinen.

Das Baby schreit ohne sichtlichen Grund. Ist das normal? Wie lange soll man das mitanhören?

Das Baby war immer friedlich, aber plötzlich verändert sich seine Persönlichkeit. Es fürchtet sich vor Fremden. Es schreit nach seiner Mutter. Ist das normal? Und wenn, wie lange wird das anhalten?

Es besteht wenig Aussicht, daß du deine fünf Sinne beieinander behalten kannst, wenn du nicht weißt, was du von deinen Kindern zu erwarten hast: welches Verhalten mit Achselzucken hinzunehmen und welches ernst zu nehmen ist.

Schreiber in Sonntagszeitungen, einschließlich der Fachleute, die versuchen, dich zu überzeugen, daß die Aufzucht von Kindern eine Sache des Instinkts sei, haben unserer Ansicht nach unrecht. Es gibt keine verläßliche Methode, das Wissen aus seiner eigenen Seele zu holen, wenn niemand es dort eingepflanzt hat. Vielleicht gibt es einen Drang zur Mütterlichkeit, und vielleicht bringt er es dazu, daß die Mutter dem Kind wohl will und ihm Aufmerksamkeit schenkt. Aber spezifisches Wissen besteht nicht. Und obgleich gesunder Menschenverstand und Intuition nötig sind, um Kinder zu erziehen, so können sie doch die harten Tatsachen nicht ersetzen.

In früheren Generationen wurde das Wissen um die Aufzucht der Kinder von der Großmutter zur Mutter und dann zur Tochter weitergereicht, die ja alle im selben Hause lebten. Heute ist die Familie zerstückelt, und die Information kommt von draußen.

Die beste Methode, etwas über dein kleines Kind zu erfahren, ist die, ein — oder mehrere — der Standard-Baby-Bücher zu lesen.

Entwicklungsphasen

Entwicklungsphasen stellen die verschiedenen Stadien des Verhaltens und der Haltungen dar, durch die Kinder hindurchgehen. Letzten Endes ist er aber auf statistische Verallgemeinerungen gestützt. Ein Abweichen von diesem durchschnittlichen Ablauf braucht daher noch keine Besorgnis zu erregen. Wenn die Entwicklung eines Kindes in signifikanter Weise von solcher Beschreibung der Entwicklungen abweicht, so sollte man das als Zeichen nehmen, daß man sich das Kind näher ansehen muß. Man sollte dann seinen Kinderarzt bitten, das Kind zu untersuchen oder nötigenfalls an andere Fachärzte zu überweisen.

Viele Forscher haben schon festgestellt, daß es — wenn die Entwicklung selbst sich auch von Kind zu Kind kaum unterscheidet — doch große zeitliche Schwankungen gibt. Mit anderen Worten also, jedes Kind geht durch die Stufen a, b, c, d usw. durch, aber Kind

Nr. 1 kann die Stufe b, c und d in einem ganz anderen Alter durchmachen als Kind Nr. 2. Letzten Endes gehen alle Kinder denselben Weg, aber in verschiedenem Tempo, und es ist sehr zweifelhaft, was nun das normale oder durchschnittliche Tempo ist. Einige Verhaltensweisen, die für ein zweieinhalbjähriges Kind als durchschnittlich angesehen werden, können bei einem frühreifen Kinde schon mit zwei Jahren auftreten, und das, was für das zweijährige Kind normal ist, kann manchmal erst mit zweieinhalb Jahren kommen.

Manche Eltern können recht geschickt sein, wenn es sich um Probleme eines bestimmten Alters handelt, aber mit denen eines anderen Alters nicht fertigwerden. Eine Mutter kann vielleicht ganz kleine Kinder sehr gut behandeln, aber später versagen, wenn es sich um den normalen Trotz und die Hartnäckigkeit des typischen zweieinhalbjährigen Kindes handelt. Manche Eltern sind erschreckt, wenn sie die normale Trennungsangst des acht Monate alten Kindes bemerken, und reagieren falsch, vielleicht so, daß sie nun übermäßig liebevoll und fürsorglich werden, oder vielleicht auch durch Ablehnung.

Wenn ein Entwicklungstrend zu sehr oder zu wenig beachtet wird, so kann das die Grundlage für spätere Schwierigkeiten werden, denn beide Reaktionsformen prägen Verhaltensweisen oder verlängern sie wenigstens, die gewöhnlich von dem sich normal entwickelnden Kind im Laufe der Zeit aufgegeben werden.

Für manche Kinder ist es besonders schwer, einige der zu erwartenden negativen Verhaltensweisen abzuschütteln, und wenn dann ihre Eltern zu stark oder zu schwach reagieren, kann die Durchgangsphase zur Dauerorientierung werden.

Eine normale Entwicklung kann mit einem Schicksalsschlag zusammenfallen und auf diese Weise ein ernstes Problem darstellen, wo normalerweise keines da gewesen wäre. Wenn z. B. das Schicksal es mit sich bringt, daß eine Mutter stirbt, während das Kind mit acht Monaten in der normalen Trennungsangst-Periode ist, so kann daraus ein schwerer psychischer Schaden erwachsen. Natürlich ist der Tod einer Mutter immer tragisch. Was wir aber damit sagen wollen, ist, daß das, was in dem einen Alter ein »normales« Trauma gewesen wäre, in einem anderen eine schwere und chronische Krise einleiten kann.

Frances L. Ilg und Louise Bates (in ihrem Buch »Child Behavior«, — das »Verhalten des Kindes«) beschreiben, wie sie davon beeindruckt waren, wie manche psychische Verhaltensweisen sich wiederholen, während Kinder von zwei bis sechzehn Jahren heranwachsen. Die grundlegende Abfolge geht vom guten, stabilen, ausbalancierten Verhalten zu einem recht kläglichen, disorganisierten. Von da weiter über eine gut ausbalancierte zu einer stark introvertierten Orientierung, dann zu einem extrovertierten, expansiven Verhalten, zu einem weniger nach außen gerichteten, mehr zwangsweisen Verhalten und dann zurück zu einer besser ausgewogenen Stabilität. Diese Abfolge spielt sich zuerst zwischen zwei und fünf ab, wiederholt sich zwischen fünf und zehn und erscheint wieder zwischen zehn und sechzehn.

So mag z. B. das zweijährige Kind eine gute und stabile Orientierung haben. Wenn es zweieinhalb ist, wird es mehr disorganisiert und schwerer zu behandeln sein. Drei ist dann ein ausgewogenes Alter, und das Kind ist leichter zu behandeln. Das Dreieinhalbjährige ist durch eine Nach-Innen-Wendung charakterisiert. Das Kind ist nun labil und recht ängstlich. Das Vierjährige bekommt eine stark expansive Orientierung. Das Viereinhalbjährige geht weniger aus sich heraus und ist leicht zu erschüttern. Wenn es dann fünf ist, zeigt es größere Stabilität. Der Kreis fängt dann wieder mit fünfeinhalb Jahren an.

Wir finden, daß diese Abfolge viel leichter bei kleinen Kindern beobachtet werden kann — zwischen zwei und zehn — als bei den älteren, aber statistisch gesehen, kann sie als wirklich vorhanden und exakt bezeichnet werden.

Gefühlsverarmung

Das ernsteste Problem für den Säugling ist völlige emotionale Verarmung. Institutionalisierte Kinder unter sechs Monaten werden teilnahmslos und mager. Oft nehmen sie nicht zu. Sie bewegen sich nicht und sind apathisch. Ihr Stuhlgang ist häufiger als normal. Sogar ihr Schlaf ist nicht so gut wie der normaler Kinder.

Die Behandlung solcher Fälle ist schwierig. Man muß sich bemühen, den Kindern zu helfen, eine gute Beziehung zu einer Mutter-Figur zu bekommen. Diese Person muß extrem geduldig sein und nicht tadeln, denn Kinder, die als Säuglinge emotional vernachlässigt waren, entwickeln sich selten ohne Schwierigkeiten. Sie weisen Liebe zurück, wenn sie auch innerlich danach hungern. Es ist, als ob sie jeden potentiellen »Liebe-Spender« einem schweren Test aussetzen müssen: »Ich will dich nicht gern haben, bis du mir nicht beweist, daß du mich nicht verlassen wirst, was ich auch immer tun mag.« Wenn man ihnen Freude macht oder ihnen ein Vergnügen bereitet, so danken sie einem das mit widerborstigem Benehmen.

Viele Eltern, die es gut meinen und die eine gesunde Familie haben, entschließen sich, ein Kind zu adoptieren, das einen emotional vernachlässigten und traumatischen Hintergrund hat, um die Liebe und Sicherheit ihres Heimes mit einem Unglücklichen zu teilen. Aber es passiert oft, daß innerhalb von ein paar Jahren die Eltern — verwirrt und zornig — in der Sprechstunde eines Psychotherapeuten landen. Sie dachten, das Kind würde ihre Liebe begrüßen, aber statt dessen schleudert es sie ihnen ins Gesicht. Sie haben das Gefühl, daß die Lage ihren anderen Kindern gegenüber unfair ist, denn ihre ganze Aufmerksamkeit ist auf das »Böse« konzentriert, das immer weiter Schwierigkeiten macht. Wenn man solchen Eltern nicht klarmachen kann, daß das Kind in Wirklichkeit ihre Liebe haben möchte, aber Angst hat, wieder verlassen zu werden, wird die Sache ein unglückliches Ende nehmen. Es ist für solche Eltern ganz besonders wichtig, daß sie lernen, Grenzen zu setzen, ohne zu tadeln, und die scheinbare Zurückweisung ihrer

Liebe nicht persönlich zu nehmen. Das Kind schätzt ihre Liebe und Aufmerksamkeit, aber es muß der Welt gegenüber Feindschaft zeigen.

Nicht-phasengerechte Mütter und Kinder

Manche Mutter und ihre Kinder scheinen von Anfang an nicht miteinander auszukommen. Das Kind will schlafen, wenn die Mutter es wach haben möchte. Sie will, daß es ißt, wenn es nicht hungrig ist. Es hat seine Zeiten maximaler Aktivität, wenn sie schlafen möchte. Und so geht es weiter. Das ist eine Situation, von der die Mutter später sagt: »Das Kind war von Anfang an unmöglich. Vom Moment an, als wir aus dem Hospital nach Hause kamen, konnte man es ihm nicht recht machen.«

Es scheint, daß es drei Arten von nicht-phasengerechten Situationen gibt.

In der einen gibt es die Mütter, die an einer tiefen Angst vor der mütterlichen Identität leiden. Solche Frauen sind auf einem unbewußten Niveau aufgebracht, wenn sie irgend etwas Wichtiges, das mit dem Aufziehen von Kindern verbunden ist, tun sollen, z. B. in einer bestimmten Stimmung zu bleiben, wenn ihnen auch gar nicht danach zu Mute ist, oder über eine längere Frist keine Zeit für sich zu haben. Diese Art von Müttern hat gewöhnlich unangenehme Schwangerschaften: größeren Brechreiz als üblich, Schmerzen oder übermäßige Absonderungen. Nicht-phasengerechte Situationen, die sich auf Angst vor der mütterlichen Identität aufbauen, brauchen oft psychotherapeutische Hilfe, denn solche Mütter können dann entweder stark depressiv werden, in dem Maße, wie die Verantwortungen der Aufzucht der Kinder sich vermehren, oder sie werden absolut ablehnend.

Einer anderen Kategorie von nicht-phasengerechten Reaktionen gehören Mütter an, die an die Aufzucht ihrer Kinder mit Bilderbuch-Erwartungen herangehen. Das Baby wird wunderschön sein, wird immer lächeln, wird dankbar sein für all die netten Dinge, die die Mammi ihm tut. Die Wirklichkeit ist selten so, und in ihrer Frustration wird die Mutter weniger und weniger imstande sein, die wirklichen Bedürfnisse des Kindes abzuschätzen. Sie trägt es ihm nach, daß es ihren Phantasieballon zum Platzen gebracht, daß es sie ihrer Träume beraubt hat.

Die dritte Kategorie von nicht-phasengerechter Reaktion betrifft Mütter und Babys, die in ihrer Persönlichkeit sehr voneinander verschieden sind. Das Baby kann vom »Hyper«-Typ sein: schnell, agil, immer in Bewegung, die Mutter hingegen langsam, phlegmatisch und unentschlossen. Oder vielleicht ist das Kind langsam, braucht lange Zeit zum Essen, während die Mutter von dem »schnellen Typ« ist, der schnell zu einer anderen Arbeit übergehen möchte.

Nicht-phasengerechte Situationen tragen ein großes Risiko in sich, indem sie die Beziehung zwischen Mutter und Kind für immer verderben können. In den meisten Fällen nehmen die Eltern aber gern Rat an. Sehr oft ist alles, was die Mutter braucht, eine Erklärung dessen, was sich zugetragen hat, warum die Lage wirklich schlimmer erscheint, als sie ist, und wie sie dadurch, daß sie sich entspannt, weitere Schwierigkeiten vermeiden kann. Weiter kann man ihr zeigen, wie sie mit bescheidenen Veränderungen besser auf die wirklichen Bedürfnisse des Kindes eingehen kann. Oft braucht sie nur ein paar Vorurteile zu korrigieren, denen das Kind nicht entspricht. In schweren Fällen ist Psychotherapie nötig, um der Mutter zu helfen, den Identitätsstatus der »Mutter« besser zu ertragen.

Essen und ähnliche Probleme

Die meisten Eßprobleme treten in zwei Perioden auf: mit dem Beginn der festen Nahrung und am Ende des ersten Jahres (oder Anfang des zweiten), wenn das Kind natürlicherweise weniger Appetit hat und die Mutter Angst bekommt, womit dann ein endloser Zirkel anfängt von ängstlichen Versuchen der Mutter, das

Kind zu überfüttern, und der Verweigerung der Nahrung (oder schließlicher Überfütterung) durch das Kind.

Die folgende Liste enthält die meisten der üblichen Klagen:

Das gefräßige Kind: Dieses Kind wird nur dann zum Problem, wenn die Mutter Angst bekommt. Sehr oft beschreibt eine Mutter ihr Kind als »gefräßig« im Hinblick auf ihre eigenen Ängste und Phantasien. Wenn du dir darüber Sorgen machst, gehe zu deinem Kinderarzt und — wenn du dir ganz große Sorgen machst — zum Psychotherapeuten.

Verweigerung des Essens: Aus vielen Gründen kann das Kind die Nahrung verweigern: Allergien, unpassende Sauger usw. Viele der Schwierigkeiten in dieser Kategorie erfordern ärztliche Hilfe. Für uns ist aber das Kind interessanter, das die Nahrung verweigert, weil die Mutter zu gespannt ist.

Solch eine Mutter sollte Kapitel 4 sehr genau lesen, denn es ist sehr wahrscheinlich, daß sie überflüssigen Unwillen und Angst in bezug auf ihr Kind oder ihre Ehe produziert. Entweder ist es das, oder sie weiß einfach nichts über den Appetit von Kindern und bildet sich ein, daß Kinder mehr essen müssen, als in Wirklichkeit nötig ist.

Oft ist die Appetitlosigkeit vorübergehend. Für die Mutter ist die Hauptsache, daß sie sich nicht aufregt und dadurch nicht ein unwichtiges, zeitlich begrenztes Problem in ein chronisches verwandelt. Beruhigung durch den Kinderarzt hilft hier viel. Es ist aber erstaunlich, wie viele Mütter sich dennoch immer weiter beklagen, daß das Kind nicht genug ißt, selbst wenn der Kinderarzt ihnen versichert hat, daß die Gewichtszunahme normal sei. Diese Mütter verraten damit ihre eigenen Ängste oder eingebildete Unzulänglichkeiten.

Bauchschmerzen: Der hauptsächliche Trost für Eltern, deren Kinder Bauchschmerzen haben, ist der, daß sie sich »auswachsen«. Fast alle Fachleute glauben, daß der Zustand sich nach dem dritten Monat bessert. Es ist normal, wenn ein Kind eine Periode von Mißbehagen pro Tag hat. Das sind noch keine echten Bauchschmerzen.

Zusätzliche Vorschläge: Laß dich von deinem Kinderarzt darüber beruhigen, daß nichts Ernstes vorliegt; versuche deine eigene Spannung abzubauen (siehe Kapitel 4); gehe so viel wie möglich aus; glaube nicht schuldbeladen, daß du verantwortlich bist; hüte dich davor, dich selbst und damit dein Kind abzulehnen.

Übergang von der Brust oder der Flasche zur Tasse und dann zur festen Nahrung: Die Mutter kann hier drei Fehler machen: sie bemerkt nicht, ob ihr Kind zu dem Typ gehört, der den Übergang am besten schnell, oder zu dem, der ihn allmählich machen muß. Sie zwingt das Kind, den Übergang vorzunehmen, wenn sie sich entschieden hat, daß es am besten sei, und nicht, wenn es dazu bereit ist. Sie verwechselt momentane Mißstimmung oder Kummer des Kindes mit einem Trauma und glaubt, daß sie es immer mit dem Kinde schwer haben wird. Sie zögert also mit dem Übergang und gibt dem Kinde Gelegenheit, sie zu beherrschen.

Vorschläge: Entscheide dich, ob dein Kind zu dem Typ gehört, das mit einer neuen Situation sofort oder allmählich konfrontiert werden muß. Bei den meisten Kindern ist das allmähliche Vorgehen besser. Wenn dein Kind so ist, gib ihm als ersten Schritt ein klein bißchen Neues zusammen mit viel von dem Altgewohnten.

Beurteile von seinem allgemeinen Gehaben, ob das Kind bereit ist, zu etwas Neuem überzugehen. Was ist sein allgemeines Niveau der Kooperation? Ist alles für eine Weile glatt gegangen? Führe in Zeiten der Spannung keine Veränderungen ein. Man soll den Kindern nicht zumuten, mit zu vielen Dingen auf einmal fertigzuwerden.

Fast alle Kinder wehren sich zuerst gegen die Tasse, und später reagieren fast alle mit gemischten Gefühlen auf den Übergang von flüssiger zu fester Nahrung. Man kann erwarten, daß es diese fremden Dinge ausspuckt. Reg dich nicht über ein bißchen »Kummer« bei ihm auf. Nimm deshalb nicht an, daß es wählerisch ist und starke Neigungen und Abneigungen hat, nach denen du dich richten mußt. So viele lebenslange Eßgewohnheiten haben damit angefangen, daß das kleine Kind seinen Eltern mit kleinen Launen den

Kopf verdreht hat. (Wenn aber ein älteres Kind schon eine solche Laune in bezug auf das Essen hat, aber sonst gesund ist, sollte man sie ignorieren. Hier geht es nur um die Einführung neuer Nahrung.)

Ernste Eßprobleme: Wenn ein Kind sich überhaupt weigert zu essen und endlos lange kaut, ohne zu schlucken, dann geh zum Kinderarzt. Eine vollständige Untersuchung ist angezeigt, verbunden mit einem gründlichen Interview mit jedem der Eltern.

Entwicklung des Selberessens: Sobald das Kind zuverlässig Daumen und Finger gegenüberstellt und entweder einige Zähne oder starkes Zahnfleisch hat, ist es bereit, selbst mit den Fingern die Nahrung in den Mund zu führen. Das ist gewöhnlich so gegen Ende des ersten Jahres. Eltern die übermäßig viel Getue machen, verpfuschen diese Aufgabe ganz gewaltig (und gewöhnlich verpfuschen sie dann auch die Anregung zu weiterer Selbständigkeit).

Man muß sich damit abfinden, daß das Kind, das mit den Fingern ißt, sich bekleckert. Steh nicht die ganze Zeit bei ihm und wisch nicht jedes bißchen Essen, das heruntertropft, ab. Wenn du das tust, wird es bald aufgeben, sich selbst zu füttern, und anfangen, all die Schwierigkeiten zu entwickeln, die ein Kind mit mangelnder Selbständigkeit hat.

Der Schnuller: Weder Fachleute noch Laien sind sich über den Gebrauch des Schnullers einig. Wir denken, daß man sich nicht mit dem Schnuller abzumühen braucht, wenn das Kind kein intensives Verlangen danach hat, seinen Saugtrieb zu befriedigen. Andererseits, wenn seine regelmäßige Nahrungsaufnahme seinen Saugtrieb befriedigt, wozu dann den Schnuller benutzen?

Wenn man dem Kind einen Schnuller gibt, so soll das nach dem Essen geschehen, wenn man merkt, daß es immer noch starkes Verlangen nach dem Saugen hat. Nimm ihn weg, wenn es am Einschlafen ist. Auf diese Weise wird es sich nicht an ihn gewöhnen. Wenn es aber schon an den Schnuller gewöhnt ist, mach dir nichts draus, es wird sich schon auswachsen. Außerdem kannst du ja bestimmen, wo und wie er benutzt werden soll.

Verstopfung: Konsultiere den Kinderarzt. Auf diesem Gebiete machen Eltern oft einen ganz gewaltigen Fehler, indem sie es zulassen, daß der Darm des Kindes für sie selbst und für das Kind zur Hauptsache wird. Davor muß man sich hüten. Verfestige nicht, was nur temporär ist. Der Darm des Kindes ist wohl kaum ein würdiger Gegenstand, um zur wichtigen Angelegenheit zu werden.

Babysitter: Hab keine Angst, von einem kleinen Kinde fortzugehen. Es ist gut für dich und für das Kind. Aber sorge dafür, daß der Babysitter nicht nur deine Regeln, sondern auch deine Zeiteinteilung einhält.

Laß dich dabei nicht durch die normalen Perioden der Trennungsangst täuschen. Sprich dem Kind beruhigend zu, aber geh fort, wenn die Zeit herangekommen ist. Fühle dich nicht schuldbeladen und versuche, dem Kind keine Aufregung einzuflößen.

Kopfanschlagen, Schaukeln usw.: Es gibt eine Menge von Verhaltensweisen, für die noch kein klarer Grund festgestellt worden ist: den Kopf gegen etwas schlagen, übermäßiges Hinundherschaukeln, den Atem anhalten, einige Formen des Erbrechens, Daumen lutschen, an den Lippen zupfen, Haardrehen. Dieses Verhalten wird manchmal bei Kindern beobachtet, die alle möglichen Schwierigkeiten haben, und manchmal bei Kindern, die sich ganz normal entwickeln. Nicht nur, daß es nicht klar ist, was diese Verhaltensweisen bedeuten, es ist auch nicht sicher, ob sie als Warnsignale bewertet werden sollten. Es ist am besten, den Rat des Kinderarztes einzuholen.

Verschiedene Theorien sind aufgestellt worden, um diese Erscheinungen zu erklären. Einige Theoretiker glauben, daß das Kopfanschlagen, das Hinundherschaukeln Versuche von seiten des Kindes darstellen, das aufzustellen oder zu verstärken, was technisch die »Körperbegrenzung« genannt wird. Ihrer Meinung nach hat das Kind eine Ich-Schwäche, die es ihm unmöglich macht, ein kohärentes Bild von sich selbst zu bekommen und physische Bewegung und Verhalten miteinander zu integrieren. So bummst das Kind mit dem Kopf und schaukelt, um diese Unfähigkeit zu kompensieren.

Kindern stehen wenige Wege offen, um ihre Frustration und

ihren Unwillen auszudrücken, und es kann sein, daß das Kopfanschlagen, das Schaukeln, das Atemanhalten usw. den Versuch darstellen, ihren Unwillen zu entladen, vielleicht ein Unwille, der aus irgendeinem Grunde zu exzessiven Ausmaßen angewachsen ist. Oder aus irgendeinem Grunde sind bei dem Kinde die normalen Wege der Entladung blockiert.

Versuche alles, um die Bedürfnisse deines Kindes richtig einzuschätzen. Auf diese Weise kannst du wenigstens etwas von der Frustration mildern, die die Wut hervorruft. Aber am wichtigsten ist es, nicht in Panik zu geraten. Und laß dich nicht manipulieren. Bleib ruhig und halte weiter die Grenzen ein, die die Situation erfordert. Wenn das Kind etwas Gefährliches tut, z. B. mit dem Kopf gegen die Bettwand schlägt, dann binde einfach Polster an die Wände und Seiten des Bettchens. Bei manchen Dingen, z. B. beim Hinundherschaukeln, ist nichts weiter zu machen, als abzuwarten, bis es sich verwächst. In manchen seltenen Fällen ist eine gründliche ärztliche Untersuchung, einschließlich der neurologischen und psychologischen Seite angezeigt. Laß deinen Arzt dir helfen, eine Entscheidung zu treffen.

Die Anforderungen der Ehe bei neugebackenen Eltern

Es ist nichts Ungewöhnliches, daß neugebackene Eltern zuerst allen möglichen Unsinn aneinander ausprobieren. Die Mutter kann sich weigern auszugehen, mit der Erklärung, sie könne das Kind doch nicht alleine lassen. Oder sie kann den Geschlechtsverkehr ablehnen. »Es wird das Baby aufwecken. Außerdem bin ich zu müde. Man kann eben nicht ein Baby versorgen und dabei immer noch am Sex interessiert sein.«

Der Vater mag verlangen, daß das Kind unbedingt zu schreien aufhört, und kann seine Frau fühlen lassen, daß es von jetzt ab ihre Lebensaufgabe sei, den Vater vor Störung durch das Kind zu bewahren.

Solche unvernünftigen Forderungen auf beiden Seiten werden am besten ganz früh geregelt. Wende alle Ratschläge in Kapitel 4 und 5 an oder konsultiere einen Fachmann. Die Aufzucht eines Kindes auf so einer Basis wird sicher mißlingen, ebenso wie es das Leben der Familie, die derartiges zuläßt, beeinträchtigt.

14. Kapitel

DAS ALTER ZWISCHEN EINS UND DREI

Nicht jeder teilt die Ansicht, daß die Kinderjahre von entscheidender Bedeutung sind. Vielleicht hat man zu viel davon hergemacht. Am einleuchtendsten vertritt sie Erik H. Erikson in seinem Buch »Kindheit und Gesellschaft«, auf das sich das Folgende weitgehend stützt.

Es ist bestimmt nicht richtig, daß keine wichtige Veränderung mehr möglich ist, wenn die Persönlichkeit erst einmal herangereift ist. Und es ist fast nie richtig, daß ein Mensch für immer durch negative Kindheitserlebnisse abgestempelt ist. Richtig ist hingegen, daß keine anderen Jahre den ganz frühen an Wichtigkeit gleichkommen.

Man muß sich nur einmal die schwerwiegenden Dinge klarmachen, die in der Kindheit geregelt werden müssen. Das erste und wichtigste ist, ob das Leben an sich für lohnend angesehen wird. Das Kind muß entscheiden, ob es sich auf das »da draußen« verlassen kann. Allmählich weiß es, daß da »etwas« ist und — was auch immer dieses Etwas sein mag — daß es für sein Wohlbehagen und seine Sicherheit nötig ist, ja, für sein Überleben überhaupt. In dem Maße, wie eine Mutter die echten Bedürfnisse des Kindes richtig einschätzen kann — sagen wir zwischen Hunger und Schläfrigkeit oder Übermüdung unterscheiden und so auf die wahren Bedürfnisse reagieren kann — wird das Kind den Glauben in sich aufbauen, daß man sich auf das, was da draußen ist, verlassen kann und daß es daher gut und wertvoll ist.

Dann steht das Kind der Entscheidung gegenüber, ob es selbst »gut« ist. Dies wird zum größten Teil dadurch bestimmt, wie die Eltern sich zu ihm verhalten, wie sie auf das Kind reagieren. Sind sie voller Wärme? Akzeptieren sie das Kind und verhalten sich freundlich? Oder feindlich und ablehnend? Stellen sie Forderungen, die das Kind erfüllen kann, oder verlangen sie das Unmögliche, indem sie darauf bestehen, daß es tut, wozu es noch nicht bereit ist, z. B. Sauberwerden, bevor es noch weiß, was man da von ihm erwartet; sein Besitztum mit anderen teilen, bevor sich bei ihm noch das Gefühl für Eigentum gefestigt hat? Unterdrücken sie jeden Versuch, zur Unabhängigkeit zu gelangen? Hört das Kind ein »Nein« bei allem, was es anfaßt? So ein Vorgehen würde es in bezug auf seine eigene Willenskraft dauernd mißtrauisch machen — in einer ewigen Angst, wirklich unabhängig zu werden.

Als nächstes muß das Kind entscheiden, bis zu welchem Grad es produktiv sein darf, wie weit es Initiative entwickeln kann. Wird es dabei von seinen Eltern unterdrückt oder ermutigt?

Wir wollen damit keinesfalls sagen, daß es ausschließlich die Eltern sind, die für die Entwicklung dieser Leistungen und Fähigkeiten bei ihrem Kind verantwortlich sind. Was wir aber wohl meinen, ist, daß die Eltern eine wichtige Rolle bei der Entwicklung der Leistungen eines kleinen Kindes spielen. Und wir meinen ferner, das Eltern nicht erwarten sollten, daß ihre Kinder immer in einem glatten, angenehmen, gleichmäßig ansteigenden Fortschritt heranreifen. In seiner Entwicklung steigt das Kind über Berge und Täler: auf Fortschritte folgen scheinbar Rückschritte. Es mag sich von einem freundlichen, reifen Kind in einen in sich zurückgezogenen Tyrannen verwandeln — aber dabei immer noch in den Grenzen des zu Erwartenden bleiben.

Ein schneller Blick auf die Jahre zwischen Eins und Drei

Die Beweglichkeit beherrscht hier das Bild. Das Kind möchte sich herumtummeln.

Das nächste, am besten erkennbare, sind die beiden Perioden des Negativismus — so um das Alter von achtzehn Monaten und um die zweieinhalb Jahre herum —, durch die das Kind hindurchgeht. Irgendwann muß es dann sauber werden.

Es fängt an zu sprechen.

Egozentrisch, wie es ist, muß es anfangen zu lernen, mit anderen auszukommen.

Das Kritischste während dieser frühen Jahre ist, daß das Kind seinem eigenen Willen gegenüber eine bestimmte Haltung einnehmen muß — das heißt, es muß seine Willenskraft zeigen. Das sind die Jahre, in denen das Kind sein Wissen, daß es eine selbständige Person ist, konsolidiert, daß es Dinge wollen kann, ganz aus sich allein heraus, daß es nicht immer auf andere zu warten braucht. Es probiert seinen Willen auf jede mögliche Weise aus. Manchmal mißbraucht es dieses Privileg, indem es negativ wird, alles ablehnt. Wie weit kann es dabei gehen? Was muß es tun, und was wird ihm getan?

Dies sind für Eltern und Kinder qualvolle Zeiten. Kann das Kind seine Wünsche denen der Eltern anpassen? Oder ist es so sehr von unbefriedigten Bedürfnissen überwältigt, daß es das nicht kann? Ungelöste Probleme in der einen Phase setzen sich später in andere fort. Wenn es seiner Mutter nicht gelingt, auf die wirklichen Bedürfnisse ihres Kindes zu reagieren — soll sie es z. B. jedesmal füttern, wenn es schreit, statt die wahre Natur seiner Bedürfnisse herauszubekommen, die einfach darin bestehen können, daß es in Ruhe gelassen werden möchte — wird sie damit vielleicht der Entwicklung von starken, chaotischen, unersättlichen Gefühlen Vorschub leisten. Das Resultat ist, daß das Kind in der nächsten Entwicklungsphase, in der es lernen muß, einige seiner Wünsche zu modifizieren und so seinen Willen zu regulieren, mit außerordentlich intensiven statt den normalen Emotionen und Wünschen fertig werden muß.

Wenn die Eltern versuchen, dem Kinde zu helfen, einen richtigen Willen zu entwickeln, so müssen sie geeignete Grenzen setzen, in ihrer vorwurfsfreien Haltung verbleiben und die Unabhängigkeit des Kindes in der Weise fördern, daß es weitgehende, aber nicht unbegrenzte Freiheit genießt. Es wird von der Fähigkeit der Eltern, so vorzugehen, abhängen, ob das Kind einen richtig modifizierten, aber nicht übermäßig gehemmten Willen haben wird, oder ob es gelähmt durch Mißtrauen gegen sich selbst und seine Initiative daraus hervorgehen wird. Wird es sich behaupten können — imstande, das zu verfolgen, was es will, und zwar mit dem richtigen Grad von Aggressivität, oder wird es in ängstlicher Weise unterwürfig werden? Wird es entscheiden, daß seine Umgebung hoffnungslose Forderungen stellt, und daraufhin eine permanente feindselige Haltung einnehmen? Wird es herausfinden, daß es nur mit massiver Behauptung seines Willens handeln kann — daß es nur durch krankhafte Anfälle von impulsiven Ausbrüchen, die durch seine Eltern in ihm errichteten Hemmungen überwinden kann?

Beweglichkeit

Die Beweglichkeit, das heißt die Fähigkeit, sich im Raume umherzubewegen, kann dem Kinde entweder ein weites Panorama von erregendem Forschen und Entdecken oder aber ein Schlachtfeld von Frustration, Wut und Angst verschaffen. Nirgends verraten ängstliche Eltern, die viel Getue machen, übermäßig behütend sind, so sehr ihr wahres Gesicht wie in dieser Hinsicht. Das Leben kann für das Kind zu einer Reihe von ängstlichen »Neins« werden: endlose Verwarnungen, dauerndes Aufnehmen, unnützes Waschen, überflüssiges Entfernen von absolut harmlosen Gegenständen — kurz gesagt, eine Welt, in der die individuelle Initiative nicht nur unerwünscht ist, sondern als gefährlich und verboten angesehen wird.

Die Grundregeln sind nötig, um der Herausforderung der zunehmenden Beweglichkeit des Kindes zu begegnen. Die Eltern müssen feste, aber geeignete Grenzen setzen. Diese Grenzen sollten ein weites Gebiet der Freiheit mit einbeziehen — aber sie dürfen nicht unendlich weit sein. Genauso, wie ein Kind durch zu viel Unterdrückung geschädigt werden kann, ebenso kann ihm unbegrenzte Freiheit schaden, nicht nur physisch sondern auch seelisch: Ein unbegrenztes Universum ist überwältigend. Es erweckt endloses Verlangen, und endloses Verlangen überfordert die Fähigkeit des Menschen, es zu zügeln. Wo keine festen Grenzen existieren, glaubt das Kind, daß die Endlosigkeit in ihm selbst ist, und stellt sich vor, daß es von ungebändigten Gefühlen überschwemmt werden kann.

Aber — wie wir schon oben betont haben — haben die Grenzen nicht viel Wert, wenn sie nicht einigermaßen mit Ruhe gesetzt und aufrechterhalten werden. Wenn das Kind hinter der Festsetzung von Grenzen Wut, Tadel oder Ängstlichkeit verspürt, wird es ihm viel schwerer sein, die Grenzen zu akzeptieren. Es spürt die Unsicherheit und weiß, daß hier ein Gebiet der persönlichen Verletzbarkeit liegt. Man darf nicht vergessen, daß das Ziel dieses Festsetzens von Grenzen das ist, daß das Kind sie schließlich innerlich akzeptiert. Es ist nicht sehr wahrscheinlich, daß Kinder Grenzen akzeptieren, über die du selbst Zweifel hast.

Es ist am leichtesten, ruhig zu bleiben und nicht dauernd zu tadeln, wenn man — wie wir schon vorgeschlagen haben — das Haus »kindersicher« macht. Man sollte jede mechanische Einrichtung benutzen, damit das Haus sozusagen auf sich aufpaßt: Plastikeinsätze für Steckdosen, Schlösser für Schränke — einschließlich eines Sicherheitsschlosses für die Schränke unter dem Abwaschtisch, in denen man giftige Chemikalien aufbewahrt — Gitter vor gefährlichen Treppen, Schlösser an allen Türen, besonders am Badezimmer. Räume alle Nippsachen weg! Wie schon betont, kann man dem Kinde noch später, wenn es leichter ist, Respekt für solche Sachen beibringen. Achte nicht auf die Warnungen all derer, die glauben, daß das Kind als ein gesellschaftlicher Rüpel aufwachsen wird, wenn es nicht dauernd einen Klaps auf die Hand bekommt, weil es eine endlose Reihe von Dummheiten macht, wie z. B. Aschenbecher anfäßt. Wenn du einen Krieg vermeiden willst, in dem jeder unterliegt, mach dein Haus kindersicher.

Es gibt Zeiten, in denen das Kind enttäuscht werden muß.

Schließlich gibt es Dinge im Hause, die man nicht wegsperren kann, und es gibt wertvolle Sachen, die man nicht mechanisch aus der Reichweite des Kindes entfernen kann. Wenn du das Kind vom Fernsehapparat wegträgst, wird ein sanftes, aber festes »Ich weiß, du hast das nicht gern; aber du darfst das nicht anfassen« sehr wohl wirken, sogar wenn das ganz kleine Kind nicht jedes Wort versteht. Es wird die Stimmung verstehen, die dahinterliegt. Vergiß nicht, seine Gefühle anzuerkennen.

Wir haben hier nichts über die Grundregel gesagt, die darin besteht, das Kind zur Unabhängigkeit anzuregen, denn die Suche des Kindes nach dieser Kostbarkeit ist während dieser Jahre konstant auf dem Höhepunkt. Seine Beweglichkeit — Krabbeln, Umhergehen, Berühren, Beschnuppern, alles in den Mund stecken — all das sind die Grundpfeiler der Unabhängigkeit.

Wenn das Kind keine Grenzen akzeptiert

Wenn das Kind keine Einschränkung seiner Beweglichkeit akzeptiert, wenn es immer weiter Gegenstände berührt, die ihm verboten sind, dann stehen eine Reihe von Möglichkeiten offen. Vielleicht sind zu viele »Neins« vorausgegangen. Das ist der häufigste Grund. Wenn du dein Kind mit »Neins« überschüttest, hört es bald nicht mehr auf dich. Es denkt, daß deine Forderungen keinen Sinn haben und nicht konsequent sind. Und so wirft es das ganze Paket weg — deine sinnvollen zusammen mit den möglichen und törichten »Grenzen«. Überdenke noch einmal deinen Standpunkt. Versuche, die Welt nicht als einen katastrophal gefährlichen Ort anzusehen. Frag dich, ob deine Liste von »Neins« wirklich angemessen ist. Sieh nach, ob du nicht vielleicht zu viele Negative hast. Es ist viel leichter, ein paar Grenzen zu erzwingen, die absolut notwendig sind, als eine lange Liste von solchen, die nur hin und wieder einmal angewandt werden.

Der zweithäufigste Grund, warum kleine Kinder vielleicht keine Grenzen akzeptieren, ist der, daß die Eltern nicht bis zu dem Punkt durchhalten, an dem das Kind sie inkorporieren kann. Dazu ist viel Geduld nötig. Wenn du Grenzen setzt, wo das Kind hingehen kann und wo nicht, fang nicht damit an zu glauben, daß ein bisher schwer lenkbares Kind gleich beim ersten Mal gehorchen wird. Fang lieber damit an, daß du dir vornimmst, so lange durchzuhalten, wie es nötig ist, daß dein Kind lernt, was sich gehört. Auf diese Weise, wirst du vermeiden, von dir selbst enttäuscht zu sein, wenn das Kind die Grenzen nicht akzeptiert. Wenn du dir das erst einmal vorgenommen hast, wird dein Kind deinen Siegeswillen spüren und wahrscheinlich die Grenzen akzeptieren. Wenn die Eltern zu schnell nachgeben, weiß das Kind, daß es die Schlacht gewonnen hat.

Es kommt selten und nur unter besonderen Umständen vor, daß Kinder diese Grenzen in ihrem frühesten Beweglichkeitsverhalten nicht anehmen können, und das ist, wenn ein leichter oder schwerer Hirnschaden vorhanden ist. Hier ist ärztliche Hilfe nötig, aber das System wird auch diesen Kindern helfen. Man muß das Haus eben noch kindersicherer machen, man muß so geduldig und so fest bleiben wie nötig. Es gibt keinen Zauber, der einem Kind dazu verhilft, seine Beweglichkeit ausreichend zu kontrollieren. Medikamente helfen in ein paar ganz besonders gelagerten Fällen, aber bei diesen Kindern wie bei allen anderen kann nichts das vorwurfsfreie Setzen von angemessenen Grenzen, Ermutigung zur Selbständigkeit und Anerkenntnis von Frustration ersetzen.

Wie man lernt zuzuhören

In einem späteren Kapitel, das sich mit den Jahren unmittelbar vor der Einschulung beschäftigt, werden wir eine ganze Menge Dinge besprechen, die man tun kann, um dem kleinen Kind das Lernen zu erleichtern. Aber es gibt etwas, was man gleich von Anfang an tun sollte: lernen, eine angemessene Zeit mit dem Kinde zu sprechen — nicht zu viel und nicht zu wenig — und dem, was es selbst sagt, echte Aufmerksamkeit zu schenken, wenigstens gelegentlich. Nun ist es natürlich richtig, daß manche Kinder Plaudertaschen sind, sogar ganz früh, und niemand könnte wirklich all dem zuhören, was sie zu sagen haben. Aber welche Zeit du dir auch immer nehmen kannst, ihnen wirklich zuzuhören, wird von Nutzen sein. Nichts entwickelt die Kunst der Sprache mehr als die Überzeugung, daß das, was man zu sagen hat, sich auch lohnt. Nur wenn ein Kind fühlt, daß es — wenigstens manches Mal — eine echte Zuhörerschaft hat, wird es einen Sinn haben, seine Sprachgeschicklichkeit weiterzuentwickeln. Indirekt ergibt sich daraus ein Vorteil, denn die neueste Forschung hat gezeigt, daß die Stärke der zwischenmenschlichen Beziehung zwischen der Mutter und dem sehr kleinen Kind positiv mit der späteren Intelligenz zusammenhängt.

Widerspenstigkeit

Wie schon bemerkt, geht das Kind mit ungefähr achtzehn Monaten und dann wieder mit zweieinhalb Jahren normalerweise durch eine intensiv negativistische Phase hindurch: es ist widerspenstig und aufsässig. Dies sind auch die Perioden — besonders die mit zweieinhalb Jahren — die durch extreme Ambivalenz gekennzeichnet sind: es hat gleichzeitig zwei sich gegenseitig ausschließende Wünsche und fühlt trotzdem, daß sie beide notwendig sind, daß es etwas vital Wichtiges opfern würde, wenn es auch nur einen von beiden aufgeben würde. Und so klammert sich das ambivalente Kind hartnäckig an eine irrationale und schmerzhafte Unentschiedenheit.

»Ich möchte gern selbst mit dem Spielzeug spielen.« »Ich möchte das Spielzeug meinem Bruder geben.«

»Ich möchte mir dir einkaufen gehn.« »Ich möchte nicht mit dir einkaufen gehn.«

In dieser Art würde das ambivalente Kind seine Gefühle verbalisieren, wenn es imstande wäre, sie in Worten auszudrücken.

Die Hauptgefahr für die Eltern, während ihr Kind durch dieses ambivalente Stadium hindurchgeht, ist die, daß das negativistische Verhalten »eingeprägt« und chronisch wird, wenn die Eltern es versäumen, angemessene Grenzen zu setzen, und das in einer vorwurfsfreien Art und Weise. Manche Eltern nehmen fälschlicherweise an, daß der normale Negativismus der Anfang eines chronischen Zustands ist, und daß man sich sofort hart dagegenstellen muß. In panischer Angst wollen sie jedes Zeichen von Aufsässigkeit unterdrücken, nehmen zu feindseliger Wut und zu Beschuldigungen Zuflucht und zu einem endlosen Zirkel von Bestrafungen.

Wenn ein Kind erst einmal übermäßig bestraft wird, fängt es an, zu glauben, daß es nichts taugt. Manche Eltern unterstützen diese Vorstellung, indem sie dem Kind sogar sagen, daß es nichts taugt: »Vom Alter von achtzehn Monaten an ist das verdammte Kind unartig.« Wie wir gesehen haben, neigen Kinder dazu, das Etikett, das man ihnen anheftet, in perverser Weise auch zu rechtfertigen. Dieses Prozeß geht unbewußt vor sich. Das Kind weiß sehr selten, was da vor sich geht. Wenn ein Kind aber weiß oder fühlt, daß man es für »schlimm« hält, wird es sich weiter so verhalten, wie es glaubt, daß es sich für »schlimme« Kinder gehört.

Übermäßige Bestrafung wirkt in subtiler Weise dahin, negatives Verhalten hervorzurufen. Das Kind kommt schließlich dazu, sich nur sicher zu fühlen, wenn es bestraft wird, denn unbewußt fühlt es, daß seine Eltern es lieber in dem Zustand des Bestraftwerdens haben möchten. Um das Fortbestehen dieses Zustandes — von dem es glaubt, daß er erwünscht ist — zu sichern, fängt es an, direkt Bestrafung zu suchen. Gleichzeitig ist aber ein Teil seiner Persönlichkeit über die Bestrafung böse, was seinen Wunsch nach Rache verstärkt.

Diese Abfolge ist einer der Wege, die zur Entwicklung eines Bedürfnisses nach negativer Emotion führen. In seinem Verkehr mit anderen Menschen versucht das Kind, negative Emotionen zu erwecken.

Über-Bestrafung ist nicht das einzige Mittel, um eine sich normal entwickelnde Verhaltensfolge zu verfestigen, oder sie weit über die Zeitspanne hinaus zu verlängern, in der sie gewöhnlich schon nachgelassen hätte. Manche Eltern sind aber über den Negativismus des Kindes so aufgebracht, daß sie eine endlose Parade von Täuschungen auffahren, um mit dem Kinde fertigzuwerden. Sie versuchen, es zu verlocken, oder sie sagen ihm, es solle das Gegenteil von dem tun, was sie eigentlich von ihm wollen. Bei diesem letztgenannten Manöver werden sie von dem sonst vernünftigen Team von Frances Ilg und Louise Bates Ames unterstützt, die in ihrem Buch »Child Behaviour« (Verhalten des Kindes) den Eltern raten: »Sei nicht zu stolz, Listen anzuwenden.« Natürlich ist nichts dabei, daß man ja dem Kind kluger Weise am Anfang nicht zu viel freie Wahl läßt. Aber unserer Meinung nach helfen Täuschungsmanöver — so z. B. dem Kind das Gegenteil von dem zu sagen, was man wirklich meint — auf lange Sicht überhaupt nichts, denn wenn die Eltern erst einmal mit ihnen angefangen haben, wissen sie nicht, wann damit aufzuhören und zur ehrlichen Festigkeit überzugehen.

Die »Übermaß«-Reaktionen — übermäßige Verlockung, übermäßige Liebesbezeugungen, übermäßige Gängelung — verursachen gewöhnlich mehr Komplikationen, als daß sie es einfacher machen: Das übermäßig »verführte« Kind entwickelt eine Sehnsucht nach der Vereinigung mit der Mutter, die ihn sein Leben lang verfolgen kann. Das Kind, dem Zärtlichkeit gezeigt wird, als Mittel, seinen Negativismus zu beenden, wird sich gewöhnlich so an diese Liebe und Zärtlichkeit gewöhnen, daß es sein unerwünschtes Betragen weiterführt, um die ersehnte Reaktion hervorzurufen. Das übermäßig gegängelte Kind wird selten in angemessener Weise unabhängig und geht statt dessen vom negativistischen zu einem weinerlichen, anspruchsvollen, tränenreichen, schlimmen Stadium über, das lange, lange Zeit anhalten kann.

Nach der übermäßigen Bestrafung ist der häufigste Fehler, in den Eltern verfallen können, wenn sie es mit einem negativistischen Kinde zu tun haben, der, auf jeden Köder anzubeißen, den es ihnen vorhält.

»Ich werde das Spielzeug nicht aufheben« sagt das Kind.

»Was soll das heißen, daß du das Spielzeug nicht aufheben wirst? Du mußt es aufheben. Was ist mit dir los? Kannst du denn niemals das tun, was man dir sagt?«

Wenn die Mutter gewartet hätte, so hätte das Kind wahrscheinlich sein Spielzeug aufgenommen, sogar während es in Worten seine Abwehr aufrechthielt. Viel zu viele Eltern schaffen sich und dem Kind einen Aufruhr an Worten, indem sie auf jede Kleinigkeit, die gesagt wird, antworten.

Man kann sicher sein, daß der größte Teil des Negativismus durch einfaches Ignorieren behandelt werden kann.

Grundregeln 1 und 2 sind eine große Hilfe bei der Behandlung negativistischer Kinder. Stelle dich nicht feindselig ein, indem du annimmst, daß das Kind sich willentlich negativistisch benimmt, nur um dich zu ärgern. Und laß dich nicht dazu verleiten, das Setzen von angemessenen Grenzen zu vernachlässigen. Gib dem Kinde nicht zu viel Wahlfreiheit und gib ihm in manchen Situationen überhaupt keine Wahl. Wenn es nicht tut, was du von ihm verlangst, nimm es auf oder nimm es bei der Hand und mach mit ihm zusammen, was es tun muß, mit der einfachen Feststellung: »Du hast das zu tun.«

Sauberwerden

Das Sauberwerden bedeutet etwas anderes für die Mutter und etwas anderes für das Kind. Für die Mutter bedeutet es das Ende von einer Menge unangenehmer Arbeiten und daher etwas, dem man freudig entgegensieht. Für das Kind hingegen bedeutet es, daß es wichtige Teile seiner selbst aufgeben muß und das auf Wunsch eines anderen: noch ein zusätzlicher Versuch, es in seiner Freiheit zu begrenzen. Es ist daher kein Wunder, daß für so viele Mütter und und Kinder das Töpfchen zum Schlachtfeld wird.

Wenn eine Mutter sich dessen bewußt wird, daß das, was sie von dem Kind verlangt, nichts Leichtes ist, und wenn das Kind schon genügend positive Gefühle hat, um kooperieren zu wollen, dann ist die Zeit für die Reinlichkeitserziehung gekommen.

In dieser Erziehung gibt es zwei Phasen. In der ersten wird die Mutter selbst trainiert, nämlich darauf, zu bemerken, wenn das Kind »hinaus« muß. Bei einigen Kindern, denen man das leicht ansehen kann und die kooperativ sind, kann dieses Stadium so um das Ende des ersten Jahres erreicht werden.

Im zweiten Stadium muß das Kind freiwillig mitarbeiten. Es wird ermutigt, der Mutter ein Zeichen zu geben. Die meisten Eltern fangen mit dem Training bei der zweiten Phase zwischen achtzehn Monaten und zwei Jahren an, was davon abhängt, wie kooperativ das Kind ist.

Welche Methode ist die richtige? Zuerst setze das Kind in regelmäßigen Abständen auf das Töpfchen. Was diese Abstände sind, weiß man ja von dem ersten Stadium, oder von der laufenden Beobachtung. Warte drei bis fünf Minuten. Lobe es, wenn etwas geschieht, mache aber keine Bemerkung, wenn nichts geschieht. Wenn dann später ein Unglück passiert, lege es trocken — ohne Kommentar und ohne Tadel. Wenn du es so machst, wirst du wahrscheinlich ein Kind haben, das mit zweieinhalb bis drei Jahren sauber ist. (Mütter, die damit protzen, daß ihre Kinder schon mit einem Jahr sauber waren, meinen, daß *sie* selbst trainiert waren. Sie verwechseln einen Erfolg von »Phase eins« mit dem in »Phase zwei«.)

Während dieser ganzen Zeit wird es immer wieder schief gehen. Gäste, fremde Wohnungen, ein neues Brüderchen oder Schwesterchen, draußen beim spielen — fast alles — kann eine Routine unterbrechen, die ja noch im ersten Versuchsstadium steht.

Wenn etwas passiert, reagiere darauf neutral mit: »Bald wirst du es mir vorher sagen.« Und fahre fort zu loben, wenn es gut geht.

Wenn irgend etwas schief geht, z. B. daß das Kind sich über das Rauschen der Spülung erschreckt oder die Balance verliert, laß es für ein paar Tage sein. Dann fang wieder an, wie vorher beschrieben.

Wo starke Spannungen bestehen, kann es nötig sein, Hilfe in der Form von Elternberatung oder Umtrainierung anzuwenden. Aber das Kind wird trotzdem von der Sauberkeitsmethode, die hier beschrieben wurde, profitieren.

Nachtsauberkeit wird gewöhnlich nicht erreicht, bevor das Kind nicht am Tag sauber ist. Wenn aber ein Kind über vier oder fünf noch das Bett naßmacht, sollte eine ärztliche Untersuchung vorgenommen werden. Jede Form von Behandlung muß aber so vor sich gehen, daß das Kind nicht für seine Probleme getadelt oder in Verlegenheit gebracht wird.

Die Anwendung von Grundregeln eins und vier sind für die Sauberkeitserziehung besonders wichtig. Wenn ein Kind für jedes Naßmachen getadelt wird, wird es weiter naßmachen. Und wenn die Sache nicht funktioniert, ist es sehr wichtig, daß die Gefühle des Kindes anerkannt werden. Die erfolgreiche Erziehung zur Sauberkeit ist einer der wichtigsten Schritte, um im kleinen Kind Selbständigkeit zu entwickeln.

Schlafprobleme

Schlafgewohnheiten sind verschieden. Das ganz kleine Kind braucht eine Menge Schlaf, das größere schon weniger, aber keineswegs nach einer ganz bestimmten Schablone. Nicht nur, daß keine zwei Kinder gleich sind, sondern bei ein und demselben Menschen können die Schlafformen schwanken. Eltern sollten wenigstens etwas von einer vernünftigen Vorstellung vom Schlafbedürfnis des Kleinkindes haben. Viele Probleme entstehen daraus, daß Eltern annehmen, daß alle ihre Kinder genau dasselbe Schlafbedürfnis haben. Beim ersten Kind mag die Mutter darauf bestehen, daß es einen Nachmittagsschlaf hält, lange nachdem es ihn nicht mehr braucht; damit schafft sie nicht nur ein Schlafproblem — »Das verdammte Kind bleibt nicht im Bett« — sondern außerdem noch ein Verhaltensproblem — »Es hört einfach nicht mehr auf mich.«

Trennungsangst und Neurosen überhaupt können das Schlafproblem vergrößern, aber oft entsteht das ganze Problem daraus, daß einer der Eltern übertrieben auf das reagiert, was sonst eine vorübergehende Störung gewesen wäre. Irgendeine kleine krankhafte Störung, Überreizung, Erregung durch irgendeine Form der Masturbation — all das kann diese Störung hervorrufen. Am Anfang ist das Kind nicht übermäßig neurotisch, und wenn die Eltern nicht übertrieben reagieren, verschwinden diese vorübergehenden Spannungen mit der Zeit. Wenn die Eltern aber nicht imstande sind, die Störung als vorübergehend zu erkennen, und sie entweder überwichtig nehmen oder das Kind bestrafen, weil es nicht »ein gutes Kind ist und einschläft«, kann daraus ein chronischer Kriegszustand werden.

Manche Eltern sind in bezug auf die Zeit, wann das Kind zu Bett gehen soll, unvernünftig. Entweder bestehen sie darauf, daß das Kind zu früh zu Bett geht, oder zwingen es, zu lange aufzubleiben. Fast hatten wir selbst ein Schlafproblem mit zwei von unseren Kindern, da einer von uns (der Vater) gewöhnlich sehr spät nach Hause kam und die Kinder noch sehen wollte. Wir hielten sie also wach, bis wir die Schrift an der Wand erkannten und diese im Grunde selbstsüchtige Praxis aufgaben. Wenn du sprunghaft, inkonsequent bist oder dich nicht um die Zeiteinteilung deiner Kinder kümmerst, kannst du damit ein Problem schaffen, wo vorher keines existierte.

Die beste Medizin für Schlafprobleme ist die, sie zu vermeiden, und zwar dadurch, daß man gleich mit guten Schlafgewohnheiten anfängt:

1. Lies eins von den bekannten Büchern über Kinderpflege, um etwas über die normalen Schwankungen der Schlafgewohnheiten zu erfahren.

2. Versuche, das Schlafbedürfnis deines Kindes richtig einzuschätzen. Laß dich nicht davon beeinflussen, was deine Mutter oder Tante Nelly dir erzählen. Richte dich lieber nach der Wirklichkeit.

3. Richte für das Kleinkind einen festen Schlafplan ein und versuche, nicht zu radikal oder zu lange von diesem Plan abzuweichen.

Wenn jemand anders auf dein Kind aufpaßt, bitte ihn, dieselbe Routine einzuhalten.

4. Bleibe fest und glaube daran, daß dein Wille schließlich siegen wird.

Wie man schlechten Schlafgewohnheiten entgegenwirkt

Auf keinem der anderen Schlachtfelder ist der elterliche Wille zum Sieg so wichtig, als wenn man es mit einem Kind zu tun hat, daß sich weigert, im Bett zu bleiben. Es ist nicht leicht, ruhig zu bleiben, nachdem das Kind zum zehnten Mal gerufen hat oder heruntergekommen ist, besonders wenn du müde bist und etwas Zeit für dich selbst haben möchtest. Aber es wird dir gelingen, wenn du dich daran erinnerst, daß dein Kind aufhören wird, Aufmerksamkeit zu fordern, sobald es fest davon überzeugt ist, daß es dich nicht unterkriegen kann. Deine Wut, dein Unwille, dein Schreien und Brüllen zeigen dem Kinde nur eins — daß es gerade dabei ist, dich herumzukriegen; denn viel länger kannst du nicht mehr durchhalten. Grundregel 1: — ruhig bleiben, keine Vorwürfe machen — ist für den elterlichen Willen, Schlafprobleme zu lösen, wesentlich.

Viele Eltern von Kindern mit Riesenschlafproblemen haben über diese Taktik verächtlich gelächelt. Wie kann einfach der Wille durchzuhalten so viel erreichen? Liegt es nicht auf der Hand — so sagen sie — daß wir wollen, daß unser Kind im Bett bleibt?

Trotzdem war unser System bisher immer ein großer Erfolg, wenn die Methode ruhig und ohne Vorwürfe angewandt wurde.

Viele Fälle von schlechten Schlafgewohnheiten basieren auf echter Angst, und deine Ruhe, vielleicht noch kombiniert mit der angemessenen Anerkennung der Probleme, wird diese Ängste vermindern helfen, wo immer sie auch herrühren. Wenn aber dein Kind wiederholt schreit und wirklich leidet, dann mußt du den Kinderarzt aufsuchen.

Und nun zu der Methode selbst:
1. Halte dich strikt an die Zubettgeh-Routine. Vermeide Überreizung vor dem Zubettgehen. Lege das Kind mit großer Entschiedenheit hin, so als ob du erwartest, daß alles gut gehen wird, gleichgültig, was vorher passiert ist; paß aber auf, daß das Kind beizeiten seinen etwaigen Durst gestillt hat und auf der Toilette war.
2. Sollte das Kind schreien, geh zurück und beruhige es. Klopf ihm ein bißchen auf den Rücken, gib ihm einen Kuß. Gib ihm Sicherheit. Aber nimm es unter keinen Umständen aus dem Zimmer oder erlaube ihm, in dein Zimmer zu kommen, und leg dich nicht zu ihm. Das Wesentliche bei der Behandlung von Schlafproblemen ist zu zeigen, daß du mit den Wünschen und Ängsten deines Kindes großes Mitgefühl hast, aber es unter keinen Umständen zulassen wirst, daß es irgend etwas dadurch erreicht, daß es nicht im Bett bleibt und daß du dich nicht in sein Spiel einfangen lassen wirst. Du wirst ihm nicht ins Garn gehen, nicht dadurch, daß du übermäßig besorgt wirst, nicht dadurch, daß du nun extra-nett oder extra-unnett zu ihm bist, nicht durch Wut, sondern zeig ihm, daß du ihm helfen willst, mit seinen Ängsten fertigzuwerden, indem du warm, mitfühlend und anerkennend bleibst.
3. Geh in sein Zimmer zurück, so oft es nötig ist, sogar zehn oder fünfzehnmal, wenn das Kind vor Angst schreit. Bleib niemals länger als ein oder zwei Minuten, und komme niemals schneller als in, sagen wir, fünf Minuten wieder. Geh einfach hinein, klopf ihm ein bißchen auf den Rücken, zeig ihm, daß du weißt, daß es Angst hat (entweder in Worten bei Kleinkindern, durch deinen Ton beim Säugling) und geh dann hinaus. Es wird dir helfen, ruhig zu sein und nicht böse zu werden, wenn du dir vornimmst, daß das deine Abendbeschäftigung ist. Sogar bei schweren Fällen werden wahrscheinlich eine oder zwei solche Abende alles sein, was nötig ist.
4. Bei Kindern, die wiederholt aus ihrem Zimmer herauskommen, ist das Ziel deines Verhaltens nicht, sie zum schlafen zu bringen (was du ja sowieso nicht fertigbringst) oder auch nur, daß sie

im Bett bleiben. Dein Ziel ist einfach, ihnen zu zeigen, daß sie dich nicht einfangen können: daher genügt es, sie in ihrem Zimmer zu halten. Wenn das Kind das Zimmer mit einem Geschwister teilt, das er aufweckt und ärgert, kann es sein, daß du versuchen mußt, es in seinem Bett zu halten oder die Zimmereinteilung zu ändern.

5. Nächtliches Herumwandern ist verbreitet und normal zwischen drei und vier Jahren und bedeutet nicht, daß das Kind einen vorsätzlichen Plan durchsetzt, um die elterliche Aufmerksamkeit zu erregen. Mach dein Haus »sicher«, wie wir es empfohlen haben.

6. In »leichten« Fällen kannst du dem Kind erlauben, daß es Spielzeug mit ins Bett nimmt oder das Radio anlassen kann. »Liebling, du kannst Spielzeug haben oder das Radio, aber du mußt in deinem Zimmer bleiben. Ich weiß, daß du dich fürchtest (oder irgend etwas haben möchtest), aber du wirst dir schließlich überhaupt nichts mehr zutrauen, wenn wir dir erlauben, daß du die ganze Nacht zu uns hereinspazierst. Wir bleiben ganz fest dabei und werden nicht nachgeben, ganz gleich, was passiert.«

Bei wirklich schweren Fällen muß man vielleicht ein festes Gitter vor dem Eingang zum Zimmer anbringen, so daß man hineinsehen, das Kind aber nicht herauskommen kann. Sag dem Kind: »Du kannst das Licht anmachen, du kannst mit deinen Spielsachen spielen, leise das Radio spielen lassen, kurz, du kannst tun, was du willst — außer, uns da mithineinzuziehen. Das würde einfach dich feige machen.«

Da der wahre — wenn auch vielleicht unbewußte — Zweck des Kindes ist, das Abhängigkeitsband zwischen sich und den Eltern zu festigen, wird er sich nicht lange für diese »Privilegien« (Radio, Spielsachen) interessieren. Wenn es herausfindet, daß es nicht deine emotionale Aufmerksamkeit fesseln kann, werden die anderen Sachen ihre Anziehung bald verlieren. Schließlich ist das Kind doch schläfrig. Wenn es das nicht ist, dann ist vielleicht die Zeit des Zubettgehens nicht die richtige.

Da die erratischen Einschlafgewohnheiten deines Kindes sich auf neurotische Angst gründen können, ist dein ruhiges, nicht-unwilliges

Vorgehen von entscheidender Wichtigkeit. Wenn diese Methode nicht in ein bis zwei Wochen Erfolg hat, dann denke ernsthaft daran, einen Spezialisten aufzusuchen.

Normale Ängste

In jedem Buch über Kinderpflege findet man eine Liste von Ängsten, die für das Alter zwischen ein und drei Jahren typisch sind. Sie können plötzlich auftreten und so unglaublich stark sein, daß man den Eindruck hat, das Kinde würde nie darüber hinwegkommen. Und dennoch, unter einigermaßen normalen Verhältnissen überwindet das Kind diese Ängste doch, möglicherweise genauso plötzlich, wie sie angefangen haben.

Einige Ängste sind besonders »normal« in dem Sinne, daß die meisten Kinder sie eine Zeit lang haben. Mit acht Monaten kann man vielleicht eine plötzliche Angst vor Fremden beobachten. Oder das kleine Kind mag sich davor fürchten, daß es mit dem ablaufenden Badewasser mit hinuntergespült werden könnte, und fängt daher an zu schreien, wenn die Badezeit herankommt. Das Geräusch des Staubsaugers mag es erschrecken und ängstigen.

Die Angst vor dem Bad kann manchmal mit dem Gebrauch einer kleineren Wanne in der großen bekämpft werden. Die kleinere Wanne macht dem kleinen Kind das Universum begrenzter und somit weniger erschreckend. In extremen Fällen muß man das Kind allmählich wieder an das Baden gewöhnen. Am ersten Abend sprich nur vom baden. Zeig ihm Bilder von badenden Kindern und sag ihm, daß es zwar jetzt Angst hat, es aber bald darüber hinwegsein wird. Wasch es am Waschtisch. Am nächsten Abend sag ihm, daß du nur willst, daß es eben einmal in die Badewanne steigt, daß du aber kein Wasser einlaufen lassen wirst. Wasch es wieder am Waschtisch. Tu am dritten Abend ein ganz klein bißchen Wasser in die Wanne, am vierten ein wenig mehr. Richte dich bei der Steigerung des Wasserspiegels je nach dem Grade der Furcht. Je größer die Furcht, desto kleiner muß die tägliche Zunahme sein. Hab Geduld. Während der ersten paar Abende ist der Fortschritt sehr, sehr klein. Wenn du aber sehr ruhig bleibst und nicht vergißt, des Kindes Angst anzuerkennen (»Ich weiß, daß du jetzt Angst hast, aber das wird nicht immer so sein«), wirst du während der ersten paar Tage einen kleinen Fortschritt bemerken, dann aber einen großen Sprung in positiver Richtung.

Wende die Grundregeln 1 und 4 bei den anderen Ängsten deines Kindes an. Bleib ruhig. Lach das Kind niemals wegen seiner Ängste aus und sag ihm nicht, daß es sinnlos sei, Angst zu haben. Solch ein Rat hilft auch dir selbst nicht, wenn du Angst hast, und wird deinem Kinde gewiß nicht helfen. Überlege und erkenne die Angst an, die es hat, und erinnere es daran, daß es nicht immer so bleiben wird. Die meisten Ängste verschwinden allmählich, fast ohne daß du es bemerkst.

Eifersucht

Uns scheint, daß Eltern sich zu viel Sorgen über die Reaktion kleiner Kinder auf die Ankunft eines Geschwisterchens machen. Nicht, daß es nicht auf das Ereignis reagiert — es tut es, und die Reaktion kann intensiv sein. Aber warum solch krampfhafte Anstrengungen machen, um die Wirklichkeit zu verleugnen, der das Kind gegenübersteht? Schließlich ist ja ein neues Kind angekommen. Das neue Baby wird wirklich einen großen Teil der elterlichen Aufmerksamkeit in Anspruch nehmen. Es scheint uns am besten zu sein, das ältere Kind seinen Kummer in Frieden ausleben zu lassen, statt es zu bereden, daß es beim Baby helfen soll, oder seine Liebe für das Baby zu erklären, während Freunde und Verwandte herumstehen und zu diesen Zeichen seiner »spontanen« Großmut Beifall klatschen.

Behandle die Situation sachlich und ehrlich. Du hast ein neues Baby. Du bist glücklich — und du wirst zeigen, daß du es bist.

Sicher sollst du das ältere Kind dazu ermuntern, hin und wieder etwas für das Baby zu tun, wenn es will. Aber mach das weder zum Ritual noch zur Routine. Und bestehe nicht darauf, daß das ältere Kind sofort den neuen Rivalen lieb hat.

Benimm dich weiter dem älteren Kinde gegenüber ganz normal. Gib ihm die selbe Liebe und Aufmerksamkeit, die es sonst bekommen hätte. Wenn es übermäßig eifersüchtig ist, wirst du sehen, daß diese Eifersucht nicht dadurch vermindert werden kann, daß du dich extraliebevoll zu ihm verhältst. Je mehr du bei dem übertreibst, was du ihm gibst, desto unersättlicher wird es werden — und desto unglücklicher. Ein unersättliches Kind wird dir vorwerfen, daß du mehr für das neue Kind tust, ob das nun stimmt oder nicht. Du wirst denken: »Du undankbares Gschöpf — wir tun viel mehr für dich, und du merkst es garnicht.« Wenn das Kind von der Angst verfolgt wird, daß es deine Aufmerksamkeit verlieren könnte, kannst du es nicht durch immer größere Mengen von Aufmerksamkeit beruhigen, denn sein Hunger danach wächst noch schneller, als du ihn befriedigen kannst.

Wenn dein Kind übermäßig eifersüchtig ist, dann hast du vermutlich Grundregel 3 nicht richtig angewandt — Ermunterung zur Unabhängigkeit. Das übermäßig eifersüchtige Kind muß langsam entwöhnt werden. Es ist schon viel zu abhängig. Das ist der Grund, warum es sich der neuen Situation nicht anpassen kann. Lies sehr sorgfältig alles, was hier über Grundregel 3 gesagt worden ist, und handle danach.

*Gequängel und Geweine:
die ständige Forderung nach Aufmerksamkeit*

Das Kind, das seine Tage damit verbringt, nach Aufmerksamkeit zu jammern, ist auch in bezug auf Grundregel 3 nicht richtig behandelt worden — Ermunterung zur Unabhängigkeit. Es ist auch möglich, daß Grundregel 2 nicht erfolgreich angewandt wurde, daß

Grenzen mit zuviel Getue und Mangel an Konsequenz gesetzt wurden.

Das Kind, das quängelt und jammert, ist in bezug auf die Mutter »süchtig« geworden. Es glaubst, es kann nicht ohne sie leben. Es mag auch nach negativer Aufmerksamkeit hungern und so auf ihren Ärger und Unwillen hinzielen. Es benimmt sich so, als ob es eine gewisse Menge von Emotionen braucht, und es ist ihm ganz egal, was diese Emotionen sind — Liebe oder Zorn.

Es ist nicht immer leicht, dem weinerlichen Kinde zu helfen, seine Schwierigkeiten zu überwinden, denn sehr oft ist seine Mutter von der Sorte, die wir schon erwähnt haben — eine Mutter mit dem tiefsitzenden Glauben, daß ihre Kinder sie aussaugen wollen. Sie reagiert auf diese Angst, indem sie ihre Kinder übermäßig füttert, ihnen übermäßig viel gibt und sie manipuliert. Für diesen Typ von Mutter ist es schwer, Unabhängigkeit in ihrem Kinde zu ermuntern. Und doch ist das die Behandlung der Wahl: Grundregel 3.

Andere teilhaben lassen

Wir haben schon erwähnt, daß es in unserem Hause eine Regel gibt, die lautet, »was dir gehört, ist deins«. Keines der Kinder braucht sich zu rechtfertigen, wenn es seine eigenen Spielsachen haben will — sogar wenn jemand anders sie zu der Zeit benutzt.

Wenn wir in einer Versammlung über diese Regel sprechen, gibt es immer in der Zuhörerschaft eine indignierte Stimme, die fragt, wie wir unsere Kinder dazu bringen können ihre Besitztümer mit anderen zu teilen, wenn wir sie zu so einem despotischen und tyrannischen Vorgehen ermuntern. Ein Teil unserer Antwort ist einfach. Mit anderen teilen kann nicht gelehrt werden — jedenfalls nicht auf dem direkten Wege. Die Fähigkeit, mit anderen zu teilen, ist ein Nebenprodukt eines richtig gelebten Lebens. Wenn es nicht zu voll von Konflikten ist, wird das Teilen kein großes Problem für das Kind sein. Aber das Kind, von dem man übermäßig viel verlangt hat und das daher keine Ahnung hat, was eigentlich ihm gehört, das gezwungen worden ist, mit anderen zu teilen, bevor sein Sinn für Besitztum sich konsolidieren konnte, das Kind, das ein Bedürfnis hat, seine Freunde durch seine Spielsachen zu beherrschen und zu manipulieren, wird es immer mit dem Teilen schwer haben, ganz egal, was du ihm befiehlst.

Bevor das Kind teilen kann, muß es wissen, was ihm gehört, was es mit seinem eigenen Willen manipulieren kann und was dem Willen anderer untersteht. Dann und nur dann wird es imstande sein, sich von seinen Besitztümern zu trennen, in der Sicherheit, daß es sie wiederbekommen wird. Das Kind, dessen Eltern mit Täuschungen vorgegangen sind oder sein Leben übermäßig beherrscht haben, wird nicht in der Lage sein zu teilen, denn seine Eltern haben sein Leben so manipuliert, daß es nicht weiß, worauf es sich verlassen kann und worauf nicht. Es weiß nicht einmal, wieviel von sich selbst ihm gehört, da die Eltern so viel fordern und beherrschen. Vielleicht gehört es ihnen? Es kann nichts lange aus der Hand lassen, denn es weiß nicht, was es wieder zurückbekommen wird.

Hier wollen wir zeigen, wie das Teilen mit anderen angeregt werden kann:

1. Befolge Grundregel 2 und 3: Versichere dich, daß die Grenzen angemessen sind und das Kind zur Unabhängigkeit angeregt wird.

2. Laß das Kind wissen, daß das, was ihm gehört, seins ist. Es kann es haben, wann immer es will.

3. Wenn es sich weigert, seine Spielsachen mit seinen Altersgenossen zu teilen, wird es sehen, daß die anderen Kinder es nicht mehr gern haben. Statt ihm vorzuwerfen: »Was habe ich dir gesagt! Niemand will mit dir spielen, niemand mag dich!«, wende Grundregel 4 an.

Eine Überlegung ist etwas sehr Sanftes und Einfaches und doch psychologisch meilenweit von geschrieenen Verspottungen entfernt.

Du kannst einfach sagen: »Ja, sicher ist es sehr unangenehm für dich, wenn du siehst, daß die Kinder nicht mit dir spielen wollen, wenn du ihnen nicht deine Spielsachen gibst.«

Diese Bemerkung wird beim ersten Mal, wenn du sie anwendest, noch keine Wunder bewirken. Dein Kind wird nicht antworten: »Ja, liebste Mammi, ich sehe ein, wie dumm ich war. Ich muß ein gutes Kind sein und meine Spielsachen auch den anderen geben.«

Dein Kind wird vielleicht sogar gar nichts sagen, nachdem du diese Bemerkung gemacht hast. Es mag sich sogar bitter über die Unanständigkeit seiner Kameraden beschweren. Aber so eine Bemerkung hat trotzdem einen großen Vorteil: Sie enthält keine Beschuldigung. Es ist nur ein Konfrontation mit einigen Aspekten der Realität. Psychologisch gesehen, kann das Kind auf so eine Bemerkung hören. Vielleicht kann es ein paar Stunden später denken: »Das ist richtig. Sie spielen nicht mit mir, wenn ich ihnen nichts abgebe.«

4. Das Kind, das sein Spielzeug dazu benutzt, um andere zu manipulieren, ist wahrscheinlich selbst übermanipuliert worden. Einer oder beide Elternteile haben in bezug auf Grundregel 3 versagt — dem Gewähren von Unabhängigkeit.

15. KAPITEL

DAS ALTER ZWISCHEN VIER UND FÜNF

Enorme Veränderungen spielen sich zwischen dem Alter von drei und fünf Jahren ab. Mit drei Jahren ist das Kind verhältnismäßig ruhig, aber mit vier Jahren probiert es bis zum Äußersten aus, wie weit es gehen kann. Ein großer Teil des unbändigen Verhaltens des Vierjährigen hat nichts mit dir persönlich zu tun, wenn es auch manchmal den Anschein hat: Du bist eben zufällig gerade da, wenn das Kind versucht, wie weit es gehen kann. Wenn du ruhig bleiben kannst, nicht übermäßig viel tadelst und deinen Sinn für Humor behältst, wird dein Kind aller Wahrscheinlichkeit nach wohlbehalten aus dem »Hyper«-Stadium des Vierjährigen herauskommen und in das »Mammis-Helfer«-Stadium des Fünfjährigen übergehen (aber nur, um dir etwas aufzubauen, was dann gleich wieder zusammenfällt, wenn es auf das sechste Jahr zugeht, einem neuen Alter der heftigsten Extreme).

Zwischen vier und fünf bewegt sich das Kind stetig aus einer selbstorientierten Welt hinaus und fängt an, seinen Platz unter seinen Altersgenossen zu finden. Das ist für das Kind keine leichte Zeit. Zusätzlich zu den inneren Impulsen, die es antreiben zu probieren, wie weit es gehen kann, muß es mit den wachsenden Herausforderungen fertig werden, einen Weg zu dem zu finden, was von außen kommt: Es muß mit der Herausforderung des Wettbewerbs fertig werden. Wenn auch der Drang, sich mit anderen zu messen, vor dem ungefähr sechsten Jahr nicht zu einem wirklichen Zentralproblem wird, so wird er doch vorher schon stark empfunden.

Unsere Besprechung des vier- und fünfjährigen Kindes soll aber auf einem anderen Felde beginnen, nämlich dem der Entwicklung der Lernfähigkeit. Je mehr die psycho-pädagogische Forschung fortschreitet und je mehr wir davon verstehen, desto wichtiger erscheinen die Vorschuljahre. Mit vier kann man in vielen Fällen sehen, ob ein Kind die angemessene Vorschulreife entwickelt (im sozialen und emotionalen Sinne, in bezug auf Sprache, sensorischmotorische Koordination, Hintergrund von Erfahrungen). Dies ist daher ein Alter, in dem Schritte zur Korrektur oder Sicherung unternommen werden können, wo es nötig ist. Kluge Eltern werden also gut aufpassen, ob da nicht irgendwelche potentiellen Lern- (oder andere) Probleme auftauchen, irgendwelche Schwächen in den Vor-Lern-Fähigkeiten. Das Erkennen solcher Probleme ist hier (im Alter zwischen 4 und 5) leichter als früher, sowohl deshalb, weil viele der früheren Probleme verschwunden sind (weil sie eben keine echten Probleme waren) und weil andere, die vorher nur im Keime vorhanden waren, jetzt deutlicher hervortreten.

Lernprobleme

Es kann viele Gründe geben, warum ein Kind nicht ordentlich lernt. Es mag eine körperliche Behinderung haben, wie Blindheit oder Taubheit. Es mag ein leichter oder schwerer Schaden des Zentralnervensystems vorliegen. Eine oder mehrere seiner perzeptivmotorischen Schaltungen können fehlerhaft funktionieren. Es mag so sehr mit emotionalen Problemen überlastet sein, daß es die Fähigkeiten, die es erworben hat, nicht richtig anwenden kann.

In unserer Besprechung wollen wir uns aber auf diejenigen Kinder beschränken, die in die Kategorie von »Kindern mit mangelnder Leistung« fallen. Das bedeutet für das Kind, daß seine tagtäglichen Leistungen viel niedriger sind, als man nach seiner Intelligenz erwarten würde. Das Kind ist nicht geistig zurückgeblieben; es hat genügend intellektuelle Kraft. Es ist auch nicht körperlich behindert, wie z. B. ein blindes oder taubes Kind.

Die drei hauptsächlichsten Gründe für Lernprobleme sind:

1. Mangel an kulturellem Hintergrund, an angemessener An-

regung in den frühen Jahren, was alles eine ablehnende Haltung gegen »akademisches« Lernen hervorbringt; 2. bio-neuro-psychologische Schwierigkeiten — die auf das Ineinandergreifen von physischen, neurologischen und psychischen Faktoren zurückzuführen sind — was die Fähigkeit, in einer regulären Klasse zu lernen, beeinträchtigt. Dazu gehören z. B. angeborene Reizbarkeit, eine mangelhafte Aufmerksamkeitsspanne, ungenügende Koordination zwischen Auge und Hand, dauerndes Verwechseln von rechts und links, aufwärts und abwärts, die Unfähigkeit, logische Urteilskategorien aufrechtzuerhalten; 3. emotionale Hemmungen, die die Fähigkeiten, die für den Lernprozeß unerläßlich sind, beeinträchtigen, z. B. Aufmerksamkeit und Erinnerungsvermögen. Bei jedem Kind mit »Leistungsmangel« kann man feststellen, daß es in einer oder mehreren dieser Kategorien Schwierigkeiten hat.

Es liegt auf der Hand, daß der Versuch, dem Kind einen besseren Hintergrund an kulturellen Erfahrungen zu geben, die Schwierigkeiten in seiner physischen, neurologischen und psychischen Struktur zu beheben und zu vermeiden, es mit Hemmungen zu überhäufen — daß das eine riesenhafte Aufgabe ist. Es gibt aber Dinge, die man wohl tun kann, um dem kleinen Kinde das Lernen zu erleichtern.

Hintergrund von Erfahrungen

Es ist nicht genug, dem Kind eine vollbeladene Festtafel zur Auswahl anzubieten, obgleich es gerade das ist, was die meisten Eltern tun. Anbieten an sich hilft nicht viel. Endlose Ausflüge zu Museen und Kunstausstellungen haben keinen Sinn, wenn sie nicht vorbereitet werden. Der Trick ist, die Erfahrung für das Kind bedeutungsvoll zu machen.

Als wir mit unserem ersten Sohn in den Zoo gingen, dachten wir, daß das Nilpferd doch sicher etwas wäre, was er sich mit Bewunderung und Aufmerksamkeit ansehen würde. Er sah zum Nilpferd hin, aber aus seinen Bemerkungen und Fragen sahen wir, daß das, was ihn interessierte, eine ganz gewöhnliche Taube war, die neben dem Nilpferd saß. Er hatte schon Erfahrung mit Tauben, aber nicht mit Nilpferden. So kann ein verhältnismäßig kluges Kind sogar ein Nilpferd übersehen — was bestimmt nicht leicht ist —, wenn man es nicht richtig vorbereitet hat.

Wie viele Eltern bestehen darauf, daß das Kind zeitraubende, teure Musikstunden bekommt, um schließlich zu entdecken, daß es gar kein richtiges Interesse für Musik hat? Oder, daß die Kinder zur Religionsstunde gehen, wenn sich noch gar keine wirklichen Überzeugungen bei ihnen gebildet haben? In beiden Fällen kann viel von den Schwierigkeiten dadurch erklärt werden, daß das, was die Kinder lernten, nichts als Oasen in einer Wüste von Uninteressiertheit sind. Musikunterricht in einer unmusikalischen, uninteressierten Familie? Religionsunterricht in einer Familie, die keine religiösen Überzeugungen hat? Wenn auch gelegentlich ein helles, aufgewecktes Kind davon profitieren kann, daß man es den Dingen gegenüberstellt, so ist das doch eine Ausnahme. Wir wollen hier einige Wege, die das Angebot an das Kind bedeutungsvoll machen, aufzeigen:

1. Bereite das Kind auf ein Ereignis vor, indem du es vorher besprichst. Was weiß das Kind schon? Wofür interessiert es sich? Was wird es versuchen zu beobachten, herauszufinden? Welche Fragen wird es sich stellen?

2. Rege es an, während das Ereignis stattfindet, darüber nachzudenken, indem du auch etwas Interesse daran zeigst, was es selbst zu sagen hat. Schwinge ja keine große Reden. Hör ihm zu. Dies wird, außer Interesse zu erwecken, auch zur Unabhängigkeit anregen.

3. Nachdem du dem Kind etwas gezeigt hast, verfolge die Sache weiter. Was hat das Kind daraus gelernt? Was hat es überrascht? Was hat es sich anders vorgestellt? Was für neue Fragen hat es jetzt, Fragen, auf die es beim nächsten Mal Antworten suchen kann?

Spezifische Fähigkeiten

Es gibt Übungen und Spiele, die dem Kinde helfen können, Fähigkeiten zu entwickeln, die für wirksames Lernen wesentlich sind. Das Haus, die Straße, der Hof, der Supermarkt — all das sind Orte für das Vor-Schul-Lernen — Lernen, das Spaß machen sollte. Wenn ein Kind z. B. bestimmte Packungen im Supermarkt ansieht und identifiziert, entwickelt es visuelle Unterscheidungsfähigkeit. Die Mutter sollte diese Art von Beschäftigung als ein Spiel anregen, als Spaß, und nicht etwa mit den Worten: »Jetzt haben wir also Unterricht in visueller Unterscheidung.«

Im Hinblick auf all das wollen wir hier einige dieser Beschäftigungen aufzählen:

1. Um dem Kinde zu helfen, gute Körperkontrolle zu bekommen, besonders in bezug auf die verschiedenen Muskelgruppen, laß das Kind die sogenannten Großmuskel-Übungen ausführen, indem es einen Ball wirft und fängt, balancieren, springen und hüpfen lernt, und rege Kleinmuskel- (und andere koordinierende) Übungen an, indem du es nach Dingen langen, mit der Schere schneiden, einen Bleistift halten und gebrauchen, Seiten umwenden und Knöpfe knöpfen läßt. Ruhige Anregung ist, was das Kind auf diesem Gebiete braucht. Grundregel 3 — Anregung der Unabhängigkeit — ist hier ganz schrecklich wichtig. Die Mutter, die dem Kind die Selbstständigkeit versagt, indem sie es anzieht, wenn es sich doch selbst anziehen möchte, fügt ihm noch den zusätzlichen Schaden zu, daß sie es der Gelegenheit beraubt, seine perzeptiv-motorischen Fähigkeiten zu entwickeln.

2. Hilf dem Kinde, die einzelnen gesprochenen Laute zu unterscheiden, wenn es sie hört — eine Differenzierung, die eine der wichtigsten Grundlagen für die Sprachentwicklung liefert. Sprich mit dem Kinde sorgfältig und spiele mit ihm Reimspiele, auch Spiele, in denen du das Kind aufforderst zu sagen, ob du zweimal dasselbe Wort oder zwei verschiedene Wörter gesprochen hast. Laß es dir Wörter sagen, die so ähnlich klingen wie die, die

du ihm vorgesprochen hast. Hilf ihm, die Vielfalt von Klängen zu bemerken, auf die es hören und zwischen denen es unterscheiden kann, indem du ihm interessante Geschichten erzählst.

3. Um dem Kinde zu helfen, visuelle Unterscheidung zu entwickeln — die Fähigkeit, gesehene Information in differenzierter Form dem Gehirn zu übermitteln — zeig dem Kinde Bilder, auf denen Teile fehlen, und frage es, was da fehlt. Zeige ihm Bilder von Dingen, die beinahe gleich sind, aber nicht ganz, und fordere es auf zu zeigen, was verschieden ist. Spiele mit ihm »Lotto« oder »Memory«, um die Suche nach visueller Ähnlichkeit anzuregen. Ermuntere es, dir bei den Bildern und Etiketts im Supermarkt zu helfen. Gehe dann allmählich zu einfachen Wörtern über.

4. Rege das Kind an, rechts und links zu unterscheiden. Spiele mit ihm und führe dabei Aufforderungen ein, mit dem Fuß zu wackeln, oder seinen rechten Arm zu heben, und laß es dann die linke oder rechte Seite bei anderen zeigen. Von da geh weiter zur rechts-links-Unterscheidung bei Sachen, Räumen und Seiten im Bilderbuch über. Zeig ihm, wie eine Bewegung von links nach rechts geht. Wenn es ein Mädchen ist, rege es an, den Tisch zu decken und dabei darauf zu achten, Gabel und Messer richtig rechts und links hinzulegen.

Soziale und emotionale Faktoren

Nirgends zeigt sich die Selbständigkeit des Kindes — oder seine Unselbständigkeit — so deutlich wie in bezug auf die ersten Schulerfahrungen. Hier zählen wir ein paar Sachen auf, bei denen man ihm helfen muß, um die Schule erfolgreich anzufangen:

1. Das Kind muß darin geübt sein, sich von seiner Mutter trennen zu können, lange bevor die Schulzeit herankommt.

2. Es muß lernen, mit Erwachsenen außer seinen Eltern umzugehen und sie mit anderen zu teilen.

3. Man muß ihm all die Fertigkeiten beibringen, mit deren Hilfe

es sich in der Schule sicher fühlt und sich in der Hand hat: selber anziehen und ausziehen, seine eigenen Kleider wiedererkennen, sich selbst waschen, allein auf die Toilette gehen, seine Hefte und Frühstückstasche im Auge behalten.

4. Gleichzeitig sollte es den Mut haben, um Hilfe zu bitten, wenn es mit irgend etwas nicht allein fertig wird, z. B. fragen wo die Toilette ist, wenn es das Gebäude noch nicht kennt.

5. Das Kind sollte schon einen recht guten Begriff davon haben, was es bedeutet, mit anderen zu teilen, und sollte Respekt vor den Rechten und dem Besitz von anderen haben.

Prüfen, ob nicht potentielle Lernprobleme bestehen

Die folgende Liste kann dir helfen, potentielle Lernprobleme — Mangel an wesentlichen Fertigkeiten — in deinem Kinde zu erkennen. Erschrecke nicht über die Länge der Liste. Wenn eine der Beschreibungen der Liste auf dein Kind paßt, so bedeutet das nicht, daß es tatsächlich ein Lernproblem hat. Was dies aber doch bedeutet ist, daß es angezeigt ist, die Sache näher zu untersuchen — vielleicht zu einem Arzt oder zu einer psycho-diagnostischen Untersuchung zu gehen. Denk daran, daß es leichter ist, bestehende oder potentielle Lernprobleme zu behandeln, wenn sie früh entdeckt werden. Eine psycho-diagnostische Untersuchung mag teuer sein. Wenn du dir aber klarmachst, daß es sich um wenigstens zwölf Jahre im Leben deines Kindes handelt (das Minimum an Schulzeit), wirst du verstehen, warum wir das für eine gute Kapitalsanlage halten.

1. Die meisten Kinder können sich mit drei Jahren recht gut verständlich machen, eine ganze Menge schon vor dieser Zeit. Wenn dein Kind aber immer noch deutliche Schwierigkeiten hat, sich auszudrücken, bitte deinen Arzt, es zur psycho-diagnostischen Untersuchung zu überweisen.

2. Wie ist bei deinem Kind die Großmuskelkoordination? Wie gut kann es gehen, laufen, springen, einen Ball werfen? Ist es

einigermaßen koordiniert, oder erscheint es besonders ungeschickt? Wir wollen damit keineswegs sagen, daß jedes ungeschickte Kind Lernprobleme haben muß. Aber Schwierigkeiten mit der großen Muskulatur können ein Zeichen für spätere Schwierigkeiten sein und sind auf jeden Fall ein Zeichen, daß eine psycho-diagnostische Untersuchung angebracht ist.

3. Wie ist bei deinem Kind die Kleinmuskelkoordination? Wie gut kann es seine Schuhe binden, Schere, Papier und Bleistift handhaben?

4. Verwechselt dein Fünfjähriges noch rechts und links und ist dabei unsicher? Wir meinen dabei nicht, ob es mit der rechten Hand ißt, aber mit dem linken Fuß stößt. Was wichtig ist, ist dies: Zeigt es keinen klaren Rechts-Links-Vorzug?

5. Scheint dein Fünfjähriges imstande, in gewissen logischen Kategorien zu denken, oder offeriert es dir das Folgende als eine folgerichtige Liste: Sommer, Winter, Dienstag, Weihnachten? Kinder, die Schwierigkeiten mit Begriffen haben, können eine solche Liste anbieten, wenn man sie auffordert, die vier Jahreszeiten zu nennen.

6. Ist dein Kind zu nervös, um stillzusitzen und aufzupassen? Ist es z. B. niemals imstande, einer interessanten Geschichte zuzuhören?

7. Wie sind bei ihm Gesicht und Gehör?

8. Verschaffst du deinem Kind kulturelle und andere Erfahrungen, mit denen zukünftige Erfahrungen verglichen und verstanden werden können?

9. Wohnst du in einer Gegend, in der Bildung nicht hochgeschätzt wird? Wo das Kind, das gern zur Schule geht, als merkwürdig angesehen wird? Wenn das der Fall ist, dann besteht ein wirklich schweres Problem. Die wahre Medizin schließt hier Gruppenaktion ein. Das Problem kann nicht auf dem Niveau einer einzelnen Familie gelöst werden.

10. Hat dein Kind den Grad von Selbständigkeit erreicht, wie er für einen Schulanfänger angemessen ist? Kann es sich von dir trennen?

Dies sind einige der Fragen, die du dir selbst stellen mußt, wenn du wissen möchtest, ob dein Kind bereit ist, mit dem Lernen anzufangen. Bei manchen Schulsystemen wird jedes Kind getestet, bevor es in die Schule kommt, aber viele dieser Untersuchungen sind oberflächlich.

Sieh dich besonders vor Leuten vor, die sagen, dein Kind sei »unreif«, ohne zu erklären, was sie damit meinen. Dieses Etikett ist zu einem großen Abfalleimer geworden, in den alle möglichen Arten von Kindern geworfen werden. Alles, was dieser Ausdruck besagen sollte, ist, daß das Kind sich verhält, wie es einem jüngeren Alter entspricht. Aber ist dies eine Art des Verhaltens, das sich im Laufe der Zeit normalisieren wird? Wenn das Kind wirklich unreif ist, so bedeutet das, daß in irgendeinem Alter sein Verhalten normal war und es sich nur langsam entwickelt. Aber nur zu oft wird diese Bezeichnung im Zusammenhang mit Zuständen gebraucht, die sich nicht ohne spezielle Hilfe verwachsen, z. B. schwere Sprechprobleme und stark neurotisches Verhalten mit extremen Hemmungen oder exzessiver Agressivität, die als »unreif« bezeichnet worden sind. Das Verhalten ist hier niemals — in keinem Alter — normal und kann nicht ohne spezielle Hilfe in Ordnung gebracht werden.

Wenn irgend jemand dein Kind als unreif bezeichnet, bitte ihn, dir zu erklären, sowohl was er damit meint, als auch, was man tun kann. Wenn er antwortet, daß es sich schon mit der Zeit von selber bessern wird, so ist das gut und schön. Wenn er aber von Lernproblemen spricht oder von einer deutlichen Neurose, dann mußt du dich mit dem Gedanken an Behandlung befassen. Etiketts haben keinen Sinn, wenn sie nicht zur vernünftigen Handlung führen. Abwarten kann eine berechtigte Haltung sein, wenn es auf dem Wissen, daß es die bestmögliche Alternative ist, basiert.

Imaginäre Spielgefährten

Am Ende des dritten und Anfang des vierten Jahres (selten auch später) ist es nichts Ungewöhnliches, daß ein Kind seine Eltern damit erschreckt, daß es zu imaginären Spielgefährten spricht, so als ob sie wirklich wären. Die Eltern haben den Verdacht, daß das Kind weiß, daß diese Personen nicht real sind — aber sie sind nicht ganz sicher — und sie können aus dem Kinde nichts Genaues herausbekommen.

In dieser Situation richtet man sich am besten nach der Grundregel 4, die »Bestätigung«: »Du möchtest gern, daß dein kleiner Freund wirklich im Zimmer ist, aber wir wissen beide, daß das nur ein Spiel ist.« Es ist Energieverschwendung, wenn man sich darüber aufregt. In fast allen Fällen, in denen sonst nichts Ernstes mit dem Kinde los ist, wird es den imaginären Freund mit der Zeit aufgeben.

Wenn aber dieses Spiel länger als ein Jahr dauert, sollte man doch psychotherapeutische Hilfe suchen. Und wenn das Kind immer mehr den Eindruck macht, daß es denkt, daß sein Freund »wirklich« ist, sollte man schon früher einen Spezialisten zu Rate ziehen.

»Stehlen«

Dies ist eines der Fehlurteile, das über zu viele Kinder gefällt wird. Sehr kleine Kinder, aber auch Vier- und Fünfjährige haben noch keinen gefestigten erwachsenen Begriff vom »Besitz«. So sollte das kleine Kind, das sich Dinge aneignet, nicht als Dieb betrachtet werden. Natürlich sollte man es verhindern und ihm die Sachlage erklären, aber deshalb ist es noch kein Dieb, denn — wie wir schon oben bemerkt haben — Kinder haben eine perverse Neigung, nach dem ihnen angehefteten Etikett zu leben.

Das Kind, das dauernd Sachen nimmt, die ihm nicht gehören, sollte näher beobachtet werden. Warum ein Kind das tut, kann nicht mit einem einzigen Grund erklärt werden. Es mag sich Dinge aneignen, weil es sich auf anderen Gebieten verarmt vorkommt. Es mag sich vielleicht an seinen Eltern rächen wollen. Aber was auch immer der Grund sein mag, so soll man doch an das Problem so herangehen, daß man den Grund des Verhaltens beeinflußt. Inzwischen sollte das Verhalten selbst gestoppt werden und zwar durch Anwendung angemessener Grenzen und der Grundregel 4, indem man dem Kind erklärt, daß es nur glücklich und zufrieden zu sein scheint, wenn es sich etwas aneignen kann, das jemand anderem gehört.

Viele Eltern stellen ihren Kindern absichtlich eine Falle, indem sie wünschenswerte Sachen herumliegen lassen. Das ist dumm (und gemein).

Ein anderer großer Fehler, den Eltern oft machen, ist der, daß sie versuchen, die Kinder zu zwingen, ihr Vergehen zu beichten. Wenn sie es nicht tun, werden sie wütend. Das ist eine reine Zeitverschwendung. Sogar von erwachsenen Verbrechern verlangt man nicht, daß sie gegen sich selbst aussagen. Wenn man gesehen hat, wie manche Eltern ihre Kinder bestrafen, so wundert man sich nicht, daß die Kinder sich nicht selbst anklagen wollen. Die Eltern schreien sie an: »Wir wissen, daß du es getan hast! Warum hast du das getan?« Und das Kind antwortet nicht. Um die Wahrheit zu sagen, das Kind kann gar nicht antworten, denn es weiß wahrscheinlich wirklich nicht, warum es etwas weggenommen hat.

Wenn du sicher bist, daß dein Kind Geld weggenommen hat, fahre fort mit dem »Setzen von Grenzen« und »Bestätigung«. Erspare dir und dem Kind die Qual der Beichte. Du kannst sagen: »Das Geld muß von deinem Taschengeld ersetzt werden. Ich glaube, du bist nicht zufrieden, wenn du nicht das Gefühl hast, daß du etwas wegnimmst, was dir nicht gehört.«

In extremen und chronischen Fällen muß man psychotherapeutische Hilfe suchen. Echtes psychopathisches Verhalten, das heißt falsches Verhalten, das auf der tiefsitzenden Überzeugung basiert, daß Stehlen der beste Weg ist, Dinge zu erlangen, ist schwer zu beeinflussen.

»Lügen«

Dies ist ein anderes Feld, auf dem Eltern Alpträume erzeugen. Die Wahrheit zu sagen, ist kein angeborener Zug. Die Menschen neigen nicht nur dazu, die Dinge von ihrem eigenen Standpunkt aus anzusehen — und aus einer emotionalen statt einer rationalen intellektuellen Perspektive — sondern werden auch von dem Trieb der Selbsterhaltung gelenkt. Wenn du eine harte, strafende, abweisende Person bist und von deinen Kindern erwartest, daß sie dir die Wahrheit sagen, so wirst du dich wundern! Sogar Kinder von recht milden Eltern sagen nicht immer die erwachsene Art der Wahrheit.

Es ist anscheinend viel leichter für ein ganz kleines Kind, die Wahrheit zu sagen. Aber wenn das Kind älter wird, fängt es wohl ein bißchen an, an der Gloriole der Wahrheit zu zweifeln, besonders wenn seine Eltern sich weitgehend auf tadeln als Erziehungsmittel verlassen. Wenn das Kind sich normal entwickelt, wird es schon zur Wahrheit zurückkommen und zwar, wenn seine Persönlichkeit sich weit genug entfaltet hat, um seine Fehler zuzugeben — eine Persönlichkeit, bei der Irrtümer nicht als Katastrophen angesehen werden — und seine Überzeugung wächst, daß es auf lange Sicht einfacher ist, die Wahrheit zu sagen, als zu lügen.

Manche Eltern machen aus der Wahrheit einen Fetisch: »Ich werde dir schon beibringen zu lügen, verdammt noch mal.« Diese selben Eltern machen oft auch einen Fetisch aus dem Respekt: »Ich werde diesem Kind schon beibringen, Respekt zu haben.« Was ihnen in beiden Fällen nicht klar ist, das ist, daß die Wahrheit zu sagen und den Eltern Respekt zu erweisen, nur Nebenprodukte eines sonst gesunden Lebens sind. Man kann sie den Kindern nicht direkt und nach dem Gesetz der Rute beibringen. Man kann ein Kind durch Schläge dazubringen, »Herr« zu sagen, aber nur, bis es stark genug ist, um sich zu wehren.

So ist es auch mit der Wahrheit. Man kann einem Kinde nicht befehlen, die Wahrheit zu sagen. Vor allem ist man nicht immer in der Lage zu beurteilen, ob das, was ein Kind von einem Vorgang erzählt, die Wahrheit ist. Zweitens steht man ja nicht immer mit dem Stock in der Hand bereit, wenn aus dem Kinde die Wahrheit herausgeholt werden muß.

Es ist wohl besser, die Wahrheit und den Respekt sich von selbst entwickeln zu lassen, während man versucht, das zu sein, was man gute Eltern nennt.

Angenommen, man kommt in ein Zimmer und die Indizien beweisen ganz deutlich, daß das Kind etwas verbrochen hat. Man fragt das Kind, ob es das getan hat. Es sagt, nein, es habe nichts getan. Hier fangen manche Eltern an zu schreien: »Wir wissen, was du getan hast, hör auf uns anzulügen. Darum sind wir so böse auf dich. Wenn du die Wahrheit gesagt hättest, wären wir nicht so böse auf dich.« Und damit würden sie gar nichts erreichen.

Statt dessen — wenn es wirklich etwas Wichtiges ist und eine Grenze gesetzt werden muß, dann sollte man genau das tun. »Es tut mir leid, Thomas, aber ich glaube, du hast das und das getan, und das ist etwas, was wir auf keinen Fall erlauben können.«

Essensverweigerung

Die Eßgewohnheiten des Kindes ändern sich von einem Alter zum anderen. Die nicht-ängstliche Mutter wird mit diesen natürlichen Veränderungen fertig, während die übermäßig besorgte Mutter in Panik gerät und so Probleme aufwirft, wo keine existieren.

Manchmal entdeckt ein Kind, daß es seine Eltern dadurch erpressen kann, daß es sich weigert zu essen. Wenn eine Mutter darauf hereinfällt, sollte sie lieber darauf gefaßt sein, bei jeder wichtigen Kontroverse, die auftaucht, zu unterliegen. Denn wenn ein Kind erst mal ein Feld entdeckt, auf dem Eltern erpreßt werden können, so muß man auf der Hut sein.

Wenn dein Kind nicht ißt, weil es etwas damit erreichen will, gib nicht nach. Soll es ruhig die Mahlzeit auslassen. Wenn du dir allzu große Sorgen machst, berate dich vorher mit deinem Arzt. Wenn aber kein ernster krankhafter Zustand besteht, ist es viel besser, das Kind eine Mahlzeit auslassen zu lassen, als ihm eine Methode in die Hand zu geben, wie es dich erpressen kann.

Infantile Toilettengewohnheiten

Irgendwann im Alter zwischen vier und fünf ist es nichts Ungewöhnliches, daß ein Kind plötzlich wieder zu den Toilettengewohnheiten des Säuglings zurückkehrt. Das geschieht besonders oft, wenn ein neues Geschwisterchen geboren wird. — Gerate nur nicht in Panik!

Erinnere dich an Grundregel 1 und 4. Tadle nicht und erkenne die Gefühle des Kindes an: »Manchmal macht es Spaß, wieder wie ein Baby zu leben; aber du wirst sehen, es macht noch mehr Spaß, die Vorteile zu haben, die man hat, wenn man größer wird.« Laß es selber saubermachen (soweit sich das mit seinem Alter verträgt).

Dasselbe gilt für Bettnässen. Dies ist ein Verhalten, das nicht eindeutig erklärt werden kann. Manche dieser Kinder haben schwere emotionale Konflikte, während andere im Grunde in jeder Hinsicht normal erscheinen. Tadle nicht, rege das Kind zur Selbständigkeit an, erkenne die Beschämung an und vergiß das ganze — nach einer ärztlichen Untersuchung. Laß das Kind selbst das Laken umtauschen; steh ja nicht mitten in der Nacht auf, um ihm seine Betten zu wechseln.

Manchmal helfen auch bestimmte Vorkehrungen, manchmal auch nicht. Manche werfen mehr neue Probleme auf, als sie lösen. Jede Methode, die die Eltern mit in die Schwierigkeiten des Kindes verstrickt, indem sie dafür verantwortlich gemacht werden, das Kind öfters zu wecken, kann mehr Schaden anrichten, als Nutzen bringen: Die Eltern finden schließlich, daß sie das Bettnässen gegen noch schwerere Abhängigkeitsgewohnheiten eingehandelt haben.

Furcht vor der Dunkelheit

Die Furcht vor der Dunkelheit ist in jedem Alter etwas Gewöhnliches und kann in verschiedener Intensität und Dauer auftreten. An sich ist es kein verläßliches Zeichen für die allgemeine Anpassung des Kindes. Manchmal tritt sie bei einem ungestörten Kinde auf, und dann wieder bei recht ernsthaft gestörten Kindern.

Einem Kinde, das sich im Dunkeln fürchtet, kann man in mancherlei Weise helfen — oft auf demselben Wege, den man bei anderen Ängsten benutzt. Zu allererst, tue die Angst nicht einfach ab und nenne sie nicht dumm. Erkenne an, daß dir klar ist, daß das Kind Angst hat, und füge hinzu, daß das nicht immmer so sein wird: »Ich verstehe, daß du dich vor der Dunkelheit fürchtest, Thomas, und daß es dich aufregt, wenn du so ganz allein im Dunkeln bist. Ich weiß aber auch, daß das nicht immer so sein wird.«

Manchmal sind Ängste der Niederschlag eines kürzlich erlittenen Traumas. Wenn das so ist, beschäftige dich mit dem traumatischen Hintergrund der Angst, wenn auch das Kind selbst den Zusammenhang nicht erkennt:

»Thomas, ich weiß, daß du sehr traurig bist, daß Michael von hier fortgezogen ist. Vielleicht glaubst du, daß du keine anderen Freunde finden wirst. Ich denke, das hat vielleicht etwas mit deiner neuen Furcht vor der Dunkelheit zu tun.«

»Aber Mammi, was sagst du da? Das hat doch nichts damit zu tun. Ich habe einfach Angst, allein im Dunkeln zu sein.«

»Ja, ich weiß das. Ich weiß aber auch, daß das nicht immer so sein wird.«

Man sieht hier, daß von der Weigerung des Kindes, die angedeutete Verbindung anzuerkennen zwischen der Angst, keine neuen Freunde zu finden, der Trauer um die alten und der neuerlichen Angst vor der Dunkelheit, nicht viel Notiz genommen wird. Trotzdem hat uns die Erfahrung gezeigt, daß, wenn die Annahme richtig war, so etwas hilft.

Es gibt noch einen anderen Weg, den man einschlagen kann,

wenn ein Kind sich in der Dunkelheit fürchtet: Direktes Training. Das ist dieselbe Technik, die wir für das Kind vorgeschlagen haben, das Angst vor dem Bad hat: Die Technik, die dem Kind hilft, mit seiner Angst fertigzuwerden, indem es ihr in allmählich zunehmender Dosierung ausgesetzt wird. Man ist sich nicht darüber einig, warum diese Methode wirksam ist — oder ob sie überhaupt weiter nichts ist als die gute, altmodische Suggestion. Aber wir glauben, daß dieses Training manchen Kindern in manchen Situationen wirklich hilft und einen legitimen Platz in der Gesamt-Methodologie der Verhaltensänderung hat. Wir wollen sehen, wie sie auf die Angst vor der Dunkelheit angewendet werden kann.

1. Mache eine Liste von Situationen, auf der die Umstände, die besonders Angst erregen, an einem Ende, und die, unter denen das Kind am meisten entspannt ist und sich am wohlsten fühlt, am anderen Ende stehen. Laß das Kind beim Anfertigen dieser Liste so viel wie möglich helfen. An einem Ende der Stufenleiter kann vielleicht die Situation stehen, in der das Kind ganz allein im Bett in einem absolut dunklen Zimmer liegt. Am anderen Ende finden wir vielleicht das Kind, wie es vor dem Fernsehapparat liegt mit der ganzen Familie um es herum.

2. Arbeite Schritt für Schritt eine Reihe von Situationen aus, indem du von beiden Extremen auf die Mitte zugehst. Wenn die schlimmste Situation die ist, allein im dunklen Zimmer bei geschlossener Türe zu liegen, so mag die nächstbeste die sein, wenigstens die Tür offen zu haben. Das nächste ist vielleicht, allein im Zimmer sein bei offener Türe, aber irgendein Erwachsener im Nebenzimmer. Und so weiter. Am anderen Ende angefangen, ist die nächstbeste Situation nach der, mit der Familie vor dem Fernsehschirm zu sitzen, die, wenn die anderen zwar zu Hause, aber in anderen Zimmern sind. Der nächste Schritt ist wohl der, vor dem Fernsehschirm zu sitzen, wenn niemand sonst zu Hause ist. Versuche wenigstens zwölf Situationen auszuarbeiten, an einem Ende die meistgefürchtete, am anderen die angenehmste.

3. Fordere das Kind auf, sich zurückzulehnen, die Augen zu

schließen und sich im Geiste die angenehmste Situation vorzustellen. Das Kind soll dir, so gut es eben kann, erklären, was es dabei fühlt. Wahrscheinlich wird es gar keine oder nur wenig Angst haben, wenn es sich die angenehmste Situation vorstellt. So gehe also zum nächsten Schritt über. Geh immer nur einen Schritt weiter, bis es dir erzählt, daß es anfängt, ängstlicher zu werden. (Erkläre ihm, daß du nicht wissen willst wie ängstlich es in den verschiedenen Situationen in seiner Vorstellung sein würde, sondern wie ängstlich es zu der Zeit ist, in der du die Prozedur ausführst. Mit anderen Worten, frage es: »Wie ist es mit dir — in diesem Moment?«). Wenn das Angstniveau nach oben geht, geh einen Schritt zurück. Wenn sogar dieser Schritt das Kind nun ängstlich macht (da es ja noch die Angst des vorhergehenden Schrittes fühlt), geh noch ein Schritt zurück und, wenn es nötig ist, noch einen. Wenn die Angst zu dem Niveau zurückkehrt, wo es am Anfang der Serie war, geh wieder voran, von wo immer du stehst.

4. Es ist gut, wenn du das Kind dazu bringen kannst, während der ganzen Zeit seine Muskulatur zu entspannen (siehe Kapitel 4).

5. Wenn du vorziehst, wirkliche statt imaginäre Situationen anzuwenden (da das Kind zu klein ist, um diese Anweisungen zu befolgen oder weil es leicht ist, die wirkliche Situation zu imitieren), dann arbeite mit einer viel kürzeren Liste. Erkläre dem Kind, daß du weißt, daß es sich im Dunklen fürchtet, daß du aber auch weißt, daß das nicht immer so sein wird und daß du vorhast, Schritt für Schritt mit ihm eine Methode durchzugehen, die ihm helfen wird, wieder Selbstvertrauen zu bekommen. Jeder Schritt besteht darin, daß das Kind unter anderen Bedingungen zu Bett geht. Sag dem Kind vorher, was die verschiedenen Schritte bedeuten, aber versuch nicht, einen Schritt zu überspringen, sogar wenn das Kind schneller vorwärtskommen möchte. Es mag dann für den Augenblick schneller gehen, aber die Gesamtwirkung geht dabei verloren. Die ganze Serie mag dann vielleicht so gehen:

Erste Nacht: Licht brennt, Tür steht offen, das Radio läuft. Das Kind bleibt fünfzehn Minuten lang unter diesen Bedingungen in seinem Zimmer und entspannt sich. Es darf einschlafen, während das Licht brennt und die Tür offen steht.

Zweite Nacht: Licht brennt, Tür steht offen, das Radio ist nicht an. Nach fünfzehn Minuten wird die Tür halb geschlossen, aber das Licht bleibt an. Das Kind darf so einschlafen.

Dritte Nacht: Licht an, Tür offen. Dieses Mal wird die Tür nach fünf Minuten halb geschlossen. Darf bei Licht einschlafen.

Vierte Nacht: Licht an, Tür offen. Nach fünfzehn Minuten wird das Licht ausgemacht, die Tür bleibt aber halb offen.

Von hier an soll das Kind selbst angeben, welche Schritte es für richtig hält.

16. Kapitel

DAS ALTER ZWISCHEN SECHS UND ACHT

Am Anfang des sechsten Jahres ist das Kind ein Wesen, das aus Extremen besteht. Es ist aber noch enthusiastisch und lerneifrig. Zwei große Gegner bedrohen es in der äußeren Welt: Gleichaltrige — die nur darauf warten, mit ihm zu rivalisieren — und die Schule —, die möglicherweise darauf lauert, es hereinzulegen.

Wenn auch das Sechsjährige eifrig ist zu lernen, kann es doch sehr »dogmatisch« sein — besonders (eigentlich ausschließlich) zu Hause. Die Eltern mögen es komisch finden, daß das Kind dem Lehrer gehorcht, da es zu Hause sicherlich nicht daran interessiert ist, auf die Eltern zu hören. Es muß immer noch sein Abhängigkeitsverhältnis von den Eltern lösen. Es möchte unabhängig werden, aber weiß gleichzeitig, daß es die Eltern braucht. Daraus resultiert das stürmische »dogmatische« Verhalten.

Sieben ist kein gutes Alter, und daher ist die zweite Schulklasse nicht immer ein angenehmes Jahr. Kinder, die in der ersten Klasse keine Schwierigkeiten hatten, können in der zweiten unglücklich sein. Das Siebenjährige hat eine Menge Zweifel an sich selbst und brütet recht oft vor sich hin. Oft weist es die ihm gesetzten Grenzen zurück und beklagt sich dauernd.

Wenn es auf das achte Jahr zugeht, kommt eine Periode, in der das Kind oft in bezug auf seine Fähigkeiten unrealistisch ist, indem es sich sowohl über- wie unterschätzt. Die meisten Achtjährigen, die wir kennen gelernt haben, waren glücklich und produktiv, hatten aber eine ausgesprochene Neigung zum Dramatischen: »Ihr haßt mich! Ich weiß genau, daß ihr mich haßt!«

Die Fähigkeit zum Wettbewerb

Die Fähigkeit zum Wettbewerb ist ungeheuer wichtig, solange wir unter Wettbewerb die Verfolgung von dem Eigeninteresse dienenden Zielen verstehen. Wir meinen damit nicht die Tendenz zur Aggression um ihrer selbst willen oder das Ausschlagen nach einem eingebildeten Hindernis.

Angemessener Wetteifer ist ein Nebenerfolg einer sonst gesunden Persönlichkeit: Gesunder Wetteifer kann nicht an sich gezüchtet werden (wie der feindliche Wetteifer). All die Grundregeln müssen hier angewandt werden. Wenn die Eltern übermäßig viel tadeln, wird das Kind sich unnütz vorkommen und ein unwirksamer Wettbewerber sein. Es kann auch eine intensive Furcht vor dem Versagen entwickeln und glauben, daß seine ganze Vorstellung von seinem eigenen Wert von jeder Sache abhängt, die es angreift. Da es nicht immer gewinnen und erfolgreich sein kann, kann es passieren, daß das Kind sich dann von allen Wettbewerbssituationen zurückzieht.

Wenn das Kind nicht ermutigt worden ist, unabhängig zu sein, braucht es dauernd Lob und Liebesbezeugungen von den andern und fürchtet den Wettbewerb, da es glaubt, es würde damit jemand anders böse machen. Ein abhängiges Kind kann kein furchtloser Wettbewerber sein. Die einzige Art, in der es in den Wettbewerb eintreten kann, ist mit großem psychischem Aufwand verbunden. Das abhängige Kind fürchtet sich auch vor neuen Dingen.

Eine Mutter, die dem Kind keine angemessenen Grenzen setzt oder ihr Kind mit Liebe erstickt, wird wahrscheinlich ein ängstliches Kind haben. Ein ängstliches oder verwöhntes Kind kann nicht mit anderen wetteifern. So ein Kind wird von widersprechenden Emotionen geplagt, wenn es versucht, sich konsequent wetteifernd zu verhalten.

Eltern, die versuchen, durch ihre Kinder zu leben — die ihre Kinder dazu zwingen, die Träger elterlicher Ambitionen zu sein —, gehen ein großes Risiko ein. Es gibt ein paar Kinder, die diese

Art von Druck gut aushalten, aber für die Mehrzahl ist solch ein Verhalten eine große Komplikation. Wenn das Kind bemerkt, daß seine Eltern an ihm nur wegen seiner Leistungen interessiert sind, kann es seine Gefühle sich selbst gegenüber mit seiner Haltung seinen Leistungen gegenüber verwechseln. Ein einziges Versagen, wie es bei jeder Bemühung unvermeidlich ist, wird dann als ein katastrophaler Verlust der ganzen Selbstachtung erlebt. Ein Mensch, der unter dieser Art von Umständen funktionieren muß, hört oft überhaupt auf zu funktionieren, unter dem Gesichtspunkt, daß es besser ist, erst garnichts zu versuchen als etwas, was schief gehen kann. Dies ist die Genese einer viel verbreiteten Form von Leistungsschwäche.

Die Furcht vor angemessenem Wettbewerb erscheint in vielen Verkleidungen. Das Kind kann z. B. in der Schule versagen. Es mag sich weigern, an sportlichen Wettbewerbspielen teilzunehmen. Es kann das dauernde Ziel des Spottes der anderen sein. Es mag sich eine ganze Sammlung von Achs und Wehs ausdenken und sich an die Eltern klammern.

Es ist keine leichte Aufgabe für ein Kind, das den Wettbewerb scheut, ein Hilfsprogramm auszuarbeiten, denn schon die Diagnose ist nicht leicht — besonders ohne psychologische Tests. Es gibt eine ganze Reihe von Dingen, die Furcht vor dem Wettbewerb verursachen können. Und dann gibt es auch noch andere Zustände, die der Furcht vor dem Wettbewerb ähneln können, aber etwas ganz anderes sind: Ein Kind, das sich einen passiven Erwachsenen zum Vorbild nimmt, kann, oberflächlich gesehen, gehemmt und ängstlich erscheinen und so, als ob es sich vor dem Wettbewerb fürchtet, aber was ihm fehlt, ist nichts weiter als ein Vorbild für harte Arbeit und Disziplin. Trotzdem gibt es ein paar Dinge, die Eltern tun können, um einem Kind zu helfen, das sich vor dem Wettbewerb fürchten, was auch immer die Ursache für sein Problem sein mag.

1. Befolge alle Grundregeln mit besonderem Augenmerk auf Regel 1 und 3, das heißt: Nicht tadeln und zur Unabhängigkeit ermuntern.

2. Zeige ein gesundes, angemessenes, aufrichtiges Interesse an den Leistungen des Kindes, aber verwechsle nicht deine Gefühle für das Kind mit deiner Haltung gegenüber seinen Leistungen. Das wird ihm helfen, eine angemessene Perspektive zu bekommen, eine starke Furcht vor dem Versagen zu vermeiden und auch zu vermeiden, daß es Erfolg oder Mangel an Erfolg mit dem Bewußtsein seines Wertes als Person verbindet.

Eine Form, in der Eltern eine angemessene Perspektive behalten können, ist, wie wir schon gesehen haben die, sich auf den Inhalt und nicht auf die Bewertung auszurichten, wenn über die Arbeit in der Schule gesprochen wird. Zeige mehr Interesse daran, *was* das Kind lernt, als wie gut es das lernt. Durch die Zensuren, die Bemerkungen der Lehrer und der anderen Kinder, bekommt das Kind schon mehr als genug an Bewertung. Wenn ein Kind den Eltern einen Arbeitsplan über ein Weltraumprogramm zeigt, warum nicht über das Weltraumprogramm reden? Das ist leicht und bringt eine Menge zustande. Zuallererst zeigt es dem Kinde, daß du aufrichtig an dem interessiert bist, was es lernt. Gleichzeitig zeigt es ihm seinen eigenen Weg, daß es darüber nachdenken sollte, was es lernt, und sich nicht immer nur darum sorgen sollte, ob es alles recht machen kann.

Leider konzentrieren sich typische Eltern selten auf den Inhalt der Schulaufgaben.

»Vati, sieh mal dieses Bild von den Stadien einer Rakete«. »Hmm. Das ist nicht allzu sauber gezeichnet, und ich glaube, ein Stadium hast du ausgelassen.«

Das ist eine ganz offenbar negative Stellungnahme. Es gibt eine andere Version, die positiv zu sein scheint, die aber dieselbe falsche Einstellung perpetuiert — nämlich die, daß der Wertaspekt einer Arbeit das einzig Wichtige ist.

»Vati, sieh mal dieses Bild von den Stadien einer Rakete.« »Das hast du gut gemacht, mein Sohn. Ich sehe, du hast eine Eins dafür bekommen.«

Wir meinen nicht, daß Eltern nicht ihre Kinder belehren sollten.

Aber das ist nicht der richtige Zeitpunkt dafür. Belehrung geschieht durch Beispiel — dein eigenes Interesse an deinen eigenen Leistungen — und zur angemessenen Zeit.

3. Gib deinem Kind ein passendes Vorbild. Zeig ihm, daß du wettbewerberische Leistungen auch bei dir selbst schätzst.

4. Gehe seine Befürchtungen direkt an. Nehmen wir an, das Kind ist nicht besonders gut in irgendeinem sportlichen Wettbewerb. In dieser Situation ist der typische Vater ihm überhaupt keine Hilfe. »Was ist mit dir los. Du verdammtes Zimperlieschen« oder »Geh hin und schlag zurück«.

Nicht nur, daß dies dem Kind nichts hilft, es macht alles noch schlimmer.

Statt dessen, denk an Regel 1 und 4. Tadle nicht und erkenne seine Furcht an. Wenn es dem Kind klar wird, daß du es nicht wegen seiner Furcht tadelst, wird sein eigenes Vertrauen zu sich selbst steigen. Das ist ein guter erster Schritt in der Richtung auf die Entwicklung von Selbstvertrauen hin, das ein Kind braucht, um ein angemessen aggressiver Konkurrent zu werden. Erkenne ganz direkt seine Ängste an: »Ich verstehe, daß du aufgeregt bist. Du möchtest es besser machen, aber es geht noch schwer. Vielleicht wird das nicht immer so sein. Vielleicht aber doch. Eigentlich kommt es gar nicht darauf an.« (Natürlich muß das alles ehrlich gemeint sein. Wenn man die Richtigkeit oder den Wert dieser Art zu sprechen nicht einsieht, soll man sie auf keinen Fall anwenden.)

Bei Kindern, die eine verzweifelte Angst davor haben, verletzt zu werden, kann man noch hinzufügen: »Im Augenblick hast du noch große Angst davor, dir weh zu tun.« Man mag es glauben oder nicht, diese einfache Anerkenntnis verhilft dazu, die Furcht zu vermindern. Sie mag sie nicht vollständig aufheben — das hängt noch von vielen anderen Faktoren ab, die nicht alle für die Eltern erreichbar sind — aber es wird helfen. Wenn das Kind nicht so sehr Angst davor hat, verletzt zu werden als jemanden zu verletzen, dann sag ihm: »Im Augenblick bringt es dich aus der Fassung, jemandem wehzutun, selbst wenn er dich vorher verletzt.« Sehr oft gehen diese beiden Ängste — die zu verletzen und verletzt zu werden — Hand in Hand, und beide bestätigenden Aussagen können zusammen angewandt werden.

5. Sollten die Ängste weiterbestehen, so ist die Hilfe eines Fachmanns am Platze. Auf keinen Fall sollte man dieses Gebiet ignorieren.

Das Kind, das keine Schularbeiten macht

Schularbeiten müssen aus vielen Gründen gemacht werden: Um durchzugehen, was schon gelernt worden ist, und so Gelegenheit zu geben, etwaige schwache Stellen aufzudecken; das Gelernte zu verfestigen, neue Aufgaben durchzunehmen; das, was eingedrillt worden ist, im Gedächtnis festzuhalten. Aber einer der Zwecke der Schularbeiten ist wichtiger als alle anderen: Das Kind lernt, selbständig, ohne die Hilfe Erwachsener zu arbeiten. (Aus diesem Grunde sind wir gegen Schulmethoden, die die Eltern dazu zwingen, den Kindern bei den Schularbeiten zu helfen: Die Hilfe der Eltern sollte für den Augenblick reserviert bleiben, an dem das Kind wirklich steckengeblieben ist.)

Wenn ein Kind seine Schularbeiten nicht macht, muß man zuerst herausfinden, warum es das tut. Ist ihm die Arbeit zu schwer? Braucht es vielleicht Nachhilfeunterricht? Ist es in der richtigen Klasse? Hat es den richtigen Hintergrund an Kenntnissen?

Oder ist es so, daß es die Schularbeiten zwar machen kann, aber einfach nicht will? Es schiebt sie entweder auf oder macht sie so schnell, daß sie keinen Sinn mehr haben. Dies ist das Kind, an dem wir hier interessiert sind.

Um ihm zu helfen, empfehlen wir das Folgende:

1. Benutze die Familienkonferenz, um ihm zu helfen, einen Arbeitsplan zu machen. Wenn es dann seinen eigenen Plan nicht befolgt, dann sag ihm, es müsse einen neuen entwerfen. Bringe bei der Sitzung die anderen Kinder dazu, Schularbeiten zu diskutieren

— ihren Zweck und, wie sie sie machen. Versuche, sie in die richtige Perspektive zu setzen und weise auf die Vorteile hin.

2. Unterstreiche den Mangel an Unabhängigkeit: »Michael, du wartest nur darauf, daß wir dich dazu bringen, deine Schularbeiten zu machen. Diese Aufgabe wollen wir gar nicht haben.«

3. Nachdem das Kind gezeigt hat, daß es diese Erklärung verstehen kann und akzeptiert hat, erkläre ihm seine Angst davor, erwachsen zu werden und mehr Verantwortung zu übernehmen und zwar in einer direkteren Weise: »Michael, in jedem von uns steckt ein Teil, der ein Kind bleiben möchte. Du magst es glauben oder nicht, dieses Wesen in uns möchte direkt, daß jemand anders ihm Befehle gibt — das Kommando übernimmt, wie Eltern die Verantwortung für ihre Kinder haben. Das ist der Teil in dir, der tatsächlich möchte, daß wir für deine Schularbeiten verantwortlich sind und dir sagen sollen, was du tun mußt. Wir möchten aber, daß du diese Aufgabe selbst übernimmst.«

4. Fahre damit fort, die Familienkonferenz und diese Bestätigungen und Überlegungen solange anzuwenden, wie es nötig ist. Wenn das Kind sich gegen alle Versuche, ihm dazu zu verhelfen, daß es unabhängig wird, sträubt, dann muß man sich an eine Erziehungsberatung wenden. Die Fähigkeit, unabhängig zu funktionieren, ist zu wichtig, um sie dem Zufall zu überlassen. Denk daran, die ganze im Kapitel 8 gegebene Information anzuwenden.

Kabbeleien unter Geschwistern

Ein gewisses Ausmaß an Kabbelei ist unter Geschwistern normal, und zwar in dem Sinne, daß alle Geschwister das tun und noch kein Weg gefunden worden ist, diese Streitereien zu vermeiden.

Der Gründe dafür gibt es viele: Eifersucht, die Angst benachteiligt zu werden, wo Mittel knapp sind, und das Bedürfnis nach negativer Aufmerksamkeit.

Zusätzlich zur Behandlung der Grundursache — Verminderung

des Bedürfnisses nach negativer Aufmerksamkeit, Anerkennung der unvermeidlichen Eifersucht — sollten Eltern sich mit ein paar simplen Regeln wappnen, die bei der Familienkonferenz zur Diskussion gestellt werden.

Wenn ein Kind das Bedürfnis hat, seine Geschwister unermüdlich zu necken, dann konzentriere dich auf alles, was über das Bedürfnis nach negativer Aufmerksamkeit gesagt worden ist. Dazu kommt, daß du ihm seine Bedürfnisse direkt erklären mußt: »Joseph, du fühlst dich überhaupt nur wohl, wenn du jemand anders heruntersetzen kannst. Scheinbar ist das noch immer für dich sehr wichtig. Ich hoffe, es wird nicht zu lange dauern.« Wenn man das oft genug sagen kann — nicht in Hörweite der anderen, was das Kind in Verlegenheit bringen würde — und wenn es, *ohne zu tadeln, als eine reine und einfache Feststellung von Tatsachen* gesagt werden kann, kann es doch sein, daß das Kind am Ende darauf hören wird.

Die Angst vor Krankheit und Tod

Diese Ängste stellen nur ein Problem dar, wenn sie lange weiter bestehen, nachdem die Zeit für sie vorüber ist. Ein Kind kann ein Jahr lang um einen sehr nahen Verwandten trauern (einer der Eltern oder eines der Geschwister), wenn auch *intensive* Gefühle der Trauer schon lange vorher nachlassen sollten.

Wo die Angst vor Krankheit und Tod lange fortbesteht, handelt es sich wahrscheinlich um irgendeine Form der Neurose oder um eine Situation, in der das Kind bewußt oder unbewußt etwas mit seiner fortdauernden Trauer erreichen will: Mitgefühl, Aufmerksamkeit oder die Erlaubnis, eine Aufgabe, die ihm zu schwierig ist, abzubrechen.

Wenn bei einem Kind die Furcht vor Krankheit oder Tod fortbesteht, sollte man an das Folgende denken:

1. Hat das Kind genügend Gelegenheit bekommen, seine Gefühle zu äußern? Man soll Kinder nicht zwingen, über etwas zu sprechen,

worüber sie nicht sprechen wollen, aber die Tür sollte immer offen sein.

2. Will es mit seinem andauernden Brüten etwas erreichen? Wenn das so ist, sollte man ihm das erklären: »Johnny — uns scheint, wenn du so traurig bist, willst du uns im Grunde damit nur sagen, daß du Angst hast, zur Schule zurückzugehen, wo du solche Schwierigkeiten in der Mathematik gehabt hast.«

3. Gewöhnlich ist für Kinder Tod und Einsamkeit dasselbe. Versichere ihnen, daß sie noch viele Jahre bei dir sein werden.

4. Kinder fühlen auch, daß das, was jemand anders passiert, auch ihnen selbst oder dir zustoßen könnte. Erkläre ihnen, daß das unwahrscheinlich ist. Denk daran, daß Kinder sich selten direkt über das beklagen, was ihnen in dieser Beziehung wirklich Sorge macht. Ihre Ängste können als echtes Interesse an der oder dem Verstorbenen erscheinen; aber das ist selten.

Angst vor der Schule

Wenn ein Kind nicht zur Schule gehen will, kann das sein, weil es sich vor der Schule oder vor der Trennung von den Eltern fürchtet. In den meisten Fällen empfiehlt es sich, das Kind so schnell wie möglich wieder zur Schule zurückzubringen. In schweren Fällen, in denen professionelle Hilfe angezeigt ist, soll der Therapeut die Zeit bestimmen, in der er das Kind wieder auf die Schule hinlenken will, aber sogar im besten Falle ist dies ein Rätselraten. Manchmal muß die Entscheidung auch wieder revidiert werden.

Der häufigste Grund für Schulangst ist die Furcht vor der Trennung — die Furcht, sich von den Eltern zu trennen. Diese Art der Elementarangst manifestiert sich in den verschiedenen Altersklassen verschieden und kann auch für einige Zeit »untergrund« gehen. Die Tatsache, daß das Kind sich früher schon einmal gut von den Eltern trennen konnte, schließt nicht aus, daß dieses Mal die Trennungsangst das wirkliche Problem ist. Bei einem ganz kleinen Kind zeigt sich der Mangel an Unabhängigkeit in weinen, jammern, quängeln. Später mag derselbe Mangel an Unabhängigkeit sich darin äußern, daß das Kind sich weigert, sich anzuziehen. Noch später kann der Mangel an Unabhängigkeit und die ihn begleitende Trennungsangst sich darin manifestieren, daß das Kind seine Schularbeiten nicht macht oder nicht zur Schule gehen will.

Die folgenden Anregungen könnten nützlich sein, wenn dein Kind nicht zur Schule gehen will:

1. Bleib dabei, nicht zu tadeln. Du wirst sehr dazu neigen, sehr böse auf das Kind zu sein, nicht nur weil du dir darüber Sorgen machst, was es in der Schule versäumt, sondern weil du dich selbst beschuldigst, ihm nicht helfen zu können. Eltern versuchen oft, mit ihrem eigenen Kummer dadurch fertigzuwerden, daß sie versuchen, das Kind in die Schule zurückzuzwingen — so als ob sie es unter den Teppich kehren könnten. Wenn sie das Kind nicht im Hause herumgehen sehen, wenn es eigentlich in der Schule sein müßte, sind sie nicht mehr so bekümmert und fühlen sich nicht so schuldig.

Du wirst auch böse sein, weil du halb argwöhnst, daß das Kind dir nur etwas vormacht. Es erzählt, daß es morgens vor Furcht umkommt: Es hat Magenschmerzen — alles tut ihm weh. Aber sobald du erlaubst, daß es zu Hause bleibt, wird irgendwie alles besser. Aber das Kind simuliert nicht: Es hat wirklich Angst und fühlt, daß es zu Hause bleiben muß.

2. Erkenne seine Angst an, aber übe einen starken Druck dahingehend aus, daß es zur Schule zurück muß. In diesem Punkt — der Notwendigkeit, zur Schule zu gehen — mußt du hart bleiben. Aber laß es gleichzeitig fühlen, daß du weißt, daß es Angst hat. »Ich weiß, daß du Angst hast — daß du nicht lügst. Gleichzeitig weiß ich aber auch, daß es dir nicht helfen würde, wenn ich dir erlaubte, zu Hause zu bleiben. Tatsächlich würdest du nur noch mehr deinen Mut verlieren. Ich muß darauf bestehen, daß du zur Schule gehst.«

3. Wenn das Kind sich auf den Boden wirft, schreit und sich an deine Beine klammert und dies wenigstens drei Tage hintereinander

macht, dann muß die Hilfe eines Psychotherapeuten gesucht werden.

Körperliche Manifestationen der Spannung

Ob ein Kind nun ausgesprochene Symptome entwickelt, wie z. B. einen Tic im Gesicht, einen Ausschlag oder Bauchschmerzen oder auch nur *denkt,* daß mit ihm körperlich etwas nicht in Ordnung ist, in jedem Falle fängt das Behandlungsprogramm mit einem Besuch beim Arzt an. Es ist angezeigt, in jedem Fall von körperlichen Symptomen so vorzugehen, ganz besonders, wenn es sich um Schmerzen, einschließlich Kopfschmerzen, handelt. Der Arzt kann dann nicht nur helfen, eine körperliche Störung auszuschalten, sondern kann dem Kind auch eine einleuchtende beruhigende Erklärung geben.

Körperliche Symptome von psychischer Spannung sollten sowohl von einem Berufspsychotherapeuten als auch von einem Arzt beurteilt werden. Der Therapeut kann entscheiden, ob der Fall zu Hause behandelt werden kann oder ob zusätzlich professionelle Hilfe erforderlich ist.

Gewisse Dinge können sehr wohl an der häuslichen Front erledigt werden: nicht tadeln, nicht die Schmerzen geringschätzig abtun und trotzdem darauf achten, daß das Kind keine Extra-Sachen bekommt, wie Eiskrem oder übermäßige elterliche Besorgnis.

Zwangshandlungen bei Kindern

Kinder, die übermäßig mißmutig sind oder irgendwelche Ritualakte mit besonderer Häufigkeit ausüben — Händewaschen, gewisse Phrasen wiederholen —, brauchen psychotherapeutische Behandlung.

Eltern solcher Kinder haben vielleicht bei Grundregel 3 versagt, bei der Ermunterung zur Unabhängigkeit, und haben dem Kind

Angst vor Aggressivität eingeflößt. Stütze das Gebäude nach den in Kapitel 8 angegebenen Methoden ab, zeig dich dem Kinde gegenüber mitfühlend, aber bleibe eisern fest in deiner Weigerung, ihm zu erlauben, irgendwie von seinen Symptomen zu profitieren.

17. KAPITEL

DAS ALTER ZWISCHEN NEUN UND ZWÖLF

Dies sind die Jahre, die für Mädchen anscheinend schwerer sind als für Jungen. Bei ihnen unterliegt die Stimmung größeren Schwankungen: die Hochs sind höher, die Tiefs sind tiefer, und die Geheimnistuerei ist größer.

Das Neunjährige ist von großer Vitalität, ist gerne mit Freunden zusammen, will immer weniger bei der Familie sein (außer, um zu erklären: »Hier kann man einfach nichts anfangen«) und prahlt oft mit großen Worten: »Wenn du das noch einmal tust, leg ich dich um.« Wie beim Achtjährigen besteht bei ihm ein Sinn für das Theatralische, und es bringt es fertig, eine verstopfte Nase als einen echten medizinischen Notfall erscheinen zu lassen. »Die Nasentropfen! Schnell, die Nasentropfen!«

Zehn ist als ein stabiles und glückliches Alter bekannt, aber mit elf geht das Kind wieder auf den »Über«-Pfad. Bei zwölf ist es schwer vorauszusagen; dieses Jahr verläuft sehr verschieden, und Verallgemeinerungen sind in diesem Stadium schwieriger, indem das Kind hier schon sich der Pubertät nähert.

Das Alter von dreizehn ist das der Geheimnistuerei. Wir haben dreizehnjährige Mädchen mit ernsten Problemen gesehen, die sich aber nicht dazu bringen konnten, diese Probleme einzugestehen: »Alles ist in Ordnung — wirklich!«

Das Problem des vierten Schuljahres

Der Lernstoff ist im vierten Schuljahr viel schwerer als im dritten, da mehr und mehr Material angeboten wird. Es kommt nicht selten vor, daß Lernprobleme, die tatsächlich schon von Anfang an bestanden haben, sich in dieser Zeit zeigen — durch die größeren Anforderungen ans Licht gebracht.

Regel 4 — Anerkennung — wird hier nützlich sein: »Ich kann verstehen, wie dich jetzt alles aufbringt. Die Arbeit ist schwerer; du überlegst dir, ob du sie überhaupt schaffen kannst. Und manchmal ist es schwer zu entscheiden, ob man lieber arbeiten oder die ganze Zeit spielen möchte.«

Wieviel Fernsehen? Kino?

Wieviel Fernsehen sollte man einem Kind erlauben? Wie oft kann es ins Kino gehen?

Wieviel von seinem Geld sollte man ihm erlauben, für seine Hobbys auszugeben, und wieviel Zeit soll es mit ihnen verbringen?

Oft stellt man uns solche Fragen. Eltern glauben wahrscheinlich, daß es eine korrekte Zeitmenge gibt, die man den Kindern für diese Art von Zeitvertreib zumessen kann. Ja, es gibt wirklich so eine korrekte Menge — aber sie ist nur für ein spezielles Kind korrekt. Was für das eine Kind eine angemessene Zeit ist, mag für das andere zu viel oder zu wenig sein.

Die Zeit, die man dem Kinde für diese Dinge zumessen kann, hat nichts mit dem Zeitvertreib selbst zu tun, sondern hängt davon ab, wie gut das Kind sich um die Notwendigkeiten seines Lebens kümmert — seine Gesundheit, Haushaltsarbeiten und Schularbeiten. Wenn dies alles getan ist, gehört der Rest der Zeit ihm.

Wie wir gesehen haben, gibt die Familienkonferenz eine gute Gelegenheit, diese Dinge unter die Lupe zu nehmen.

Nehmen wir einmal an, ein Kind denkt, daß es endlos vor dem Fernsehschirm sitzen könnte. Statt zu versuchen, willkürlich festzusetzen, wieviel Fernsehen zuviel Fernsehen ist, sollte man sich lieber fragen, wie gut es mit seinen Aufgaben fertig wird. Wenn das in Ordnung ist, kann man ihm ruhig die weiteren Entscheidungen selbst überlassen. Letzten Endes ist ja die Hauptsorge, ob derartiger Zeitvertreib die Zeit verbraucht, die das Kind auf andere und wichtigere Dinge verwenden sollte. Man sollte sich also davon leiten lassen, wie es seinen übrigen Tag verbringt. Es ist schwer, Urteile über das Fernsehen zu verallgemeinern. Wir versuchen in unserer Familie ganz vorsichtig, mehr Zeit für intellektuell aktive Dinge wie lesen und zeichnen übrig zu haben. Aber wir geben in dieser Beziehung nicht groß an. Wenn wir das wollten, würden wir die Frage in der Familienkonferenz aufbringen.

Manche Kinder sind in den Dingen, die ihre Altersgenossen treiben, ungeschickt, und es ist ihnen so unmöglich, eine aktive und selbstbewußte Haltung einzunehmen, daß das Fernsehen alles ist, was sie haben. Wir haben mit solchen Kindern gearbeitet und die Klagen ihrer Eltern gehört: »Alles, was das Kind tut, ist, vor dem verdammten Fernsehschirm zu sitzen.« Und während wir mit den Eltern mitfühlen konnten, waren wir doch innerlich dem Fernsehen dankbar, denn ohne dies würden einige dieser Kinder mit mangelndem Ich nichts gehabt haben. Immerhin sind solche Kinder selten.

»Ich habe nichts zu tun«

Dies hier ist nicht das erste Alter, in dem diese Klage gehört wird. Und manch eine Mutter fällt sofort in die Falle und akzeptiert die in der Klage enthaltene Beschuldigung. Sie nimmt an, daß es erstens ihre Schuld sei, daß das Kind nichts zu tun finden kann, und zweitens, daß es ihre Aufgabe ist, die Sache in Ordnung zu bringen — sie muß das Leben ihres Kindes organisieren.

In manchen Fällen ist es wirklich die Schuld der Mutter, daß das Kind nichts zu tun findet. Dies sind die Fälle, bei denen die Mutter in bezug auf Regel 3 versagt und dem Kinde keine angemessene Unabhängigkeit geboten hat. Sie wollte das Leben ihres Kindes beherrschen. Zuerst wehrt sich das Kind dagegen, gewöhnt sich dann aber daran, übermanipuliert zu werden. Jetzt gibt es nicht nur ihren Forderungen nach, sondern ist soweit gekommen, daß es den Gedanken, beherrscht zu werden, tatsächlich gern hat. Vom anfänglichen Widerstand gegen ihre Vorschläge sucht es diese jetzt direkt zu bekommen — und verlangt sie sogar.

Bei Kindern, die fordern, daß man etwas für sie zu tun finden soll, wende man Regeln 1, 3 und 4 an. Nicht tadeln, zur Unabhängigkeit anregen, seinen Kummer anerkennen: »Irgendwie glaubst du, daß es meine Aufgabe ist, eine Beschäftigung für dich zu finden, und trotzdem bringt es dich auf, wenn ich das tue.«

»Du mußt aber«, wird das Kind schreien. Hier ist der Punkt, an dem man am besten mitfühlend grunzt und sich von der Unterhaltung zurückzieht. Man soll sich hier nicht auf Argumente einlassen und nicht nachgeben. Allmählich wird das Kind das schon verstehen.

Bandenangriffe

Es kommt vor, daß eine Bande von Kindern all ihre Neckereien und Aggressionen an einem speziellen Kinde ausläßt — oft einem Kind, das sich nicht zu wehren versteht.

Für uns gilt die folgende Faustregel, wann der Erwachsene eingreifen soll. Wenn viele Kinder ein anderes körperlich angreifen, ist das Eingreifen Erwachsener angebracht. Es ist schön und gut, ein Kind seine eigenen Kämpfe auskämpfen zu lassen, aber nicht bei unfairer Chancenverteilung. Wir haben die Polizei, um uns gegen unfaire Chancen zu schützen. Kinder sollten denselben Schutz haben.

Wenn der Quälgeist ein einziges Kind ist, oder wenn die Aggression nur in Worten geschieht, ist es vielleicht besser, erst einmal herauszufinden, in welcher Weise das Kind die Aggression herausfordert. Manche Kinder fordern nicht nur Aggression heraus, sondern laden direkt dazu ein.

Denk daran, daß du nicht immer vor deinem Kinder hergehen und ihm seinen Lebenspfad ebnen kannst, wie groß auch die Versuchung dazu sein mag. Du mußt seine Verletzbarkeit herabsetzen, so daß es mit dem fertigwerden kann, was das Leben ihm in den Weg wirft.

Es gibt eine recht sichere Methode, ein Kind davor zu beschützen, das Ziel aller Neckereien zu sein und gequält zu werden: Man muß ihm helfen, Talente und Leistungen zu entwickeln.

Paß auf, daß der Junge nicht übermäßig verhätschelt aufwächst. Laß ihn lernen, ein guter Sportler zu sein. Gib ihm Schwimmunterricht. Rege ihn dazu an, andere Kinder zu beobachten und von ihnen zu lernen. Aber tu das ohne Spannung. Wenn das Kind dabei passiv bleibt, wende die Anregungen an, die für nicht-wettbewerbsfähige Menschen gegeben worden sind.

Finde heraus, in welcher Weise das Kind den Spott herausfordert. Geht es oder spricht es komisch? Protzt es zu viel (der häufigste Grund für andere Kinder, sich als Bande gegen ihn zu wenden)? Zwingst du es, Kleider zu tragen, die für sein Alter absolut lächerlich und viel zu erwachsen sind und nicht zur Gruppe passen?

18. Kapitel

DAS ALTER
ZWISCHEN DREIZEHN UND FÜNFZEHN

Das eine Kind kann, vom sozialen oder psychosexuellen Standpunkt aus gesehen, mit dreizehn oder vierzehn reif sein, während ein anderes erst mit fünfzehn oder sechzehn dazu kommt. Es gibt Kinder, die am Anfang des zweiten Jahrzehnts ein starkes Interesse am anderen Geschlecht haben, und andere, bei denen dieses Interesse nur mäßig oder überhaupt nicht vorhanden ist. Eine ganze Menge Kinder verlieren das Interesse an der Schule — manche für immer. Manche Kinder fahren fort, Autorität anzuerkennen, während es anderen schwer fällt, auch nur den Anschein von Respekt aufrechtzuerhalten.

Das zweite Jahrzehnt ist das Alter des Suchens und des Forschens, der Entscheidung, welche Haltung man einnimmt und welche man ablegt, der Entscheidung, wie man sich letzten Endes zu seinen Mitmenschen verhalten soll. Kurz gesagt, sind dies die Jahre, in denen die Jugend ihr Heim unter den Menschen finden muß — den Weg zu leben, zu arbeiten, zu lieben und produktiv zu sein. (Vergleiche die Schriften von Erikson mit ihren einsichtigen Abhandlungen über das Ineinandergreifen von biologischem Erbgut, psychologischer Ausstattung und der Rolle der Gesellschaft.)

Während dieser Jahre wird ein großes Stück Arbeit vollbracht. Es tut uns weh, wenn wir sehen, wie Eltern böse werden und sich mit Abscheu von ihren Teenager-Kindern abwenden, weil sie auf dem Bett herumfaulenzen: »Warum unternehmen sie nicht etwas? Sie sind so verdammt faul!« Wenn diese Eltern nur die Menge von Arbeit ahnen würden, die hier innerlich vor sich geht.

Während der Adoleszenz ihrer Kinder haben die Eltern mehrere Aufgaben: der Resonanzboden zu sein, gegen den der Teenager seine

Ideen ausprobieren (oder schleudern) kann, ein Ansporn — gutmütig und nicht sarkastisch — für ein paar seiner kindisch-erwachsenen Ideen, einen verhältnismäßig zusammenhängenden Lebenskode zu liefern, auf den sich das Kind stützen kann, wenn es in Schwierigkeiten kommt, und gegen den es in den Momenten, wo es seine eigene Identität sucht, stoßen kann, eine nicht-tadelnde, nicht-verurteilende Stimme der Vernunft zu sein und eine ruhige, unzudringliche, nicht auf der Oberfläche liegende Quelle von Liebe und Zuneigung.

Zwischen Teenagern und Erwachsenen erstreckt sich die Kommunikation von dürftig bis nicht-existent. Unsere Hauptaufgabe ist es, einen Weg anzubieten, auf dem diese Kanäle wenigstens teilweise offen bleiben.

Kommunikation mit Teenagern

Um einen offenen Draht zu deinem Teenager zu behalten, mußt du eine attraktive Person bleiben — eine Person, mit der es sich lohnt, in Beziehung zu stehen. Alles, was du dazu tun kannst, ist, in gutem körperlichen Zustand zu bleiben, bei deiner eigenen Arbeit leistungsfähig zu sein, eine tadelnde Orientierung zu vermeiden, als eine starke, aber nicht überwältigende Persönlichkeit zu handeln, eine gute Portion von Humor zu haben, eine starke Identität als Mann und Frau, als Vater und Mutter aufrechtzuerhalten, in deinen Entschlüssen und emotionalen Interessen fest zu sein.

Im ganzen gesehen, schließt diese Liste wohl so ungefähr 90 Prozent von uns aus. Aber je mehr wir von diesen Zielen erreichen können, desto leichter wird die Kommunikation sein.

Um es einfach zu sagen, warum sollte irgend jemand, besonders ein Teenager, Anordnungen oder Anregungen von einer unattraktiven Person annehmen? Wenn du der Chef bist, werden deine Angestellten das wohl tun, denn du hast ihr Schicksal in der Hand. Aber das trifft auf deinen Teenager nicht zu, der von einem außerordentlich starken inneren Drang nach Freiheit getrieben wird, sogar wenn das erfordert, seinen bisherigen Lebensstandard aufzugeben, der ihm ja sowieso nichts bedeutet, denn er hat ihn wahrscheinlich immer gehabt und brauchte nie dafür zu arbeiten.

Wenn wir der Versuchung nachgeben, dauernd zu nörgeln und zu klagen, statt zu führen, verlieren wir die Verbindung mit denen, deren Schicksal nicht direkt in unserer Hand liegt. Während wir das einfach physische Überleben unserer Jüngsten noch in der Hand haben und sogar der Dreizehn- und Vierzehnjährigen, ist es bei den Fünfzehn-, Sechzehn- und Siebzehnjährigen schon anders. Diese jungen Erwachsenen haben gelernt, daß sie uns eigentlich nicht brauchen, daß sie — wenn es nötig ist — auch ohne uns fertig werden könnten. In Wirklichkeit mögen sie, wenigstens teilweise, noch von uns abhängen. Da sie aber *weniger* abhängig sind, verlangen sie mehr von denen, die sie führen sollten.

Bei älteren Kindern ist es so, daß die Loyalität freiwillig gegeben werden muß; sie kann nicht verlangt werden. Wir müssen uns Respekt verdienen und nicht versuchen, ihn mit körperlicher Gewalt durchzusetzen — oder durch beschwichtigendes Nachgeben.

Wenn man sich die Liste am Anfang dieses Teiles ansieht, wird man bemerken, daß nirgends angeregt wird, sich »auf ihr Niveau herunterzuschrauben«, nachzugeben, zu bestechen, zu beschwichtigen oder zu versuchen »zu verstehen« in dem Sinne, daß man das tut, was gefordert wird, wenn es auch falsch ist.

Man bleibt ein würdiges Objekt der Identifizierung, indem man eine glückliche, produktive, liebende, in sich selbst sichere Person ist, die eine Lebensphilosophie hat, die — wenn auch nicht vollkommen — wenigstens nicht zu voll von Inkonsequenzen ist. In diesem Fall wird der Teenager — wenn er auch nicht mit dir übereinstimmt — wenigstens eine klare Vorstellung von dem haben, womit er nicht übereinstimmt. Die Teenager-Revolte ist meistens ziellos, verschwommen und heftig, wenn sie sich gegen eine Machtstruktur richtet, die weder Klarheit noch Definition hat. Ehrliches Verständnis und echter Kompromiß — niemals auf Kosten lebenswichtiger Interessen anderer — sind nur solange möglich, als beide Seiten verstehen, worum es geht. Das ist in der heutigen Gesellschaft leider nicht der Fall.

Nicht, daß vollkommene Klarheit oder befriedigender Kompromiß bei einem Jugend-gegen-Establishment-Kampf überhaupt möglich ist. Teenager wollen und brauchen den Kampf — einen Kampf um eine psychische Distanz zwischen sich und denen, von denen sie sich trennen wollen. Abhängigkeitsbedürfnisse müssen beiseitegestellt werden — das ist nicht leicht. Um ihre eigene unbewußte Abneigung dagegen zu überwinden, die Erwachsenen zu verlassen, von denen sie für Liebe, Leitung und Schutz abhängig gewesen waren, müssen sie Kämpfe erfinden. Indem sie sich einbilden, unlösbare Differenzen zu überwinden, können sie sich selbst einen Grund verschaffen, sich von ihnen zurückzuziehen.

Je schwerer wir Erwachsenen es ihnen machen, sich zurückzuziehen, wenn wir ihren Drang nach Unabhängigkeit nicht unterstützen, um so heftiger müssen die Kämpfe werden. Dieselbe Art von Gewalttätigkeit wird dadurch hervorgerufen, daß das erwachsene Establishment selbst zu verwirrt und unter sich uneinig ist. Das gibt dem Bilde eine gewisse blutige Note: bewußte und unbewußte Beschwerden, echte und eingebildete, die unter der Oberfläche geblieben wären, wenn nicht alles so konfus gewesen wäre, kommen nach oben und laufen über. Im nächsten Kapitel über das Alter von sechzehn und darüber werden wir die Kluft zwischen den Generationen eingehender besprechen. Hier sind wir aber mit der Kommunikation beschäftigt.

Wenn du dich mit einem Teenager auf eine Diskussion einläßt, mußt du über die Tatsachen Bescheid wissen. Es gibt viele Veröffentlichungen über Rauschgifte, Alkohol und Ähnliches. Dein Sohn oder deine Tochter werden dich oft mit autoritativen — wenn auch falschen — Behauptungen überschwemmen, wenn du nicht die passenden Antworten parat hast. Sei also darauf vorbereitet, Zahlen und Daten zu zitieren. Sie sind eindrucksvoll, und man kann ihnen schwer widersprechen.

Trotzdem solltest du deine Position eher unter- als übertreiben. Ja, fange jede Diskussion mit deinem Teenager damit an, daß du sehr aufmerksam darauf hörst, was er zu sagen hat. Erkenne alles an, was in seiner Argumentation richtig ist. Gib zu, was auf deiner Seite falsch ist. *Frage viele Fragen über seine Einstellung — und tue das ehrlich.* Das wird ihm zeigen, daß du wirklich daran interessiert bist, was er zu sagen hat. *Je mehr Respekt du seinem Standpunkt entgegenbringt, desto mehr wird er für den deinen haben.* Viele Eltern verlieren die Schlacht, noch bevor sie begonnen hat, wenn sie genau so dogmatisch sind und genau so wenig zuhören wie ihre Teenager, die wenigstens die Entschuldigung haben, daß sie einen Kampf brauchen.

Und habe keine Angst, daß, wenn er in einer Sache gewinnt, dies deinen Teenager der Gelegenheit zur Rebellion berauben wird. Es werden noch genug Gebiete der ehrlichen Nicht-Übereinstimmung übrigbleiben. Deine Aufgabe ist es, diese Angelegenheiten auf einem Niveau zu halten, das Gewalt und selbstzerstörerisches Verhalten von seiten des Teenagers vermeidet.

Die Familienkonferenz wird hier eine große Hilfe sein besonders, wenn man dabei Grundregel 1 berücksichtigt — Kommunikation ohne Tadel.

Wie schon erwähnt, verschafft gerade die Formalität der Konferenz dem Teenager den seelischen Schutz oder die »Distanz«, die er braucht, um den Kontakt zu riskieren. Je mehr die beiden Seiten im Konflikt stehen, um so wichtiger ist diese Distanz. Sie ermöglicht es, daß die Kommunikation weitergeht, wo sie sonst unmöglich gewesen wäre. Mach dir keine Sorgen darum, daß die Formalität der Familienkonferenz nun das ganze Zusammenleben bestimmen wird: Man muß hoffen, daß die Konferenz nicht das einzige Mal ist, daß man sich trifft.

»Ausgehen«

Hier hängt das richtige Verhalten von den eigenen und den von der Familie unterstützten Wertungen ab. Es gibt kein genaues Alter, in dem ein Kind mit dem »Ausgehen« anfangen kann. Es hängt von dem Grad seines gesunden Menschenverstandes ab. Es hängt auch davon ab, was ein Teenager darunter versteht, wenn er um Erlaubnis dafür bittet. Bei den meisten der Jungen-und-Mädchen-Partys, die jetzt für kaum puberale Kinder in Mode sind, ist es so, daß die Mädchen sich in einer Ecke des Zimmers versammeln und kichern, während die Jungens in der anderen Ecke des Zimmers sitzen und protzen und sich aufspielen. Da gibt es recht wenige Jungens-und-Mädchen-Angelegenheiten. Natürlich ist das nicht immer so. Du mußt dein eigenes Kind kennen.

Unterscheide, was man tun und was man nicht tun soll, vermeide aber, ein Urteil über Personen abzugeben. Statt deinem Kind zu sagen, mit wem es sich treffen kann, sag ihm lieber, was die Regeln sind: Wann es nach Hause kommen soll, auf welche Autofahrer man sich verlassen kann usw.

Das Sexualspiel ist wieder eine Sache der Wertvorstellungen einer Familie; Eltern sollten aber lernen, zwischen wirklichen Problemen — Dingen, die für das Kind tatsächlich schädlich sind — und Dingen, die einfach den Eltern nicht gefallen oder in die elterliche Mythologie nicht hineinpassen, zu unterscheiden. So kann z. B. Onanie einem Kind nichts schaden — obwohl, wenn es zur Zwangshandlung geworden ist, eine Untersuchung angezeigt ist, so wie bei jeder anderen Zwangshandlung. Aber eine illegitime Schwangerschaft oder Promiskuität *kann* einem Kinde schaden. Daher sollte man in diesen Dingen fest sein und dies dadurch betonen, daß man angemessene Grenzen setzt.

Die unerwünschte Freundschaft

Eine der traurigsten Aufgaben für Eltern ist die, über die Freunde ihrer Kinder zu Gericht zu sitzen. Sehr oft sind wir, wie die Kinder uns sagen, gar nicht imstande zu urteilen. Wenn der Freund oder die Freundin nicht eine polizeiliche Vorstrafe hat und zwar wegen eines ernsten Vergehens (nicht Campus-Proteste), oder es einen Beweis dafür gibt, daß sie die härteren Rauschgifte nehmen (»speed«, die Halluzinogene, Opiumderivate), wirst du bald merken, daß du sie auf sehr subjektiver Beweisgrundlage beurteilst — lange Haare, schmutzige Füße — und du wirst oft eine Reihe von Kindern fälschlicherweise als antisozial bezeichnen, die einfach nur frech sind oder es schwer haben, ihre Kindheit abzustreifen.

Halte dich an die von der Familienkonferenz aufgestellten Regeln, um einen sicheren Standard zu bekommen und aufrechtzuerhalten; vermeide es, Leute zu verurteilen, über die du keine Beweise hast. Mit anderen Worten, statt zu sagen: »Ich will nicht, daß du mit Jimmy fährst«, sag lieber: »Ich hab es nicht gern, wenn du mit unzuverlässigen Autofahrern fährst«, und definiere solche Fahrer als die, die viele Strafzettel bekommen oder die du beim gefährlichen Fahren beobachtet hast. Wenn dann Jimmy zufällig in diese Kategorie fällt, dann ist er einer der Leute, mit denen dein Kind nicht fahren soll. Gehe aber an das Problem *über die Sache selbst, nicht über die Persönlichkeit* heran. Das mag schwierig erscheinen, ist es aber nicht. Denn in Wirklichkeit ist es die Sache, auf die es ankommt.

Eine andere in der Familienkonferenz niedergelegte Regel kann z. B. sein: Gehe nicht mit Leuten, die harte Rauschgifte nehmen. Dadurch daß man die Einschränkung auf gefährliche Gifte macht, zeigt man, daß man die Unterschiede zwischen den Giften kennt, **und man** hat damit auch anerkannt, daß nicht alle, die Rauschgifte **nehmen, unerwünschte** Gesellschaft sind. Aber gib acht, daß du über die Fakten Bescheid weißt, bevor du sprichst.

Da eine ganze Menge von denen, die harmlosere Rauschgifte, wie z. B. Marihuana, nehmen, tatsächlich später auf die härteren umsteigen, wirst du vielleicht doch schließlich Freunde ausschließen müssen, die du vorher zugelassen hast. Dein Kind sollte das verstehen.

Ein Kind von dem Verkehr mit deinem eigenen Kinde auszuschließen, ist nicht immer möglich. So etwas kann nur bei jungen oder sehr leicht lenkbaren Teenagern erzwungen werden. Und da es eine Haupteigenschaft eines guten und wirksamen Führers ist, niemals eine undurchführbare Regel aufzustellen, wirst du die Dinge bei älteren Kindern, über die du nur wenig elterliche Kontrolle hast, anders handhaben müssen. Wo es sich um eine undurchführbare Situation handelt, sag dem Teenager, daß du ihm *nicht* befehlen, sondern ihn um seine Mitarbeit *bitten* wirst.

Das Rauchen

Wenn es dir sehr ernst ist, daß dein Teenager nicht rauchen soll, dann sag ihm das. Wenn du ihm auch nicht befehlen kannst, nicht zu rauchen, da du ihn ja nicht den ganzen Tag über im Auge behalten kannst, so kannst du doch fest sein: »Es ist mir sehr ernst damit, daß ich nicht gern habe, daß du rauchst. Ich weiß ja, daß ich dir nicht überall nachlaufen und dich dazu zwingen kann, aber ich kann dir nur sagen, daß mir das sehr wichtig ist, und ich *hoffe* sehr, daß du es nicht tun wirst. Es ist mir so ernst damit, daß ich dir nie erlauben werde, in meiner Gegenwart zu rauchen oder irgendwo, wo ich dich daran hindern kann.«

Eltern, die sagen, daß sie lieber wollen, daß ihre Kinder in ihrer Gegenwart rauchen als hinter ihrem Rücken, sind einfach dumm. Entweder sie sind für oder gegen das Rauchen. Sie könnten genauso gut sagen: »Ich hätte lieber, daß du Opium vor mir als hinter meinem Rücken nimmst.« Ob das Kind es nun vor deinen Augen oder hinter deinem Rücken tut, es schadet ihm furchtbar. Mach ihm nichts vor, indem du sagst, das Kind solle sich selbst entscheiden, und ihm dann zu verstehen gibst, daß du alles tun wirst, was in deiner Macht steht, deine Ansichten in dieser schwierigen Frage durchzusetzen.

Rauschgifte

Es gibt Dinge, die so ernst sind, daß du Regeln aufstellen mußt, von denen dir klar ist, daß du sie nicht vollkommen durchsetzen kannst. Bei uns fallen die Rauschgifte in diese Kategorie.

Unsere Haltung in der Rauschgiftfrage ist die: »Du darfst sie nicht nehmen, du darfst nicht mit ihnen herumexperimentieren, du darfst nicht mit Leuten verkehren, die sie verkaufen. Du darfst sogar mit niemandem verkehren, der die gefährlichen Rauschgifte nimmt. Es gibt dabei keine Ausnahmen. Wir werden alles tun, was wir können, um diese Regel durchzusetzen. Wenn du uns dazu zwingst, werden wir sogar deine Kleider durchsuchen oder dich im Haus einschließen.« Das ist wirklich ein harter Standpunkt; er reflektiert aber nur unser Gefühl, daß die Sache sehr ernst ist. Wir haben beide mit Dutzenden von Kindern gearbeitet, die durch Rauschgifte aus einem normal schwierigen Fall in einen Alptraum verwandelt wurden. Harte Rauschgifte *schaffen* vielleicht kein Problem, aber sie können lösbare in unlösbare Probleme verwandeln.

Ganz egal, welche Untersuchungen dein Teenager zitiert, wir behaupten, daß Rauschgifte gefährlich sind. Wir haben zu viele ernste Fälle gesehen, um daran zu zweifeln.

Bei den harten Rauschgiften ist es leicht, ihre Gefährlichkeit zu beweisen. Schwieriger und komplizierter ist es bei Marihuana. Untersuchungen haben gezeigt, daß es nicht zur physischen Süchtigkeit führt. Unsere Erfahrung hat uns aber gezeigt, daß es zur psychischen Sucht führen kann. Es ist außerdem ein Mittel, von dem aus zu härteren »umgestiegen« wird. Der psychische Schritt von Nichts zu Marihuana ist größer als der zwischen Marihuana und anderen

Rauschgiften. Wenn erst einmal der erste Schritt gemacht ist, ist der zweite leicht. Marihuana war früher kein Übergangsmittel. Wir vermuten, daß das daher kommt, daß es in der Vergangenheit nichts leicht Erreichbares gab, auf das man umsteigen konnte. Die Lage ist heute sehr viel anders. Sogar die mittleren Gymnasialklassen sind von Rauschgiftlieferanten überrannt.

Um ganz ehrlich zu sein: Marihuana ist nicht für jeden schädlich. Eine ganze Menge von Kindern, die es nehmen, scheinen deswegen nicht Schaden zu nehmen, und sogar ein paar von denen, die zu den harten Giften übergegangen sind, sehen ihren Fehler ein und hören überhaupt mit den Rauschgiften auf oder gehen auf »nur« Marihuana zurück. Wenn wir das auch zugeben müssen, sanktionieren wir nicht den Gebrauch von Marihuana oder irgendwelcher anderer Rauschgifte. Das Risiko ist zu groß, und vorläufig besteht noch keine Möglichkeit vorauszusehen, welches bio-neuro-psychologische System fortgesetzter Rauschgiftzufuhr ohne Schaden ausgesetzt werden kann. Bis das einmal möglich sein wird, hat es keinen Sinn, die Rauschgifte zu der Liste der schon verfügbaren sanktionieren Mörder hinzuzufügen, wie dem Tabak und dem Gewähren von Führerscheinen auf Grund von physischer Fahrtüchtigkeit und nicht von Urteilsvermögen.

Antisoziales Verhalten

Es gibt keinen einzelnen Grund für antisoziales Verhalten und keine einfache Lösung des Problems. Manche Fälle erfordern Lösungen auf dem gesellschaftlichen Niveau, andere im Kreise der Familie oder in der Person selbst. Diese Art von Verhalten kann entweder als das Resultat von Gruppeneinfluß angesehen werden oder eines aufgestauten intensiven Drangs oder als die Folge eines schlecht funktionierenden »Bremssystems«. Natürlich kann es auch manchmal durch das Zusammenwirken einiger oder aller dieser Faktoren verursacht sein.

Verhalten, das auf gemeinsamen Kulturwerten basiert: Manchmal kommt es vor, daß eine Kultur Gewalt sanktioniert, wie z. B. unter den Bedingungen des Krieges. Wir nennen Gewalt nicht antisozial, wenn sie im Namen nationaler Sicherheit angewandt wird. Wenn eine Gruppe überzeugt ist, daß sie Gerechtigkeit sucht, so wird sie alles, einschließlich der Gewalt, in ihrem Namen ausüben. (Die Tatsache, daß eine gegnerische Gruppe denkt, daß *sie* es ist, die für Gerechtigkeit kämpft, scheint dabei nichts auszumachen.) Diese »sanktionierte« Gewalt ist nicht dasselbe wie die, die von einem angriffslustigen Teenager ausgeht, der sich nach einem Weg umsieht, wie er seinem Haß gegen Autorität Luft machen kann (wenn man auch einige der ähnlichen Züge der beiden Situationen als ein gutes Argument benützen könnte).

Verhalten, das auf irrational intensivem Drang beruht: Antisoziales Verhalten entsteht, wenn eine aggressive motorische Kraft stärker wird als das Bremssystem, das sie zurückhalten könnte. Irrational intensiver Drang kann entweder durch organischen Schaden hervorgerufen werden oder durch falsche Vorstellungen, die einen Menschen dazu bringen können, Gefahr da zu sehen, wo in Wirklichkeit keine besteht, oder die ihn zu der Überzeugung bringen, daß er verzweifelt etwas benötigt, das er nicht haben kann. Er wird frustriert, was nun seinerseits Aggression hervorruft. Die »Heilung« für diese Art der Aggression kann medizinisch oder psychologisch sein. Eine Behandlung, die darauf hinzielt, den intensiven Drang zu reduzieren, kann mit einer anderen kombiniert werden, die gleichzeitig darauf hinarbeitet, das Bremssystem wieder aufzubauen.

Verhalten, das auf einem schwachen »Bremssystem« beruht: Hier können wir es mit psychopathischem Verhalten zu tun haben — ein Verhalten, das nicht von einem Überwuchern intensiv aggressiven Dranges herrührt, sondern von völligem oder fast völligem, Fehlen von Faktoren, die die vorhandenen aggressiven Impulse auflockern, ablenken oder irgendwie modifizieren können. Die »Bremsen« hängen sowohl von der Einstellung als auch von einem intaktem Nervensystem ab. Die bremsende Einstellung bezieht sich auf soziale Gesichtspunkte: Mitgefühl für andere, die Fähigkeit, sich selbst in die Identität des beabsichtigten Opfers zu proijizieren. Fehlerhaftes Funktionieren der Bremsen kann auch durch organisch-pathologische Vorgänge hervorgerufen werden, die es einem Menschen schwer machen können, eine konsequente Reihe von sozialen Vorstellungen zu entwickeln, durch die er seinen aggressiven Drang modifizieren kann.

Alle Formen des antisozialen Verhaltens fallen in diese Kategorien.

Es ist nicht leicht, eine Lösung für die Probleme des antisozialen Verhaltens zu finden. Es ist aber möglich, eine ganze Menge von Zeit damit zu vergeuden, daß man einen falschen Weg verfolgt, statt der Sache gerade ins Gesicht zu sehen. So z. B. scheint es ganz klar zu sein, daß niedrige Gehälter, schlechte Wohnungen usw. nicht aus sich selbst Gewalt erzeugen können. Gewaltsame Ghettoreaktionen kommen aus Frustration, und Frustration ist etwas Psychisches. Sie beruht auf der Diskrepanz zwischen dem, was ein Mensch zu haben glaubt, und dem, was er haben möchte. Je größer dieser Unterschied, desto größer die Frustration und desto stärker der potentielle Brennstoff zur Anheizung der Gewalt. Alle diese Konzepte sind psychischer Natur. Wir können daher keine billige Antwort für das Problem der Gewalt finden, indem wir einfach mehr Geld für Wohnungen ausgeben. Das heißt nicht, daß wir dieses Geld nicht ausgeben sollten. Wir sollten es tun, aber aus dem richtigen Grunde: dem Gefühl der Fürsorge für unsere Mitmenschen.

Unsere wirkliche Aufgabe ist aber, *Frustration zu reduzieren*, und Frustration kann definiert werden. Das Problem ist ein psychisches, und Geld allein wird es nicht lösen. Es gibt viele arme Leute, die nicht gewaltsam sind, und viele reiche, die es sind. *Jeder* Mensch kann sich aber frustriert fühlen und so zur Gewaltsamkeit angeregt werden. Dieses Privilegium ist nicht nur auf die Armen beschränkt. Alles, was man zu tun hat, ist zu entscheiden, daß man mehr will, als man zu erreichen die Fähigkeit hat, und daß man haben *muß*, was man haben will. Damit ist nicht gesagt, daß kein Unterschied zwischen einem Gewalttakt besteht, der im Namen echten Mangels und einem, der für überflüssige Dinge begangen wird. Aber immer ist Frustration die Ursache.

Ein verwöhntes Kind fühlt, daß es einen Überfluß an Dingen braucht, um weiterzuleben. Sein Verlangen nach diesen Sachen wird auf irrationale Weise intensiv — stärker als es sein Bremssystem aushalten kann, und zu groß, um von irgend jemandem befriedigt zu werden. Je mehr seine Mutter ihm gibt, desto mehr will das Kind haben. Das ist ein gutes Beispiel dafür, wie Haltungen Frustration hervorrufen. Das Kind kann versuchen, durch Schikanieren das zu erreichen, was man ihm erlaubt hat, (irrational) zu glauben, daß es braucht.

Manche Kinder, die antisoziale Handlungen begehen, führen damit nur die unbewußten Wünsche ihrer Eltern aus. Es erfordert ein trainiertes Auge, um das zu erkennen und dem abzuhelfen. Und manche der extremsten Formen gewaltsamer Aggression werden von Männern begangen, die fürchten, daß sie eine feminine Haltung haben, mit der sie nicht fertig werden.

Das antisoziale Verhalten hat viele Formen: stehlen, weglaufen, Brandstiftung — Mord. Aber durch alle diese verschiedenen Handlungen kann man keinen einzelnen gemeinsamen Kausalfaden verfolgen. Jeder Fall muß für sich selbst betrachtet werden.

Jedes Kind, das dauernd antisoziale Handlungen begeht, sollte medizinisch und psychologisch untersucht werden. Vom psychologischen Gesichtspunkt aus gesehen, besteht die Hauptbehandlung darin, die Haltungen, in deren Namen die Aggression begangen wird, zu verändern oder zu modifizieren. In der Familie würde das die Anwendung aller Grundregeln und die Familienkonferenz erfordern. Versuche, einen oder mehrere der zugrunde liegenden Störungen festzustellen: Ist das Kind verwöhnt? Vermutet es Gefahren, wo keine da sind? Findet es, daß du ihm nicht genug gibst?

Besprich in der Familienkonferenz, was da vorgeht. Wende Grundregel 4 an: Bestätigung. Hilf ihm, zu sehen, was es tut. Ermuntere es dazu, ein System auszuarbeiten, um sich von ihm leiten zu lassen. Sag ihm, daß, wenn es das nicht tut, du es für es tun wirst.

Wenn das Kind verwöhnt ist, erkläre ihm das so: »Du bist nur zufrieden, wenn du irgend etwas bekommst.«

Wenn der Junge Gefahr wittert, wo keine existiert, zeige ihm das so: »Du tust, als ob du dich verteidigen müßtest, während dich in Wirklichkeit doch keiner angreift und du in gar keiner Gefahr bist.«

In hartnäckigen Fällen muß man zu einem Psychotherapeuten gehen.

19. Kapitel

SECHZEHN JAHRE UND DARÜBER

Wenn das Kind sechzehn ist, ist das meiste, was man an Leitung und Führung tun konnte, schon getan. Die elterliche Kontrolle ist jetzt sehr beschränkt und ist schon seit einiger Zeit immer schwächer geworden. Physisches Durchsetzen von Regeln ist nun schwierig — in manchen Fällen unmöglich.

Wenn Abhängigkeits- oder andere neurotische Konflikte entweder bei den Eltern oder bei dem Kind intensiv sind, kann es dazu kommen, daß fast jede Beziehung zwischen Eltern und Teenagern unmöglich wird. In manchen Fällen kann die Beziehung überhaupt vorbei sein, und das für immer oder wenigstens bis zur Zeit, wo der Teenager selbst Kinder hat und ihm schließlich klar wird, was seine eigenen Eltern auszustehen hatten. Vergiß nicht, daß Kinder ihre Eltern nicht verstehen und nicht verstehen können, bevor sie nicht selber Kinder haben. Nur Eltern können verstehen, was andere Eltern fühlen.

Die Eltern von Kindern über sechzehn müssen immer der Resonanzboden bleiben, die Stimme der Vernunft, sanfte, gutgelaunte, nicht-sarkastische Befrager und die Quelle sowohl von einer zusammenhängenden Weltanschauung als auch von Liebe.

Die Dinge, bei denen sie fest bleiben müssen, sind nur wenige, aber sie sind da: Rauschgifte, Verbrechen, uneheliche Schwangerschaft. Wie weit diese Liste noch erweitert werden soll, ist eine individuelle Angelegenheit.

Man muß darauf bestehen, daß das Kind wenigstens etwas von den Familienverpflichtungen übernimmt. Wenn beide Eltern fest sind, Grundregel 1 befolgen und die Familienkonferenz durchführen, müßte dieses Ziel eigentlich allmählich erreicht werden können, sogar in »schweren« Fällen.

Unsere persönliche Ansicht ist, daß Eltern ihre Kinder niemals in Stich lassen sollten — ganz egal, was geschehen ist. Damit meinen wir aber nicht, daß sie alles durchgehen lassen müssen. Wir meinen, sogar, wenn der junge Erwachsene etwas tut, was die Eltern nicht für richtig halten, aber nicht beeinflussen können — eine unpassende Ehe schließt, die Schule aufgibt — sollten die Eltern doch die Gefühlsbeziehungen zu ihren Kindern beibehalten. Wenn eines unserer Kinder jemanden heiraten würde, über den wir ernste Zweifel hegen, würden wir sagen: »Wir glauben, daß du einen sehr großen Fehler machst — aber wir werden dich nicht im Stich lassen.« Innerlich mögen wir eine Zeitlang verletzt und deprimiert sein, aber wir werden schon wieder darüber hinwegkommen. Wir würden niemals unsere erwachsenen Kinder verleugnen, wie es tragischerweise manche rachsüchtigen Eltern tun.

Das Generationsproblem

Die Jugend möchte wissen, warum die Erwachsenen Ungerechtigkeiten zulassen, von denen sie glauben, daß sie durch einfache Willenskraft oder durch Geld geheilt werden können, und warum die Erwachsenen so materialistisch und — scheinbar — heuchlerisch sind. Die Erwachsenen möchten wissen, warum die Jugend die heutigen Probleme nicht in der richtigen Perspektive sehen kann, und nicht, daß manche Unbilligkeiten eher mit menschlichem Versagen überhaupt als mit dem Versagen einer bestimmten Generation zu tun haben. Die Erwachsenen wollen auch wissen, wo der Respekt für Autorität und eine vernünftige Vorbereitung für die Zukunft geblieben sind.

Einige Gesellschaftskritiker glauben, daß die heutige Zeit der schnellen Veränderungen daran schuld sei. Es ist unmöglich, sich auf die Zukunft vorzubereiten, da sie sich ja so schnell ändert, und so muß man einfach in der Gegenwart leben. Daher hat die Vorstellung, daß man, solange man jung ist, Reichtum sammeln und schwer arbeiten muß, um später ausruhen zu können, viel von ihrem Anreiz verloren — oder wenigstens hat es den Anschein, als ob das so sei. Das Interesse hat sich auf die innere Welt verschoben — einem Aspekt des »Hier« und »Jetzt« — und auf die zwischenmenschlichen Beziehungen, die auch ein Teil des »Hier« und »Jetzt« sind.

Aber die schnellen Veränderungen sind nur ein Teil der vielen Kräfte, die hier am Werk sind. Nirgends kann man die Wirkung dieser Kräfte so deutlich sehen wie in bezug auf den Begriff der Autorität. Man braucht kein soziologisch geschulter Gelehrter zu sein, um zu sehen, daß die traditionellen Formen der Autorität nicht mehr respektiert werden. Man sieht das in den Beziehungen der Teenager zu ihren Professoren, ihren Schulen, ihren politischen Führern — ja, zu ihrer Regierung.

Es besteht keine Bereitschaft, eine Erklärung als gültig anzunehmen, nur weil sie von irgendeiner traditionellen Quelle der Autorität ausgesprochen wird.

Der Verlust der Autorität

Alle hier folgenden Faktoren verändern die Haltung gegenüber der traditionellen Autorität.

1. Noch niemals vorher ist die Idee, daß Wahrheit relativ ist, *emotional* so weitgehend akzeptiert worden wie heute. Für die Philosophie ist der Begriff der Relativität nicht neu, aber seine allgemeine Annahme ist es. Und wenn erst einmal die Idee einer einzigen Wahrheit abgeschwächt worden ist, sinkt damit auch der Begriff der Autorität ab. Denn es ist der Besitz der Wahrheit, der einer Autorität ihre Macht gibt. Und wenn es keine feste Wahrheit gibt, kann es auch keine feste Autorität geben.

In früheren Jahren kam es vor, daß, wenn ein Erwachsener einem Kinde sagte, daß es etwas in einer bestimmten Form tun solle, und ihm dann seine Gründe dafür gab, das Kind es nicht tat. Wenn es das aber nicht tat, so war es, weil es diesen *bestimmten* Befehl nicht ausführen wollte. Es stellte nicht seine philosophischen Hintergründe in Frage. Wenn man heute einem jungen Menschen sagt, er solle etwas glauben und daher tun, wird er wahrscheinlich sagen: »So siehst du die Dinge an — ich sehe es anders.« Mit anderen Worten, die Jugend lehnt nicht nur einen bestimmten elterlichen Vorschlag ab — sie lehnt die ganze Art der Beurteilung von Handlungen ab. Es ist schwer, den Gedanken der absoluten Autorität in einem System aufrechtzuerhalten, in dem die »Wahrheit« sich je nach der Situation ändert.

Es gibt heute wenige zentrale Werte, über die allgemeine Übereinstimmung besteht. Es gibt weniger Verpflichtungen, weniger Hingabe an ein auf lange Sicht gefaßtes, unveränderbares Ideal. Wo keine Möglichkeit besteht, sich auf definitive Werte zu einigen, erscheint jedes Verhalten berechtigt.

2. Die allmähliche Ausbreitung und die Verdrehung von einigen Freudschen Gedanken haben den Respekt vor der Autorität abgeschwächt. Freud ist in vieler Hinsicht mißverstanden worden. Erstens in bezug auf den Unterschied zwischen dem Verstehen oder Erklären, warum jemand etwas Bestimmtes tut, und der Entscheidung, wie weit er für seine Handlung zur Rechenschaft gezogen werden sollte. Die Tatsache, daß wir erklären können, *warum* jemand etwas tut, sagt nichts darüber aus, wie weit er für seine Handlung verantwortlich gemacht werden soll. Daß die wissenschaftliche Psychologie mit deterministischen Konzepten arbeitet, bedeutet noch nicht, daß der Mensch keine Kontrolle über sein Schicksal hat. Große Verwirrung hat sich in unser Denken über die Behandlung von Verbrechen eingeschlichen. Ein Beispiel hierfür ist der Glaube, daß das Verständnis dafür, warum jemand ein Verbrechen begangen hat, eine klare Antwort darauf gibt, was — wenn überhaupt etwas — mit ihm getan werden soll. Die heutige Jugend denkt falsch, wenn sie zu dem Schluß kommt, daß — da alle Menschen einfach nur blinder Begierde folgen, über die sie keine Kontrolle haben — alles erlaubt sei.

Zweitens, da es innerhalb des Freudschen Systems möglich ist, den Menschen, der sozial Gutes tut, mit derselben Reihe von Konzepten zu erklären wie den Bösen, wird der irrige Schluß gezogen, daß beide gleichwertig sind. Man sah zu den christlichen Heiligen als zu den Repräsentanten einer hohen moralischen Kraft auf. Heute mag man in ihnen mehr Neurose als Heiligkeit sehen. Es ist schwer, auf unsere Jugend mit Beispielen guten Verhaltens Eindruck zu machen. Sie mögen dann antworten: »Sie haben nur getan, was sie tun mußten.«

3. Das Konzept der Autorität hat sich auch durch unsere Betonung der Unabhängigkeit gewandelt. Wir lehren unsere Kinder, Autorität in Frage zu stellen. Wenn ein Kind etwas hört, was es nicht akzeptieren kann, bringt man ihm buchstäblich bei, es in Frage zu stellen und zu diskutieren. Die meisten von uns sehen diese Art des Verhaltens als sehr wünschenswert an, und das ist es auch, besonders in unserer Gesellschaft. Aber der Gewinn an persönlicher Freiheit wird mit einem Preis erkauft, wie jeder andere gesellschaftliche Gewinn. Der Preis ist ein psychologischer »Niederschlag«, mit dem wir noch nicht einmal angefangen haben fertigzuwerden. Neue Lösungen müssen gefunden werden, um diesen Niederschlag zu bearbeiten — diese psychologische Nachlese. Die Familienkonferenz mit Hilfe der Grundregeln ist ein solcher Versuch.

4. Söhne werden dazu ermuntert, es besser als ihre Väter zu machen und nicht einfach in ihren Fußstapfen zu folgen. Das ladet dem Begriff der Autorität noch eine zusätzliche Bürde auf. Wir wollen nicht, daß unsere Kinder denselben Weg gehen, den wir gegangen sind; wir wollen, daß sie es besser machen.

Und dann wird auch viel weniger von dem System der »Lehre« Gebrauch gemacht, das die Ehrfurcht vor einer einzelnen männlichen Autorität unterstützt.

Andere Faktoren

1. Es mangelt unserer Jugend in den USA an Perspektive infolge der Art, wie an unseren Schulen Geschichte gelehrt wird — beson-

ders in den unteren Klassen —, so als ob sie erst im Jahre 1776 angefangen hätte. Dieser Mangel an Perspektive bringt eine Art historischer Naivität hervor.

2. Teenager glauben immer, daß ihre Motive mehr auf der Sorge um die Allgemeinheit beruhen als die ihrer Väter. Und da sie nie wichtige Entscheidungen in bezug auf die Führung einer komplexen Gesellschaft zu treffen und ganz besonders kein Wirtschaftssystem zu schaffen hatten, das von allen als gerecht angesehen werden würde, sehen sie die Lösungen recht simplifiziert: »Warum teilen wir nicht alles, was wir haben?« Natürlich ist es viel leichter vorzuschlagen, alles zu teilen, wenn man nichts oder nur sehr wenig hat. Indem sie ihre Lösungen für das Problem der gesellschaftlichen Ökonomie darauf gründen, was sie bei einem dreitägigen Aufenthalt bei einem Jazzfestival gelernt haben (wo alle die wichtigen Dinge wie die Versorgung mit Nahrungsmitteln, ärztliche Versorgung usw. von außen kamen), glauben sie, daß dasselbe System in der Gesellschaft überhaupt funktionieren müsse. Menschen bleiben aber nur so lange warmherzig, liebevoll, bereit zu teilen, in jeder Beziehung friedlich und zufrieden, wie keine wichtigen Entscheidungen zu treffen sind. Man muß sich nur einmal vorstellen, was passieren würde, wenn Übereinstimmung darüber benötigt würde, wo Brunnen gegraben oder wo die Senkgruben angelegt werden sollen und wer was tun soll. Die Kommunen funktionieren nur so lange, wie ihre Mitglieder gesund, produktiv und fähig sind, Gruppenentscheidungen zu treffen. Und Anarchie, die von einem Teil der heutigen Jugend mit Freiheit verwechselt wird, ist relativ leicht zu ertragen, solange man nichts zu verlieren hat.

3. Das zunehmende Maß an Freizeit kann die psychische Stabilität negativ beeinflussen. Es ist fraglich, wieviel Freizeit Menschen vertragen können, ohne Schaden zu nehmen. Die meisten Menschen leiten — ob nun rational oder irrational — ihr Gefühl des eigenen Wertes von ihren Leistungen ab. Eine bestimmte Art von Potential an Gewalt kann sich bei Menschen bilden, die nicht beschäftigt sind, die kein Gefühl des eigenen Wertes von ihren Leistungen ableiten

können und die mehr und mehr von den Endprodukten abgeschnitten sind, zu deren Entstehung sie beigetragen haben.

Durch Camping im Freien, beschäftigt mit den Grundbedürfnissen des Daseins, hat unsere Familie ein Gefühl erlebt, das auch von anderen beschrieben wird — ein Gefühl des Wohlbefindens, des Glücks und der Macht. Dies Gefühl kann nicht durch die bloße Abwesenheit von Druck erklärt werden, da dies auf alle Arten von Ferien zutrifft. Noch kann es völlig durch die Vorstellung einer maskulinen Eroberung der Natur erklärt werden, da auch Frauen dasselbe Gefühl haben.

Es braucht viel Zeit, Brennholz zu sammeln und im Freien zu kochen. Waschen und Körperpflege und Kleidung benötigen noch mehr Zeit. Mit anderen Worten, der größte Teil des Tages geht mit der Befriedigung der Grundbedürfnisse hin. Da ist wenig Zeit für hoch-abstraktes, negativistisches Denken übrig. Es ist interessant, daß sogar Philosophen, die mit dem Kopf in den Wolken schweben, oft gerne ein einfaches Leben führen. Das wird typischerweise damit erklärt, daß sie keine Zeit verschwenden wollen. Jedoch haben diese Philosophen (so wie viele Zen-Meister) entdeckt, daß ein sehr einfaches Leben zur geistigen Gesundheit beiträgt. Es ist noch eine offene Frage, wie weit in unserer städtischen Gesellschaft ein menschliches Wesen sich von dieser tagesfüllenden und trotzdem anregenden Routine entfernen und dennoch eine gesunde, gewaltlose Balance aufrechterhalten kann.

4. Unsere Erziehungssysteme sind in vielen Fällen bedeutungslos. Viele von uns werden für ein technologisches Leben vorbereitet. Wenig Bedeutung wird dem Lernen, wie man mit Menschen auskommt oder wie man befriedigende Sexualerlebnisse hat und eine Familie großzieht, zugemessen. Und doch sind das Dinge, die wir fast alle tun werden. Es scheint so, als ob wir den Hauptteil des Schulunterrichts mit Dingen zubringen, die die Menschen nur relativ wenig beschäftigen, und fast gar keine Zeit mit der Unterweisung in den Dingen, die wir täglich brauchen. Fast für alle Menschen gibt es zwischenmenschliche Beziehungen, fast alle kopu-

lieren, heiraten und haben Kinder. Und doch sind das die Dinge, mit denen die Schule sich nicht abgibt, indem sie wahrscheinlich annimmt, daß dies eine Angelegenheit der Eltern sei. Die Scheidungsquote, Geschlechtskrankheiten und die Zahl der illegitimen Kinder zeigen, daß man es vielleicht besser machen könnte.

5. Lewis S. Feuer betont in seiner Arbeit »Der Konflikt der Generationen« die abstrakte Natur des Generationskonflikts und erinnert an die Rolle der verzweigten unbewußten Quellen. Solche Quellen der Rebellion sind schwer mit Vernunft anzugehen, denn im Gegensatz zu einer Arbeiterrebellion, die von spezifischen Mißständen herrührt, bestehen Studentenrebellionen aus intensiven Emotionen, die nach einem Ziel suchen. Sie haben daher einen vagen, undefinierten Charakter. Feuer meint, daß die Jugend *immer* Gewaltmethoden suchen wird, um die Dinge zu verbessern, sogar wenn andere Alternativen da sind, wahrscheinlich wegen des unterdrückten Hasses, den abhängige Menschen denen gegenüber fühlen, von denen sie abhängen.

Einige Vorschläge

Niemand will eigentlich wirklich die Kluft zwischen den Generationen schließen, denn sie ist eine bio-psychologische Notwendigkeit. Eine indiviuelle Identität könnte sich nicht herauskristallisieren, wenn sie nicht etwas hätte, gegen das sie bei ihrer Bildung stoßen könnte. Eine plastische, halbgeformte Substanz könnte sich nicht festigen, wenn es nicht etwas Festes gäbe, gegen das sie sich pressen kann: ein breiiges »Etwas« kann das nicht sein. Eltern, die kein kohärentes Identitätsgefühl haben, können den jungen Wesen nicht helfen, sich selbst zu finden. Verschwommenheit führt zu Unvorhersehbarem. Wenn ein junger Mensch beim Erwachsenen im Kampf, mit dem er gehofft hatte, sich selbst zu finden, einen nur vagen Identitätssinn findet, reagiert er chaotisch — entweder mit diffuser Gewalttätigkeit oder Faulheit oder einem Mangel an klaren Wertvorstellungen. Das ist ein Teil des Problems, dem wir heute gegenüberstehen.

Wenn wir den Generationsunterschied nicht »heilen« können, müssen wir aber trotzdem etwas tun: Wir müssen mit dem psychologischen »Niederschlag« der Probleme unserer Tage fertigwerden. Was notwendig ist, ist, einen Weg zu finden, der die Kommunikation mit der Jugend wiederherstellt. Sogar junge Teenager, die Dreizehn- bis Fünfzehnjährigen, ahmen ihre älteren Geschwister nach und drücken sich vor den traditionellen Familienpflichten.

Wir brauchen eine Methode, die zugleich demokratisch und vom elterlichen Standpunkt richtig ist. Die Familienkonferenz zusammen mit den vier Grundregeln ist eine der Möglichkeiten. Je früher — nach dem Alter der Kinder gerechnet — das System eingeführt wird, desto besser.

Hier sind noch ein paar andere Vorschläge:

1. Teenager brauchen Diskussionen. Diskutiere mit ihnen. Bleib innerlich — wenn nicht sogar nach außen hin — heiter.

2. Teenager haben ein Bedürfnis danach, mit deinem Standpunkt nicht übereinzustimmen. Leg dich nicht lang und breit, um ihre Zustimmung und die Annahme aller deiner Ideen zu erreichen, außer in wichtigen Punkten.

3. Wenn du Grenzen setzt, schicke deine Vorhut nicht zu weit nach vorn. Manche Eltern lassen in einem Versuch, antisoziales Verhalten zu verhindern, ihre Kinder überhaupt nicht ausgehen, oder in ihrer Furcht vor Rauschgiften verbieten sie ihnen, lange Haare zu tragen. Sie scheinen so zu argumentieren: »Wenn ich in diesem Punkt nachgebe, wenn ich ihnen erlaube, lange Haare zu tragen, dann ist der nächste Schritt — das Rauschgift — unvermeidlich.«

Dieser Gedankengang ist gewöhnlich falsch und fordert den Teenager dazu heraus, *alle* deine Ideen zurückzuweisen. Eine ängstliche Mutter rief einmal bei uns an und fragte, was sie mit einem dreizehnjährigen Mädchen anfangen solle, das um ein Uhr morgens die Haustür öffnete, nachdem irgend ein Fremder geklopft hatte. In der folgenden Unterhaltung baten wir die Mutter, uns einige Beispiele von den Grenzen zu geben, die sie ihrer Tochter gesetzt hatte. Sie sagte: »Ja nun — Fremden nicht die Tür zu öffnen... nachts, bei Dunkelheit nicht alleine auszugehen... Nicht mit anderen Teenagern zu telefonieren...« An dieser Stelle stoppten wir sie. Ihre Liste war nur zu deutlich. Sie hatte vernünftige Restriktionen mit lächerlichen vermischt. Unter solchen Umständen weist der Teenager das ganze Paket zurück, da es für ihn keinen Sinn gibt. Wenn du die Einschränkungen übertreibst, riskierst du totale Ablehnung.

4. Wenn dein Teenager ärztliche oder zahnärztliche Vorschriften befolgen muß, überlaß es dem Fachmann, ihn von der Wichtigkeit ihrer Befolgung zu überzeugen. Teenager finden es leichter, Grenzen anzunehmen, die ihnen von einer autoritativen Seite außerhalb der Familie gegeben werden.

5. Sei nicht beleidigt, wenn dein Teenager keine Lust hat, viel Zeit mit dir zu verbringen. »Ich kann dieses Kind nicht verstehen. Heute gehen wir an den Strand, und es bleibt lieber mit seiner alten Bande von Freunden zu Hause.«

6. Dein Teenager wird dir häufig, vielleicht sehr heftig, vorwerfen, daß du übermäßig besorgt mit ihm umgehst. Diese Haltung, übermäßige Fürsorglichkeit, ist für den Teenager mehr als beleidigend: Sie ist bedrohlich. Seine Reaktion darauf wird nicht logisch sein: Er mag vielleicht explodieren und dich richtiggehend beschimpfen. Wir haben gefunden, daß eine bestimmte Antwort besser ist als alle anderen: »Seit Anbeginn der Zeiten haben Eltern sich um ihre Kinder gesorgt — vielleicht übermäßig. Was seit zehntausend oder noch mehr Jahren vor sich gegangen ist, wird nicht gerade in diesem Augenblick hier bei mir aufhören. Sieh dich anderswo nach Pionieren um.«

Dies setzt die Besorgtheit in die richtige Perspektive und zeigt dem Teenager, den es betrifft, daß er nicht der erste ist, um den man besorgt ist. Weiter führt es einen Ton von Humor in etwas ein, das zu einer bitteren Konfrontation führen könnte.

EIN LETZTES WORT

Wir bitten den Leser, daran zu denken, daß die hier vorgebrachten Gedanken am besten als ein Ganzes wirken. Die Idee der Familienkonferenz kann für sich allein bestehen — wird aber viel wirksamer sein, wenn alle die vier Grundregeln mit ihr zusammen angewandt werden: Kommunikation ohne Tadel, das Setzen von angemessenen Grenzen, Ermunterung zur Unabhängigkeit und geeignete Bestätigung.

Je mehr das Kind am Anfang gestört ist, desto länger dauert es, bis Resultate erzielt werden. Man soll sich also nicht aufregen, wenn der Gewinn nicht sofort offenbar wird, besonders wenn das Kind sehr provozierend und oft unbeherrschbar ist. Wenn es sich einer festen elterlichen Front gegenübersicht, wenn es nicht länger die negativen Emotionen hervorrufen kann, denen es verfallen ist, wenn ihm klar wird, daß man es fest inerhalb seiner Grenzen hält, und wenn es sieht, daß man es wirklich versteht, was durch die Bestätigung manifestiert wird, wird es *nicht* glücklich sein. Es mag nicht, daß man nett zu ihm ist, jedenfalls nicht zu nett. Es mag deine positiven Emotionen nicht, es weiß nichts damit anzufangen. **Es ist an negative Emotionen gewöhnt.** Und ganz entschieden möchte es nicht verstanden werden — wenigstens der krankhafte Teil in ihm will das nicht. Ohne es zu wissen warum, wird es sich bedroht fühlen — als ob man von ihm verlangt, daß es etwas Lebenswichtiges aufgeben soll. Es wird zurückschlagen. Aber trotz alledem wird es sich besser fühlen. Man kann dann den wohlbekannten Ping-Pong-Besserungseffekt beobachten. Es wird lange Zeit hindurch zufriedener sein. Aber seine negativen Episoden können stärker werden, da es versucht, dich in dasselbe alte Modell zurückzustoßen, in dem es sich wohlgefühlt hat. Es wird einige Zeit dauern, bis es sich an die neue Lage angepaßt hat. Wenn man aber darauf besteht, wird es sich anpassen. Zum Schluß kann man beobachten, daß es, wenn es auch einige Episoden der Unbeherrschbarkeit hat, sie doch seltener werden. Und noch ein bißchen später kann man beobachten, daß diese Episoden nicht sehr lange dauern und nicht ganz so intensiv sind wie früher. Das Kind kann in einem oder mehreren Punkten nachgeben, ohne sich vernichtet zu fühlen.

Nicht vergessen: Das Kriterium für die Besserung ist die Häufigkeit der guten (oder schlechten) Tage, nicht einfach das Vorhandensein oder Nichtvorhandensein der negativen Episoden.

Die Genese der Probleme der Kinder und der Erwachsenen ist noch nicht ganz erforscht. Konflikte — Situationen, in denen ein Mensch gezwungen wird, zwei Leistungen zu vollbringen, die sich gegenseitig ausschließen — scheinen ein Teil der Erklärungen zu sein. Feine bio-neuro-psychologische Störungen scheinen auch dabei mitzuspielen, wenigstens in manchen Fällen. Aber ganz egal, wohin uns neue Wege der Heilung führen mögen — neue Medikamente, andere Formen der Verhaltensbeherrschung, die Konfrontation mit der inneren Welt — existentialistisch oder psychoanalytisch — feste Systeme der Eltern werden immer gebraucht werden.

Wir haben noch nicht einmal angefangen, den therapeutischen Wert eines festen, einsichtigen, vorwurfsfreien, bestätigenden elterlichen Systems zu verstehen. Das vorliegende Buch bietet so ein System an.

LITERATURVERZEICHNIS

Arnold, Magda B., Emotion and Personality. Bd. I und II, New York 1960.

—, Hrsg., The Nature of Emotion, Baltimore 1968.

Better Homes and Gardens Baby Book, Des Moines, Iowa, Bantam 1965.

Cardano, Girolamo, "On Himself and His Life", in: J. B. Ross and Mary McLaughlin, Hrsg., The Portable Renaissance Reader, New York 1953, S. 512-524.

Das, Bhagavan, The Science of Emotion, 4. A. Adyar, Madras, India 1953.

Ellis, Alert, Reason and Emotion in Psychotherapy, New York 1962.

Erikson, E. H., Kindheit und Gesellschaft, Stuttgart, 4. A. 1971.

—, Jugend und Krise, Stuttgart 1970.

—, Der junge Mann Luther, München o. J.

Feuer, Lewis S., "Conflict of Generations", in: Saturday Review, Januar 18, 1969, S. 53.

Folsom, J. K., "Sexual and Affectional Functions of the Family", in: A. Ellis und A. Abarbanel, Hrsg., The Encyclopedia of Sexual Behavior, New York 1961, S. 392-411.

Ilg, Frances L. und Ames, Louis Bates, Child Behavior, New York 1966.

Reik, Theodor, Of Love and Lust, New York 1949.

Spock, Benjamin, Dein Kind, dein Glück, Stuttgart 1952.

—, Säuglings- und Kinderpflege, Frankfurt a. M. 1963.

—, Große Hand führt kleine Hand, Stuttgart-Hamburg 1964.

—, Sprechstunde für Eltern, Stuttgart-Hamburg 1967.

ERIK H. ERIKSON

Kindheit und Gesellschaft
Aus dem Englischen von Marianne von Eckardt-Jaffé
4. Aufl. 426 Seiten. Leinen. 26,50 DM. ISBN 3-12-902130-2
Kart. 19,80 DM. ISBN 3-12-902150-7

»Das Buch darf als eines der wichtigsten neueren Werke zur Psychologie des Kindes gelten. Es ist ein Standardwerk besonderer Art. Wer eine systematische Darstellung der kindlichen Entwicklung und ihrer sozialen Determinanten sucht, wird kaum auf seine Rechnung kommen. Wer sich aber von dem Verfasser auf seine Entdeckungsfahrt durch helle und dunkle kindliche Lebensräume mitnehmen läßt, gewinnt Einsichten, die für den Erzieher wichtiger sind als ‚Fakten‘ — er lernt Kinder unmittelbar teilnehmend beobachten; vielleicht lernt er auch jenes Kind besser verstehen, das er selbst einmal war.«
Zeitschrift für Pädagogik, Weinheim

Jugend und Krise
Die Psychodynamik im sozialen Wandel

Aus dem Englischen von Marianne von Eckardt-Jaffé
2. Aufl. 344 Seiten. Kart. 16,— DM. ISBN 3-12-902100-0

»Auch ›Jugend und Krise‹ hat bereits den Rang eines Standardwerkes erhalten. Auch dieses Buch trägt die unverkennbare, persönliche Note Eriksons. Es eignet sich in gleicher Weise als vorbildliche, leicht lesbare Einführung in die Entwicklungspsychologie des Jugendalters. Sie ist bewußt allgemeinverständlich gehalten.«
Schweizerische Zeitschrift für Psychologie

ERNST KLETT VERLAG STUTTGART